Ein Ratgeber für alle Kinder,
die schnell matt setzen und
schwungvoll kombinieren wollen.

Geschrieben von Bodo Starck und gestaltet von Christian Ewald

# Schach

macht Spaß!

Sportverlag
Berlin

Starck, Bodo:
Schach macht Spaß! / geschr. von Bodo Starck u. gestaltet von Christian Ewald. —
2., durchg. Auflage — Berlin : Sportverl. 1989
NE: Ewald, Christian

ISBN 3-328-00297-9

© Sportverlag Berlin
Zweite, durchgesehene Auflage
Lizenznummer: 140 355/30/89
Lektor: Margret Drenkow
Einband und Schutzumschlag: Christian Ewald
Printed in the German Democratic Republic
Gesamtherstellung: INTERDRUCK Graphischer Großbetrieb Leipzig,
Betrieb der ausgezeichneten Qualitätsarbeit, III/18/97
Redaktionsschluß: 24. 5. 1988
6 7 1 7 8 9 1

01680

# Lieber Junge, liebes Mädchen!

Du möchtest gern Schach spielen lernen – oder du kannst es schon ein wenig und möchtest es noch besser spielen? Dann ist dieses Buch genau das Richtige für dich. Du findest hierin vieles von dem, was dafür wichtig ist.

Im **ersten Kapitel** werden die Spielregeln und das Aufschreiben der Züge ausführlich erläutert. Wenn du das schon sicher beherrschst, kannst du dieses Kapitel getrost überschlagen. Sollte dir jedoch irgend etwas unklar sein, dann verschaffe dir Gewißheit und wiederhole, was dir entfallen ist.

Den Schwerpunkt des Buches bilden die **Kapitel zwei und drei**. Sie enthalten zahlreiche Übungsaufgaben, die deinen Scharfsinn herausfordern und dir neue Einsichten vermitteln. Außerdem lernst du das Schachbrett gründlich kennen.

Im **vierten Kapitel** kannst du schließlich überprüfen, ob du die Aufgaben richtig gelöst hast. Zu guter Letzt werden in einem kleinen Schach-Abc häufig vorkommende Ausdrücke erklärt.

# ...und noch ein Wort an die Eltern!

Unser schachtaktisches Übungsbuch ist so angelegt, daß es Kinder selbständig durcharbeiten können. Die Aufgaben dürften aber trotz ausführlicher Lösungshinweise teilweise doch als ziemlich knifflig empfunden werden. Hier könnten Sie helfend eingreifen. Dabei empfiehlt es sich, folgendermaßen vorzugehen: Die zu lösende Aufgabe wird aufgebaut. Ihr Kind versucht nun, den ersten Zug der Lösung (also nicht schon die ganze Lösung!) zu finden. Hat es sich für eine bestimmte Fortsetzung entschieden, sagen Sie ihm, ob sein Versuch richtig oder falsch war. Daraufhin werden der tatsächliche Lösungszug und die gegnerische Antwort am Brett ausgeführt. Nun ist wieder Ihr Kind an der Reihe, den zweiten Zug zu suchen. So geht es bis zum Ende der Lösung weiter. Am Schluß schätzen Sie ein, ob die Aufgabe ganz, halb oder gar nicht gelöst wurde. Das ist für unseren Leistungstest auf Seite 35 von Bedeutung.

# Inhalts~

# Verzeichnis

Wir lernen das Schachbrett kennen 1–12

Wir kennen das Schachbrett in- und auswendig 15

Wir kennen das Schachbrett 13–14

# Ein kleiner Hinweis

In diesem Buch findest du viele Diagramme. Sie veranschaulichen das Brett und die Stellung der Figuren. Für unsere Zwecke unterscheiden wir zwei Arten von Diagrammen – solche, die Musterstellungen enthalten, und solche, die Übungsaufgaben wiedergeben.

In den **Musterstellungen** zeigen wir dir unter anderem, wie die Figuren ziehen, wichtige Mattstellungen oder Kombinationsideen. Mitunter sind in einem Diagramm mehrere Musterstellungen untergebracht, manchmal sind nur Teildiagramme abgebildet. Diese Stellungen sind farblich hervorgehoben und meist durch Buchstaben gekennzeichnet.

Die völlig weißen Diagramme mit den **Übungsaufgaben** machen den Hauptteil des Buches aus. Sie sind rechts oben mit den Zahlen 1 bis 120 bezeichnet. Unter diesen Nummern erfährst du im vierten Kapitel die Lösungen.

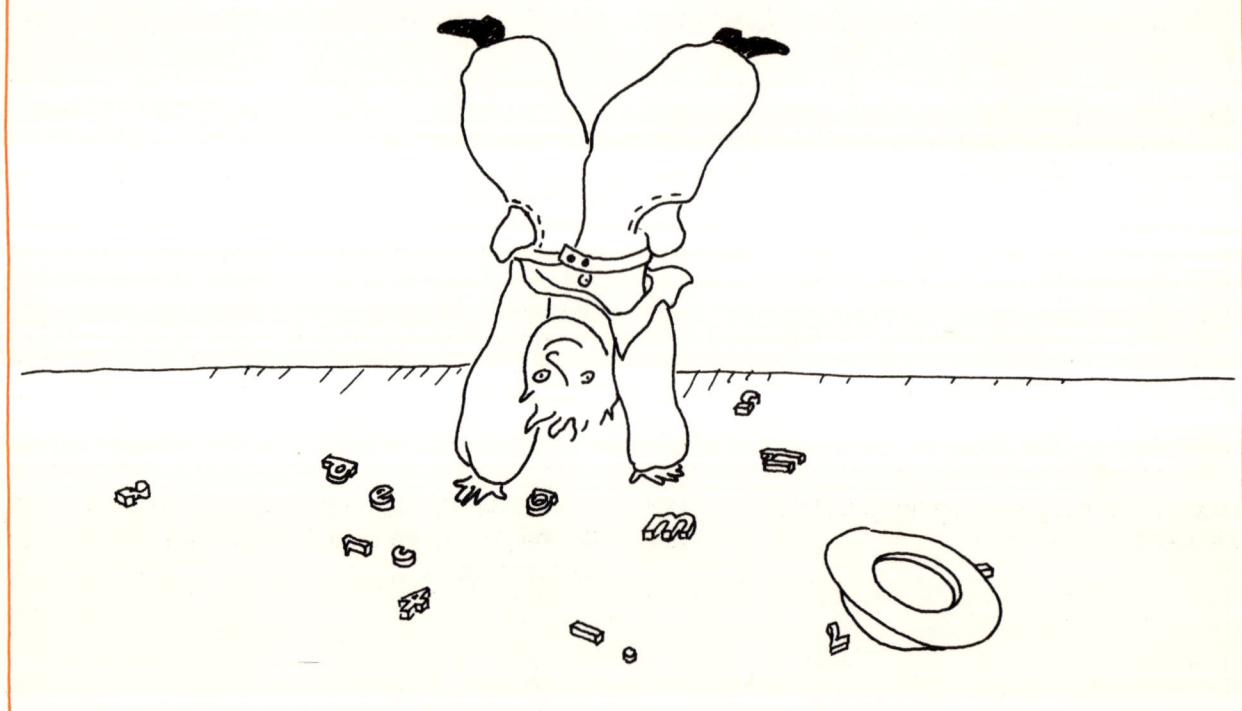

# 1

## *Wir wiederholen*

# Die Schachsteine

Als erstes möchte ich dir die handelnden Personen, also die **Schachfiguren und Bauern**, vorstellen. Jede der beiden Parteien – das heißt: sowohl Weiß als auch Schwarz – besitzt **einen König, eine Dame, zwei Türme, zwei Läufer, zwei Springer** und **acht Bauern**.

Wie die Schachsteine aussehen, kannst du der Zeichnung auf Seite 11 entnehmen. Auf Diagrammen werden die Figuren und Bauern indessen anders wiedergegeben. Dort erscheinen sie in der Weise, wie du sie in unserem Überblick vorfindest. Diese Abkürzungen – K für König, D für Dame usw. – wurden so gewählt, damit sie sich leicht merken lassen. Beim Aufschreiben und Nachspielen von Partien wirst du sie ständig benötigen.

## Die Grundstellung

Jetzt leg bitte ein leeres Schachbrett vor dich hin. Achte darauf, daß das linke Eckfeld dunkel ist. Nun wollen wir gemeinsam die **Grundstellung** aufbauen.

Zuerst stellst du die beiden Türme ♖ in die Ecken:

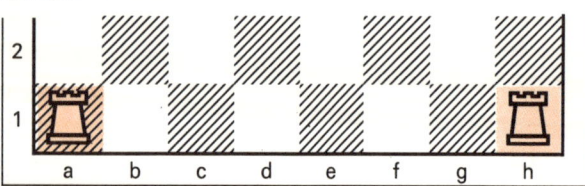

Dann setzt du die zwei Springer ♘ daneben:

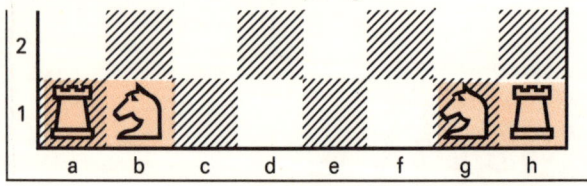

Nun sind die beiden Läufer ♗ an der Reihe:

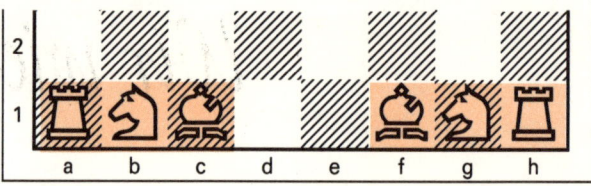

Danach werden Dame ♛ und König ♚ hinzugefügt:

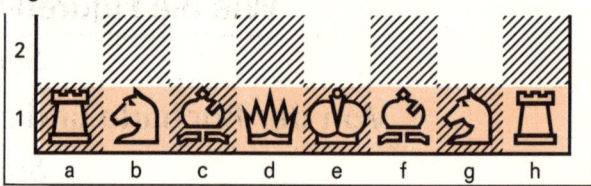

Schließlich postierst du noch die acht weißen Bauern ♙ vor die Figuren:

Nun werden die schwarzen Steine am gegenüberliegenden Brettrand auf dieselbe Weise angeordnet. Wenn du dabei die Regel beachtest, daß **die weiße Dame auf einem weißen Feld** und **die schwarze Dame auf einem schwarzen Feld** stehen muß, dann hast du bereits die Grundstellung aufgebaut. Darin befinden sich alle Steine auf ihren **Ausgangsfeldern**.

Von dieser Position aus beginnen alle schachlichen Schlachten. Ein bekannter Meister hat sie einmal scherzhaft als die schwierigste Schachstellung bezeichnet, die es überhaupt gibt.

# Und das sind die Hauptpersonen des Buches

| König | Dame | Turm |
|---|---|---|
| ♚ K ♔ | ♛ D ♕ | ♜ T ♖ |

| Läufer | Springer | Bauer |
|---|---|---|
| ♝ L ♗ | ♞ S ♘ | ♟ (B) ♙ |

# Der Turm

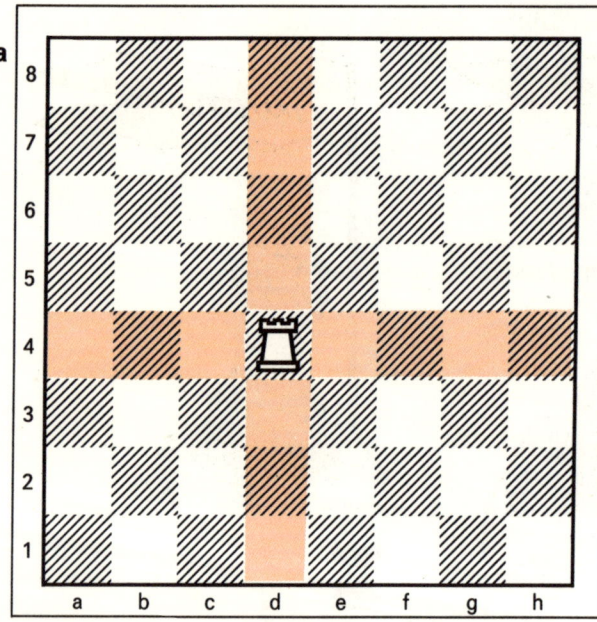

**Der Turm zieht gerade.** Er kann waagerecht und senkrecht beliebig weit ziehen. In Musterstellung á kannst du also mit dem Turm in einem Zug jedes Feld betreten, das farblich hervorgehoben ist.

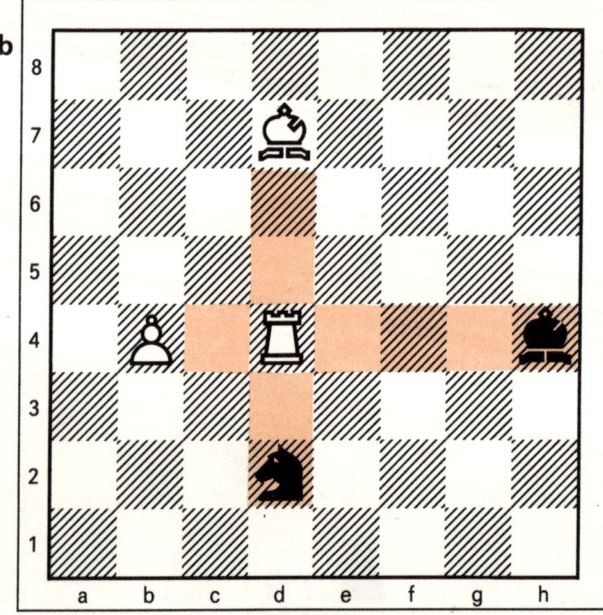

Stehen dem Turm andere Steine (z. B. in Stellung b) im Wege, ist folgendes zu beachten:

1. Bei eigenen Figuren oder Bauern darfst du den Turm höchstens bis an das Nachbarfeld heranführen.
2. Gegnerische Figuren und Bauern darfst du schlagen. Das geht so vor sich: Du besetzt mit dem Turm das Feld, auf dem sich der gegnerische Stein befindet; diesen nimmst du dabei vom Brett.
3. Du darfst mit dem Turm weder eigene noch feindliche Steine überspringen.

# Der Läufer

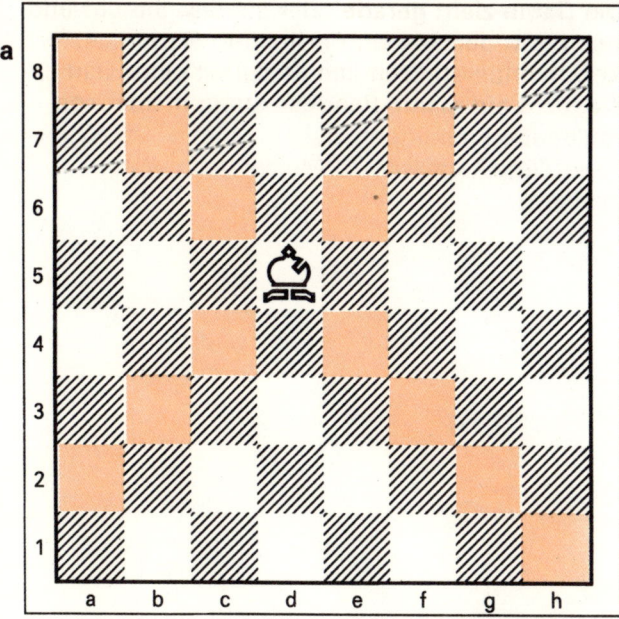

**Der Läufer zieht schräg.** Mit ihm darfst du nach allen Seiten beliebig weit vor- und zurückziehen. Zu Beginn des Spiels besitzt du zwei Läufer. Mit dem einen kannst du nur auf weißen Feldern ziehen, mit dem anderen nur auf schwarzen Feldern. Wenn du dir die Grundstellung auf Seite 10 ansiehst, findest du das bestätigt. Musterstellung a zeigt die Zugmöglichkeiten eines weißfeldrigen weißen Läufers.

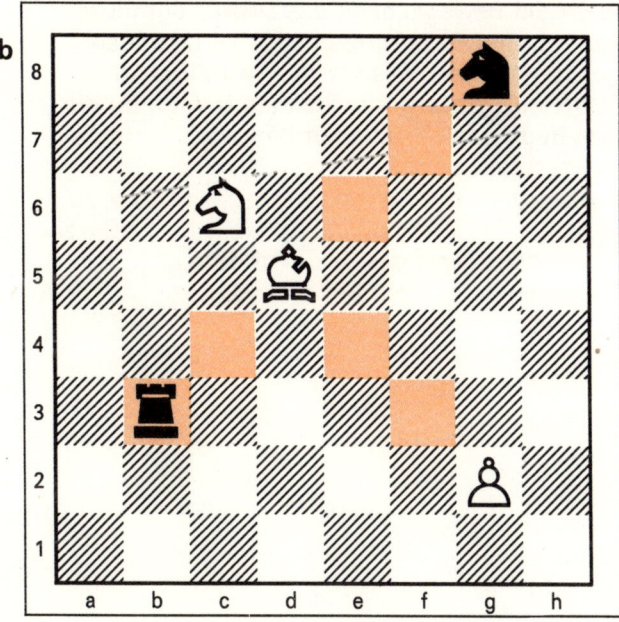

Wird der Läufer beispielsweise wie in Stellung b durch eigene oder feindliche Steine behindert, dann gilt wieder:

1. Du darfst mit ihm nur bis zum Feld neben dem eigenen Stein herangehen.
2. Du kannst gegnerische Steine schlagen, indem du sie vom Brett entfernst und den Läufer an ihre Stelle setzt.
3. Auch der Läufer darf nicht über eigene oder feindliche Steine hinwegspringen.

# Die Dame

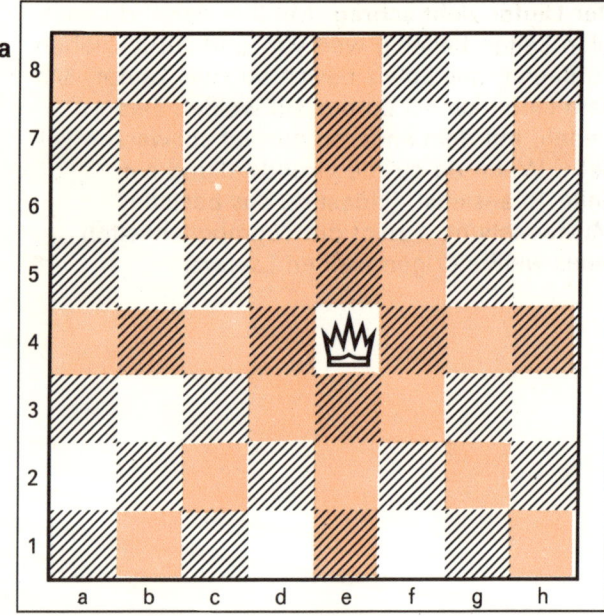

**Die Dame zieht gerade oder schräg.** Sie bewegt sich entweder wie ein Turm oder wie ein Läufer. Auf dem leeren Brett kannst du mit einer Dame, die nicht auf einem Randfeld steht, in acht verschiedene Richtungen ziehen. Wieviel verschiedene Züge kannst du in Musterstellung a machen?

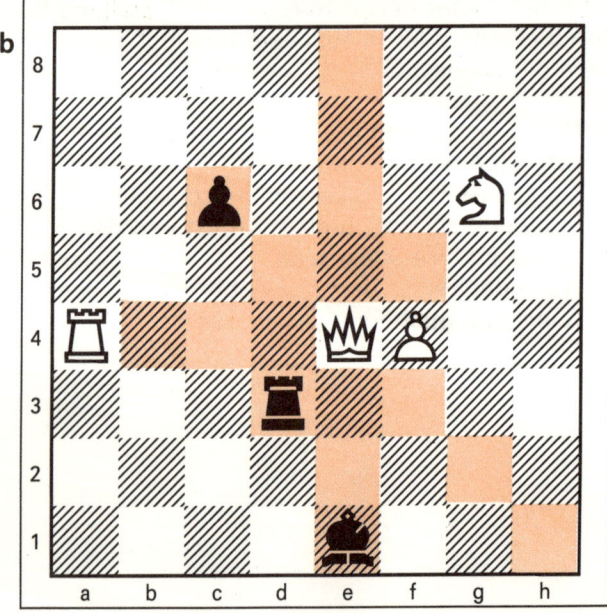

Auch die Beweglichkeit der Dame kann durch Figuren und Bauern eingeengt sein. Hier gilt genau dasselbe, was wir bei Turm und Läufer festgestellt haben. Aus Stellung b wirst du die drei Regeln leicht ableiten können.

# Der Springer

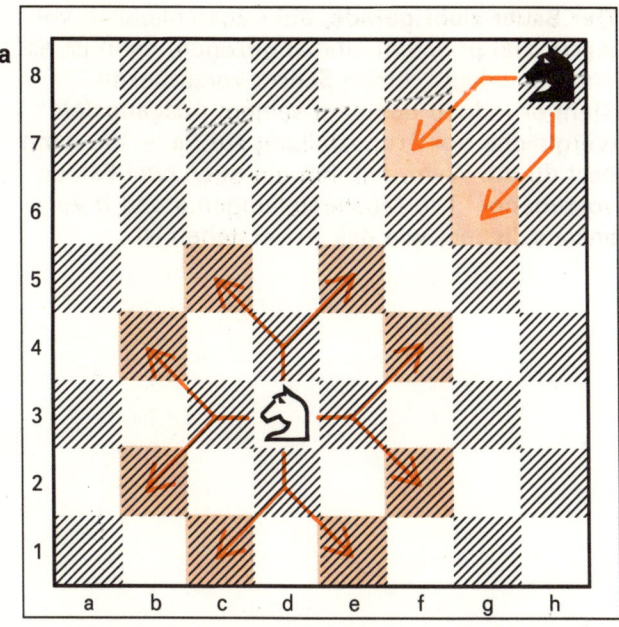

**Der Springer zieht gerade und schräg.** Er zieht ein Feld gerade und gleichzeitig noch ein Feld schräg von seinem Standort weg. Am besten, du schaust dir Musterstellung a an. Dabei fällt dir bestimmt auf, daß ein Springer, der weit genug vom Brettrand entfernt ist, acht Zugmöglichkeiten besitzt, wodurch ein eigenartiges „Springerrad" entsteht. Sicher bemerkst du auch, daß der Springer mit jedem Zug die Felderfarbe wechselt: Steht er auf einem weißen Feld, so zieht er auf ein schwarzes, von dort wieder auf ein weißes Feld usw.

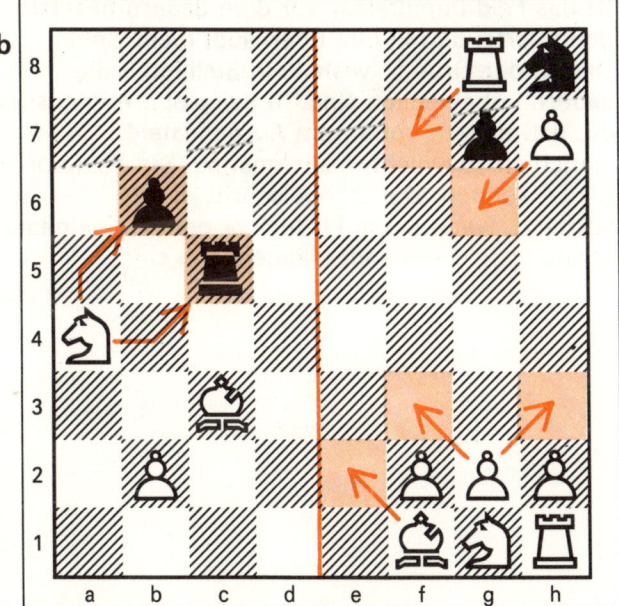

Wie die Musterstellung b verdeutlicht, sind auch dem Springer die Felder unzugänglich, auf denen sich eigene Steine befinden. Gegnerische Figuren und Bauern kannst du mit ihm in der gewohnten Art schlagen.
Einen Unterschied zu allen anderen Figuren zeigt Stellung c: Der Springer darf nämlich eigene und feindliche Steine überspringen. Daher auch sein Name.

# Der Bauer

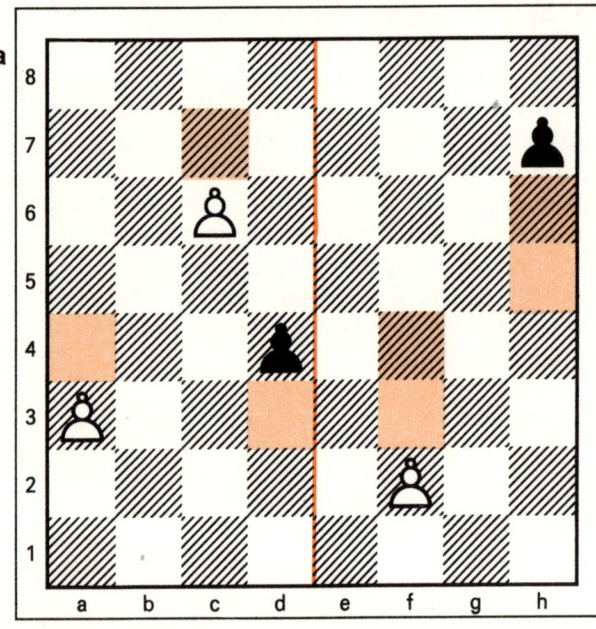

**Der Bauer zieht gerade**, aber ausschließlich vorwärts. Hat er schon einmal gezogen, dann ist es ihm nur erlaubt, einen Schritt vorzurücken. Steht er jedoch noch auf seinem Ausgangsfeld (vergleiche die Grundstellung auf Seite 10), dann hast du die Wahl, mit ihm ein oder zwei Felder vorzugehen. Die Musterstellungen a und b veranschaulichen, wie das zu verstehen ist.

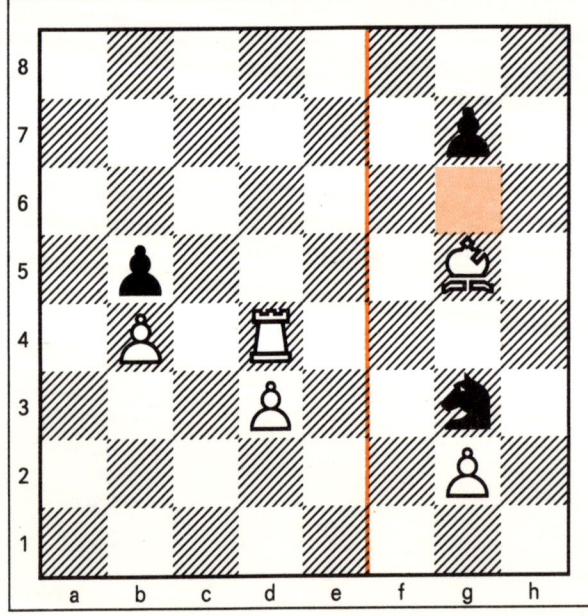

Ist das Feld unmittelbar vor dem Bauern besetzt, dann darfst du mit ihm überhaupt nicht ziehen. Das ist der Grund, weshalb in Stellung c die Bauern unbeweglich sind. In Beispiel d erkennst du, daß Bauern von ihrem Ausgangsfeld manchmal gar nicht, manchmal nur ein Feld vorgehen können. Der Doppelschritt ist nur gestattet, wenn beide Felder vor dem auf seinem Ausgangsfeld stehenden Bauern frei sind.

# Der Bauer

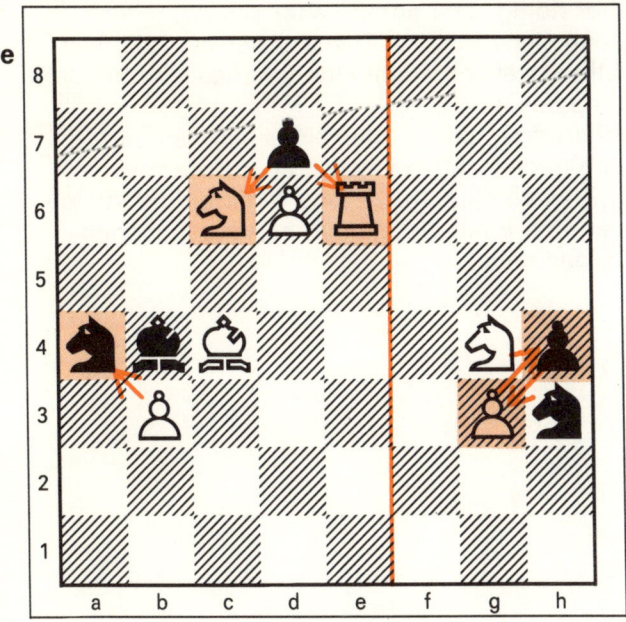

**Der Bauer schlägt schräg**, aber nur ein Feld weit nach vorn. Musterstellung e verdeutlicht das. Zwei feindliche Bauern, die sich schräg gegenüberstehen wie in Stellung f, können sich gegenseitig schlagen. Wer wen beseitigen darf, hängt natürlich davon ab, wer am Zuge ist. Ist dir übrigens aufgefallen, daß der Bauer der einzige Schachstein ist, der anders zieht, als er schlägt?

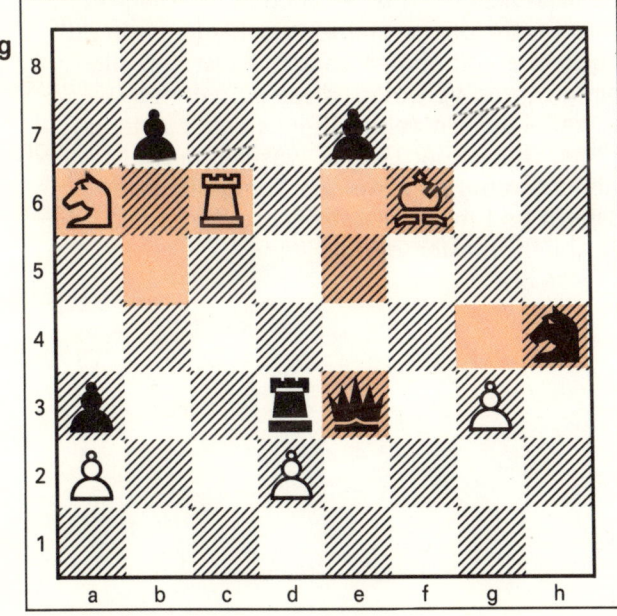

Ein Vergleich mit den Figuren ergibt, daß die Bauern am wenigsten beweglich sind. Trotzdem kann man bei ihnen große Unterschiede feststellen. Musterstellung g macht deutlich, daß mitunter Bauern überhaupt nicht ziehen können, während andere bis zu vier Zugmöglichkeiten haben.

17

# Der König

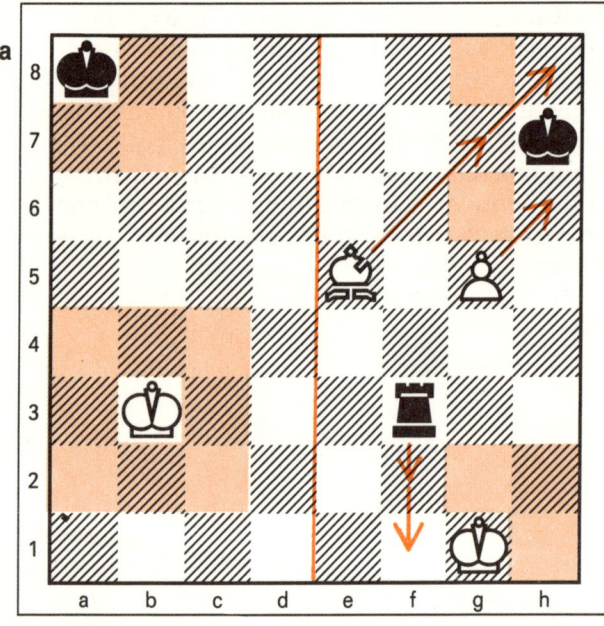

**b** **Der König zieht gerade oder schräg**, jedoch – im Gegensatz zur Dame – nur ein Feld weit. Musterstellung a gibt eine anschauliche Vorstellung davon.

Wichtig ist, daß er **nie** Felder betreten darf, die von gegnerischen Figuren oder Bauern angegriffen werden. In Stellung b dürfen die Könige darum nur auf die farblich hervorgehobenen Felder ziehen.

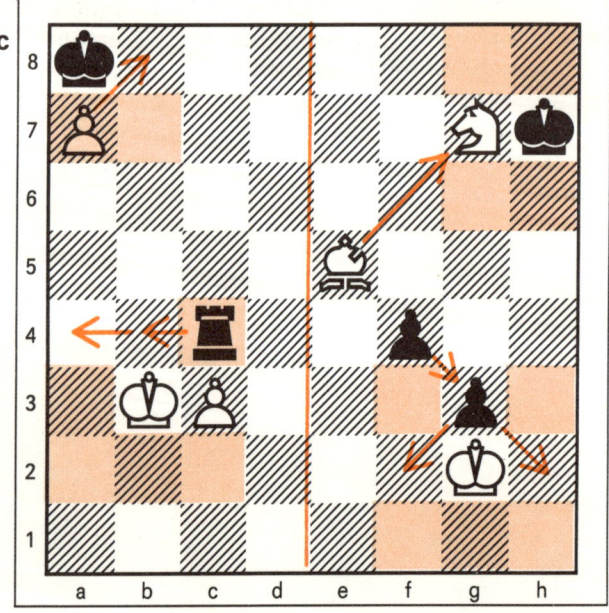

**d** Selbstverständlich ist es auch dem König erlaubt, feindliche Steine zu schlagen, wie du Beispiel c entnehmen kannst. Es ist ihm allerdings streng verboten, diese zu nehmen, wenn er dabei auf ein angegriffenes Feld zu stehen käme. Das ist der Grund, weshalb du in Musterstellung d mit dem weißen König nicht den Bauern und mit dem schwarzen König nicht den Springer antasten darfst.

# Der König – *Das Schachgebot*

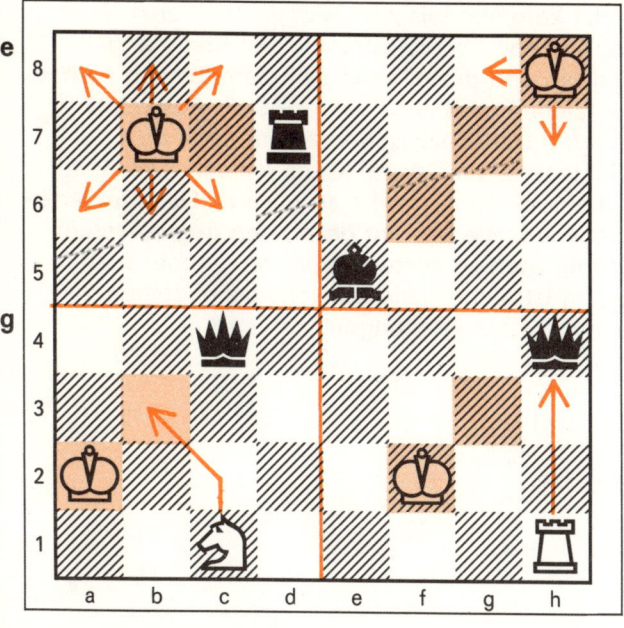

Wie du schon weißt, muß der König angegriffene Felder meiden. Was geschieht aber, wenn der Gegner deinen König – wie beispielsweise in den Musterstellungen e bis h – bedroht? In diesem Fall mußt du ihn unbedingt in Sicherheit bringen. Das kann auf drei Arten geschehen:

1. Du weichst mit deinem König auf ein unbedrohtes Feld aus – Beispiel e und f.
2. Du unterbrichst die Angriffslinie, indem du einen Stein zwischen König und Angreifer stellst – Beispiel g.
3. Du schlägst den Angreifer – Beispiel h.

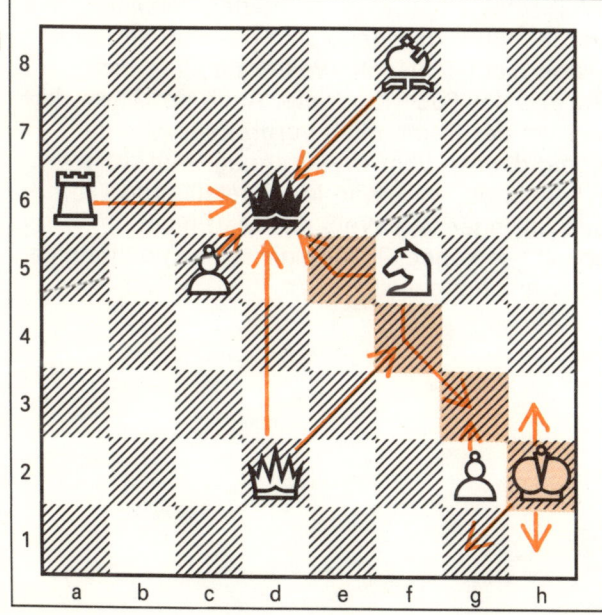

In Musterstellung i bedroht die schwarze Dame den weißen König. Diesen Angriff kannst du auf elf verschiedene Arten abwehren. Zähle sie einmal nach!
Übrigens bezeichnet man einen Angriff auf den König als **Schachgebot** oder kurz als **Schach**. Von dem angegriffenen König heißt es, **er steht im Schach**.

# Der König – *Das Matt*

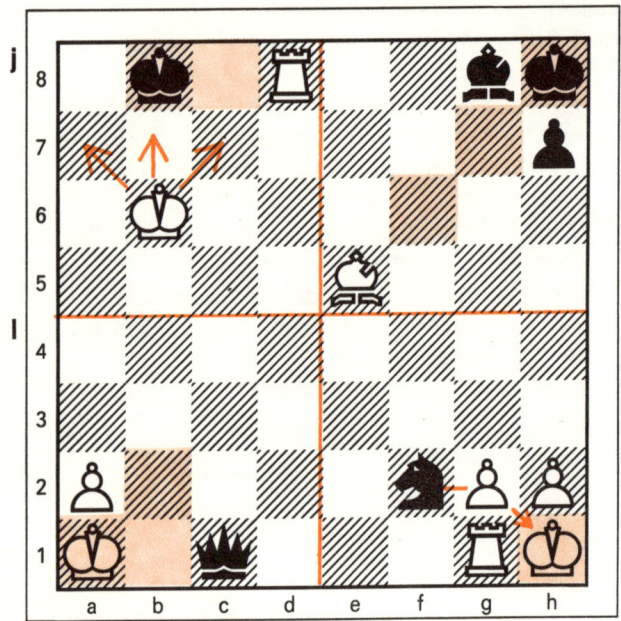

Jetzt kommen wir zum wichtigsten Punkt. Stell dir vor, du hast den feindlichen König angegriffen und dieser kann sich dem Schach nicht entziehen (und zwar weder durch Ausweichen noch durch Dazwischensetzen, noch durch Schlagen). Was dann? Ganz einfach: Das Spiel ist aus, denn du hast matt gesetzt. **Das Ziel jeder Schachpartie besteht darin, den gegnerischen König matt zu setzen.** Wer den Gegner matt setzt, ist Sieger. Die Muster j bis m zeigen vier einfache **Mattstellungen.**

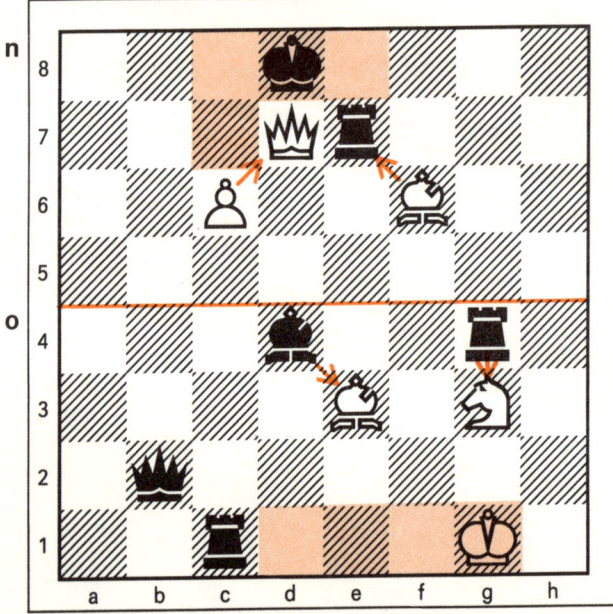

Weit schwieriger sind die beiden nächsten Fälle. In Stellung n darf der König die matt setzende Dame nicht schlagen, weil er dabei in das Schach des Bauern geriete. Auch der Turm darf sich an der Dame nicht vergreifen, weil der König danach vom Läufer angegriffen wäre. Erkennst du, warum in Musterstellung o Läufer und Springer von Weiß das Matt nicht abwehren können? Denk dir selber noch einige Mattstellungen aus!

# Der König – *Weitere Gewinnarten*

Soeben hast du gelernt, daß der Sinn des Schachkampfes darin liegt, das Matt zu erzwingen. Aber oft kommt es gar nicht dazu. Du kannst eine Partie nämlich auch dadurch gewinnen, daß dein Gegner aufgibt. Was soll das nun wieder heißen? Nun, dein Gegner sieht ein, daß deine Überlegenheit zu groß ist. Er ist davon überzeugt, daß du ihn früher oder später doch matt setzt. Er bekennt sich daher geschlagen, ohne das Matt abzuwarten. Spielst du mit Schachuhr, dann kannst du sogar noch auf eine dritte Art Sieger bleiben. Stell dir vor, es ist festgelegt worden, daß jeder Spieler in einer Stunde 30 Züge zu machen hat. Laß uns weiterhin annehmen, daß dein Gegner erst 25 Züge gespielt hat und dabei die Stunde Bedenkzeit völlig aufgebraucht ist. In diesem Fall sagt man, er habe die Zeit überschritten – und das ist gleichbedeutend mit dem Verlust der Partie.

Fassen wir zusammen. Du kannst eine Partie auf drei Arten gewinnen:

1. indem du den Gegner matt setzt;
2. wenn der Gegner aufgibt;
3. wenn der Gegner die Zeit überschreitet.

So sieht eine **Schachuhr** aus. Wozu sie gebraucht wird, kannst du auf **Seite 154** nachlesen.

# Der König – *Das Remis*

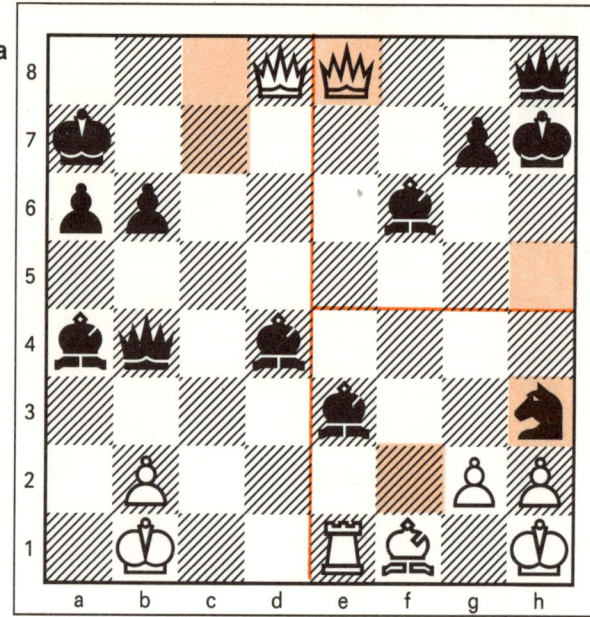

Zwei weitere Remisarten müssen wir unter allen Umständen noch besprechen. Stell dir vor, du führst in Musterstellung a die weißen Steine. Offensichtlich schwebst du dann in großer Gefahr. Nicht nur, weil der Gegner zwei Figuren und einen Bauern mehr besitzt, er droht obendrein, dich mit der Dame matt zu setzen. Trotzdem kannst du dich retten. Zuerst gibst du mit der Dame auf dem dunkleren der hervorgehobenen Felder Schach. Der schwarze König muß in die Ecke gehen, und nun bietet die Dame von dem anderen hervorgehobenen Feld aus Schach. Diesen ständigen Schachgeboten vermag sich der König nicht zu entziehen, und so endet die Partie remis. Diesen Vorgang bezeichnet man als **Dauerschach** oder **ewiges Schach**. Das Dauerschach stellt so etwas wie einen Strohhalm dar, an den man sich in höchster Not klammern kann.

Auch in den nächsten beiden Stellungen rettet sich die schwächere Seite ins Dauerschach. Im Fall b ist es wieder einmal die Dame, die dem feindlichen König keine Verschnaufpause gönnt. Schließlich läßt in Beispiel c der Springer dem König keine Ruhe. Beachte, daß nach dem ersten Springerschach und dem erzwungenen Königszug das zweite Springerschach durch ein gleichzeitiges Schachgebot des schwarzen Läufers unterstützt wird. Deshalb darf Weiß den lästigen Springer nicht mit dem Bauern nehmen.

Was geschieht aber, wenn keine der genannten drei Möglichkeiten eintritt und es deinem Gegner ebenfalls nicht gelingt, den Sieg zu erzielen? In diesem Fall endet die Partie unentschieden. Der Schachspieler sagt dazu: Die Partie ist **remis** (sprich: remie). Damit wird ausgedrückt, daß keiner gewonnen und keiner verloren hat.

Ein Remis kann auch durch Vereinbarung zustande kommen. Sagst du beispielsweise zu deinem Gegner: „Ich biete Remis an", und er ist einverstanden, dann habt ihr euch schon friedlich geeinigt. Ein fairer Spieler schlägt das übrigens nur vor, solange er am Zuge ist. Ist der Gegner dran, solltest du ihn nicht beim Überlegen stören. Außerdem biete nie in schlechterer oder gar verlorener Stellung Remis an. Das sieht ganz danach aus, als wolltest du deinen Mitspieler übers Ohr hauen. So etwas möchtest du dir doch bestimmt nicht nachsagen lassen!

# Der König – *Das Remis*

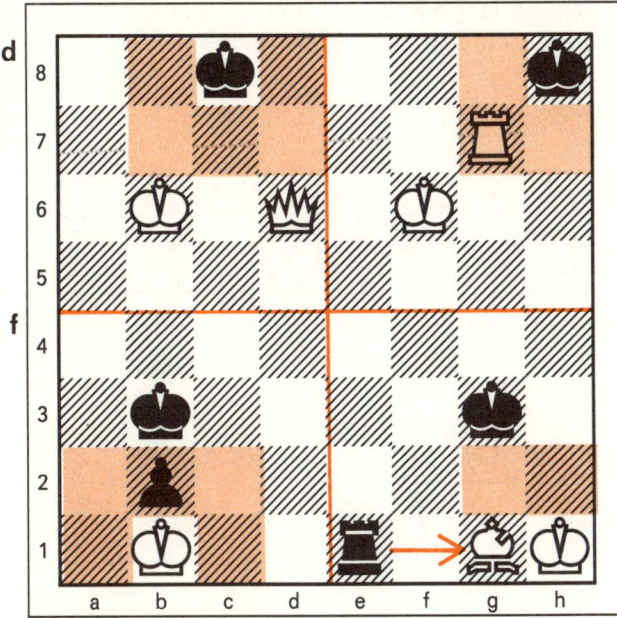

Aus den vier Musterstellungen ist abzuleiten, daß die Pattgefahr am größten ist, wenn sich der König der schwächeren Seite am Rand aufhält. Es gibt indessen auch Pattstellungen mit dem König in der Brettmitte. Vielleicht versuchst du einmal, dir eine solche Position auszudenken. In diesem Zusammenhang noch ein Rat: Bist du im Vorteil und neigt sich die Partie dem Ende zu, dann prüfe bei jedem Zug sorgfältig, ob es nicht etwa patt wird. Es wäre doch zu dumm, wenn du in Gewinnstellung den Gegner noch entschlüpfen ließest!

Zum Abschluß wollen wir die **verschiedenen Remisarten** noch einmal wiederholen. Eine Partie ist remis:

1. wenn beide Seiten nicht mehr genügend Figuren besitzen, um das Matt zu erzwingen;
2. wenn du dich mit deinem Gegner darauf einigst;
3. bei Dauerschach;
4. bei Patt.

Außerdem gibt es noch zwei weitere Remismöglichkeiten. Allerdings brauchst du dich mit ihnen erst genauer vertraut zu machen, nachdem du schon eine Zeitlang ernsthaft Turnierschach gespielt hast. Hier sollen sie nur kurz gestreift werden. Eine Partie ist auf Verlangen eines Spielers auch remis, wenn sich dreimal die gleiche Stellung mit demselben Spieler am Zuge ergibt. Ein Beispiel dafür ist das Dauerschach. Die sechste Möglichkeit schließlich ist als „50-Züge-Regel" bekannt.

Nun kommen wir zu einer Remisform, die du sehr genau vom Matt unterscheiden mußt. In Musterstellung d soll Schwarz am Zuge sein. Bestimmt findest du schnell heraus, daß der schwarze König nicht ziehen darf. Jeder Zug würde ihn nämlich einem Schach aussetzen. Also ist es matt? Keineswegs, denn der schwarze König steht ja gar nicht im Schach. Eine solche Lage bezeichnet man als **Patt**. In Pattstellungen wird das Spiel sofort als remis abgebrochen. Wärst du in dieser Stellung der Weißspieler, hättest du allen Grund, dich zu ärgern. Warum? Weil der letzte Zug ein grober Fehler war, durch den der Sieg verschenkt wurde.

Werfen wir schnell noch einen Blick auf die drei anderen Pattstellungen. In Beispiel e ist Schwarz am Zuge patt; im Fall f ist es Weiß. Stellung g zeigt, daß nicht nur allein stehende Könige patt werden können.

# Die Rochade

Einmal im Verlauf der Partie darf man gleichzeitig einen Zug mit König und Turm machen. Das ist aber nur gestattet, wenn die beiden bis dahin noch nicht gezogen haben. Außerdem müssen die Felder zwischen ihnen frei sein, so wie in dieser Stellung:

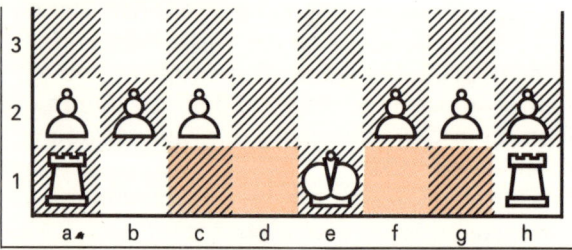

Ist das der Fall, dann kannst du folgendes tun: Du bewegst den König zwei Felder in Richtung auf einen Turm, springst mit diesem über den König hinweg und stellst ihn neben den König. Dieser eigenartige Zug heißt **Rochade**. Und vom König sagt man, er **rochiert**.
Es gibt zwei Arten der Rochade, und zwar die **kurze**, bei der zwischen König und Turm zwei freie Felder liegen,

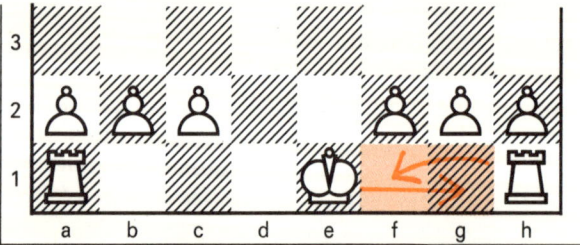

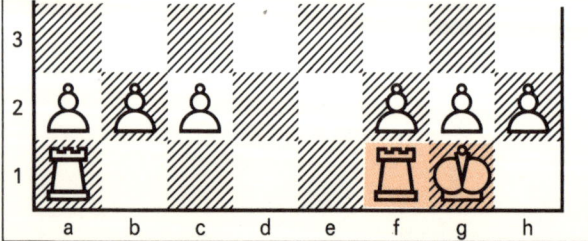

sowie die **lange Rochade**, bei der König und Turm durch drei freie Felder getrennt sind:

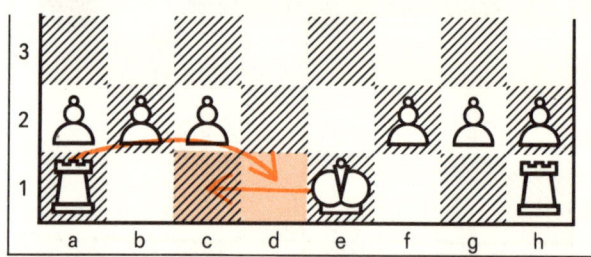

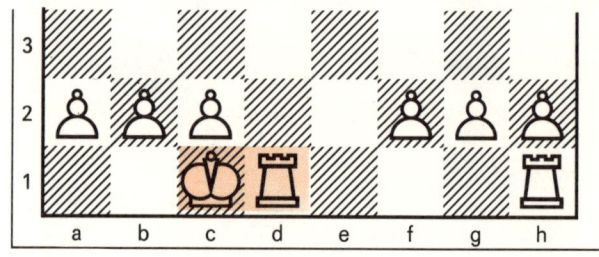

Warum rochiert man überhaupt? Dafür gibt es zwei Gründe: Der König, der zu Beginn der Partie in der Brettmitte oft gefährdet ist, soll in Sicherheit gebracht werden; gleichzeitig greift auf diese Weise der Rochadeturm schnell in das Spiel ein.

# Die Rochade

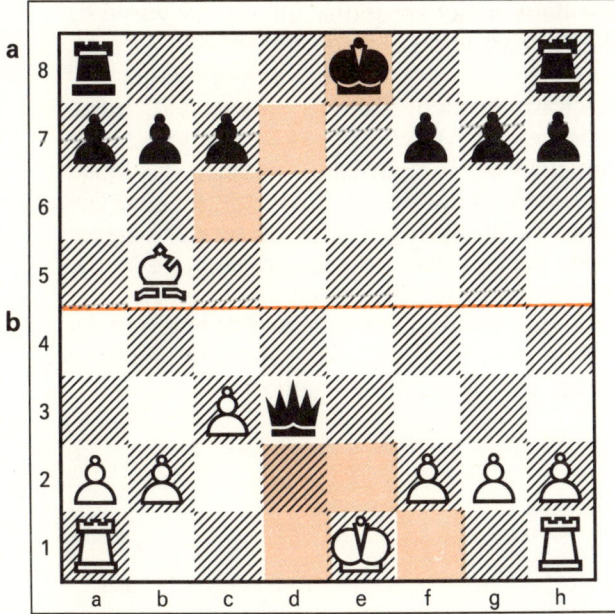

Die **Rochade** ist in folgenden Fällen **verboten**:

1. wenn der König oder Turm vorher bereits gezogen hat (davon war schon die Rede);
2. wenn der König im Schach steht – siehe Musterstellung a;
3. wenn der König über ein angegriffenes Feld hinwegsetzen müßte – Stellung b;
4. wenn der König nach der Rochade im Schach stände, was in Musterstellung c eintreten würde.

Im ersten Fall hast du das Rochaderecht für den Rest der Partie eingebüßt. In den anderen drei Fällen darfst du wieder rochieren, sobald das Hindernis verschwunden ist.

Im Gegensatz zum König darf der Rochadeturm angegriffen sein und auch über ein bedrohtes Feld hinwegsetzen. Daher darf Weiß in Musterstellung d lang rochieren, nicht aber kurz.

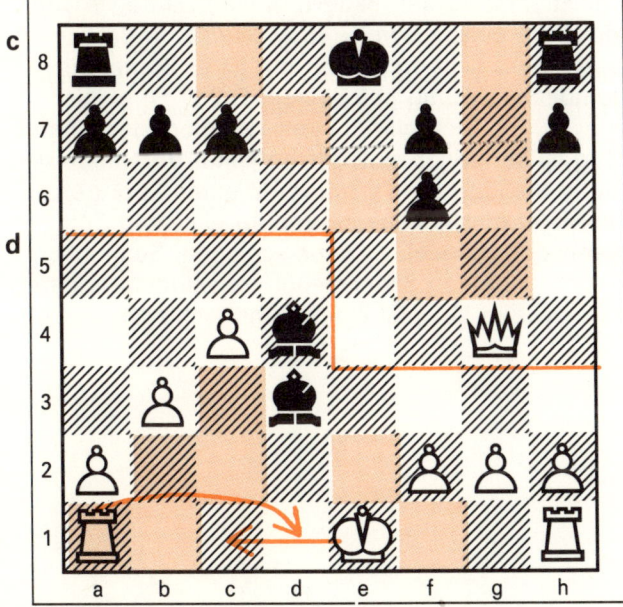

# Die Bauernumwandlung

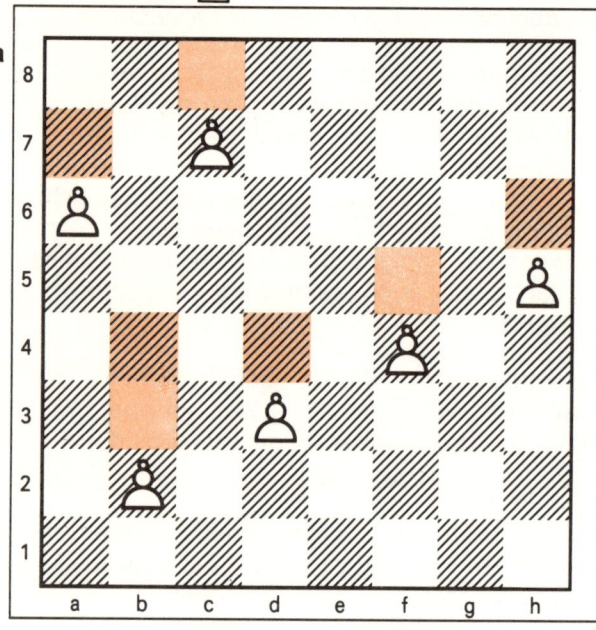

Die Bauern ziehen und schlagen nur vorwärts. Vielleicht hast du dich deshalb schon gefragt, was eigentlich geschieht, wenn ein Bauer den Brettrand erreicht. Dann tritt etwas ein, was es sonst nur im Märchen gibt: Der Bauer verwandelt sich! Betritt dein Bauer nämlich das letzte Feld, dann mußt du ihn sofort gegen eine Dame, einen Turm, Springer oder Läufer der eigenen Farbe austauschen. In Musterstellung a ist das angedeutet. Auf diese Weise kann es vorkommen, daß du plötzlich zwei Damen, drei Türme usw. besitzt. Einen zweiten König darfst du dir aber nicht herbeizaubern.

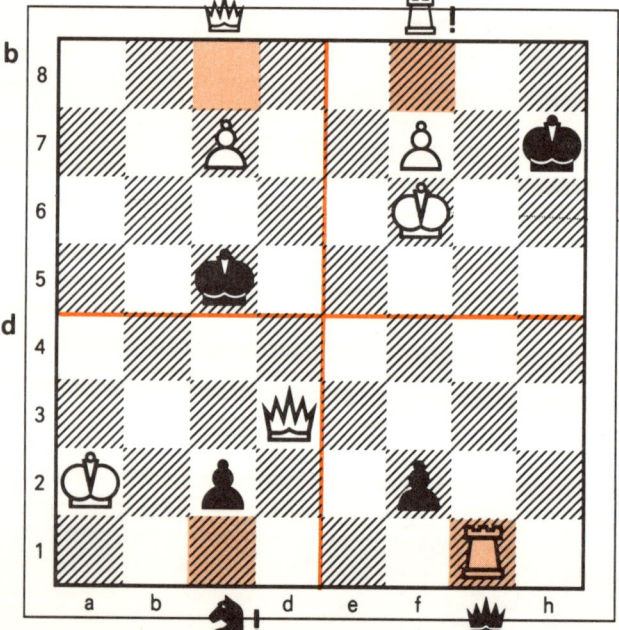

Meist wirst du den Bauern in eine Dame verwandeln wie beispielsweise in Muster b. In Beispiel c würdest du jedoch mit einer Dame den feindlichen König patt setzen. Daher ist es hier viel klüger, sich einen Turm zu holen, der einen Zug später sogar matt setzen kann. Verwandelst du in Stellung d den Bauern in einen Springer, so bietet dieser Schach, und im nächsten Zug kannst du die weiße Dame schlagen. Schließlich kannst du einen Bauern auch verwandeln, indem du – wie in Beispiel e – mit ihm schlägst.

# Das Schlagen im Vorübergehen

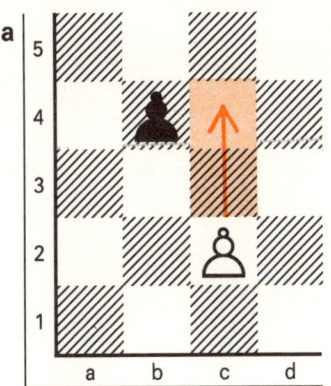

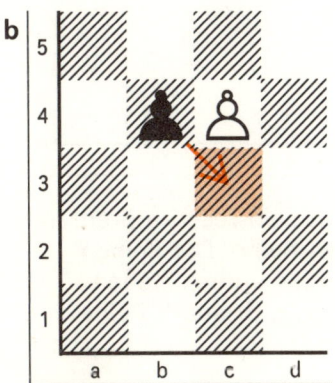

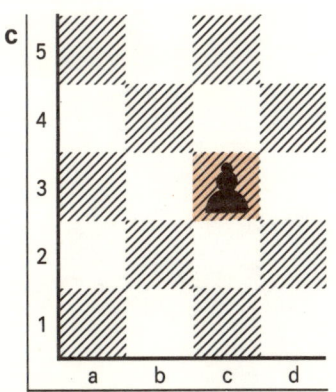

Nimm einmal an, du wärst in Musterstellung a mit Weiß am Zuge. Dann könntest du dir folgendes überlegen: „Rücke ich meinen Bauern ein Feld vor, kann ihn der Gegner schlagen. Zum Glück steht mein Bauer noch auf seinem Ausgangsfeld. Also ziehe ich ihn zwei Schritte vor, dann kann ihm der schwarze Bauer nichts anhaben."

Damit wärst du hereingefallen, denn eine Regel besagt: Jeder Bauer, der nach dem Doppelschritt neben einem feindlichen Bauern zu stehen kommt, darf von diesem so geschlagen werden, als ob er sich nur einen Schritt weit vorgewagt hätte. Diese Schlagmöglichkeit, bei der ein Bauer auf einem Feld geschlagen wird, auf dem er gar nicht steht, heißt **Schlagen im Vorübergehen**.

Merke dir dabei: Willst du im Vorübergehen schlagen, mußt du das **sofort** nach dem Doppelschritt tun. Später ist es nicht mehr erlaubt. Muster a zeigt dir die Lage vor, Muster b die nach dem Doppelschritt des weißen Bauern; in Muster c hat Schwarz diesen bereits im Vorübergehen genommen.

In Beispiel d soll der schwarze Bauer gerade zwei Schritte vorgegangen sein. Du könntest ihn jetzt sowohl mit dem linken als auch mit dem rechten weißen Bauern schlagen.

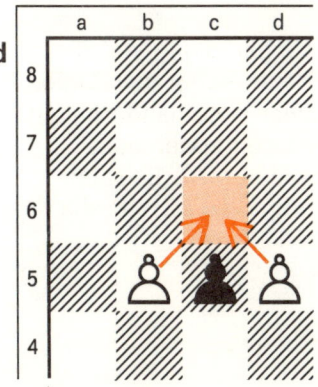

# Das Schachbrett und seine Felder

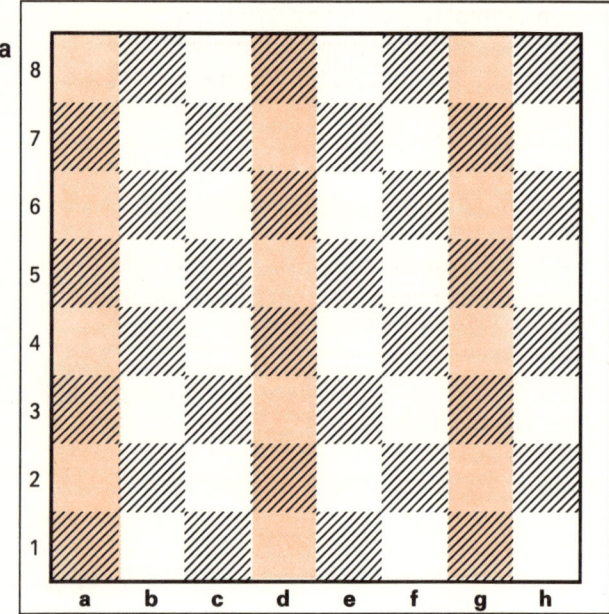

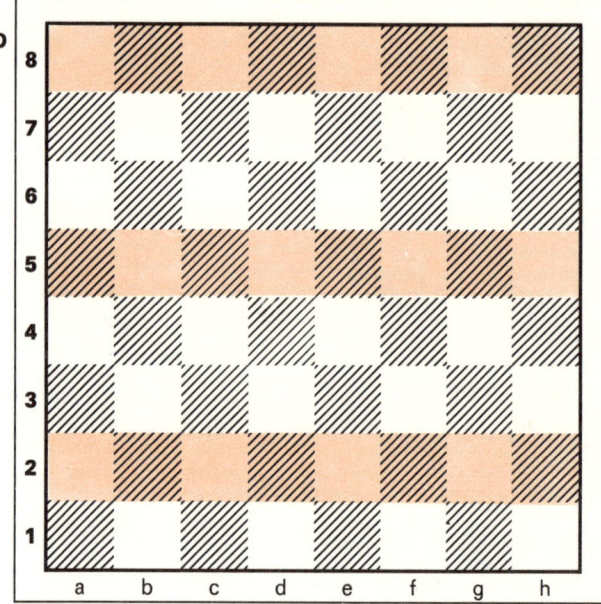

Schach wird bekanntlich auf einem Brett gespielt, das aus 64 Feldern besteht. Die eine Hälfte dieser Felder ist dunkel, die andere hell. Der Einfachheit halber spricht man in der Schachsprache immer von **schwarzen** und **weißen Feldern.**
In bestimmter Weise zusammenhängende Felder tragen besondere Namen.

Eine Kette von Feldern, die geradlinig von dir zu deinem Gegenspieler verläuft, nennt man **Linie.** Um die verschiedenen Linien auseinanderhalten zu können, werden sie mit den ersten acht Buchstaben des Abc bezeichnet. Als Beispiel haben wir in Musterstellung a die a-Linie, die d- und g-Linie hervorgehoben.

Felder, die den linken mit dem rechten Brettrand gerade verbinden, heißen **Reihe.** Die Reihen werden mit Hilfe von Zahlen unterschieden. Musterstellung b zeigt die 2., 5. und 8. Reihe.

# Das Schachbrett und seine Felder

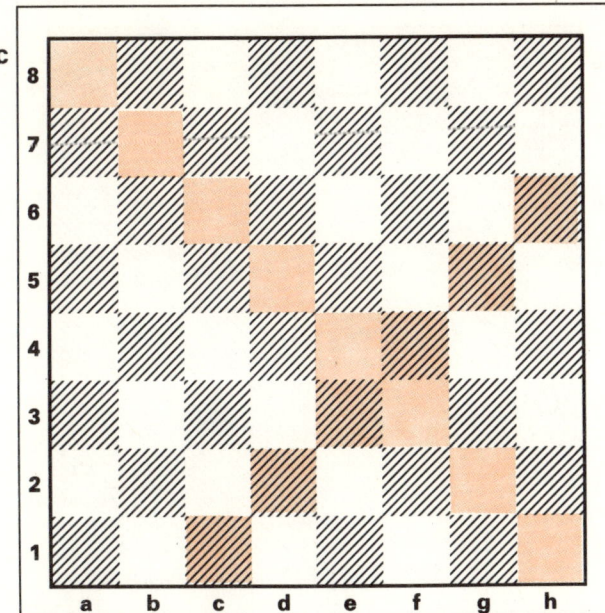

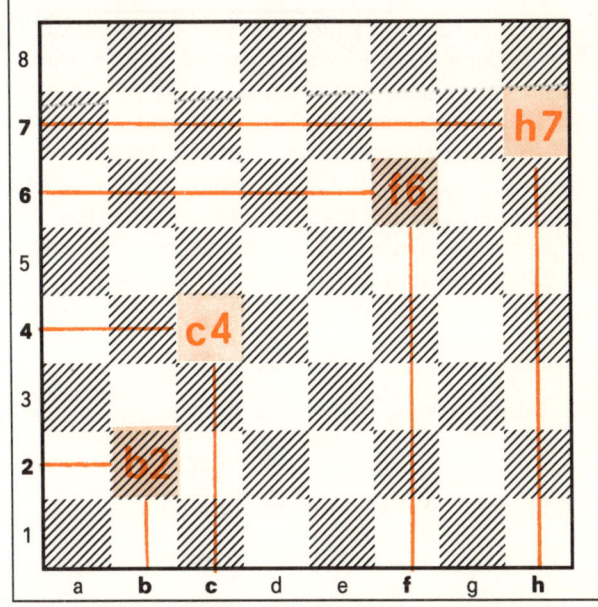

Nebeneinanderliegende Felder, die schräg von Brettrand zu Brettrand führen, bezeichnet man als **Diagonale**. In Musterstellung c erkennst du eine weißfeldrige und eine schwarzfeldrige Diagonale.

Um die Felder leicht voneinander unterscheiden zu können, haben sie Namen erhalten. Wie du den Namen eines bestimmten Feldes herausfinden kannst, zeigt Diagramm d. Zuerst ermittelst du, auf welcher Linie dein Feld liegt. Nehmen wir an, es ist eins auf der c-Linie. Dann zählst du vom unteren Brettrand ab, bis du es erreicht hast. Ist es z. B. das vierte, so heißt dein Feld: c4.

Mit Hilfe der Feldernamen können wir nun auch die Diagonalen benennen. Das ist ganz einfach: Du brauchst nur die Namen ihrer beiden Endfelder zu bestimmen. In Stellung c hast du folglich die weißfeldrige Diagonale a8–h1 und die schwarzfeldrige Diagonale c1–h6 vor dir.

Ein guter Schachspieler hat alle 64 Felder im Kopf! Damit du nicht immer mühselig an den Brettrand schauen mußt, um herauszufinden, wie ein bestimmtes Feld heißt, werden wir die Felderbezeichnungen noch gründlich üben.

# Das Aufschreiben der Züge

Vielleicht wirst du fragen, wozu die Feldernamen erforderlich sind. Man kann doch auch ohne sie eine Partie Schach spielen. Das stimmt. Sie sind aber unentbehrlich, wenn du z. B. eine Partie mitschreiben möchtest. Und in diesem Buch werden sie gebraucht, damit du nachprüfen kannst, ob du die Aufgaben richtig gelöst hast. Sehen wir uns also an, wie Schachzüge aufgeschrieben werden. Wiederholen wir dazu die üblichen Kurzzeichen für die einzelnen Figuren:

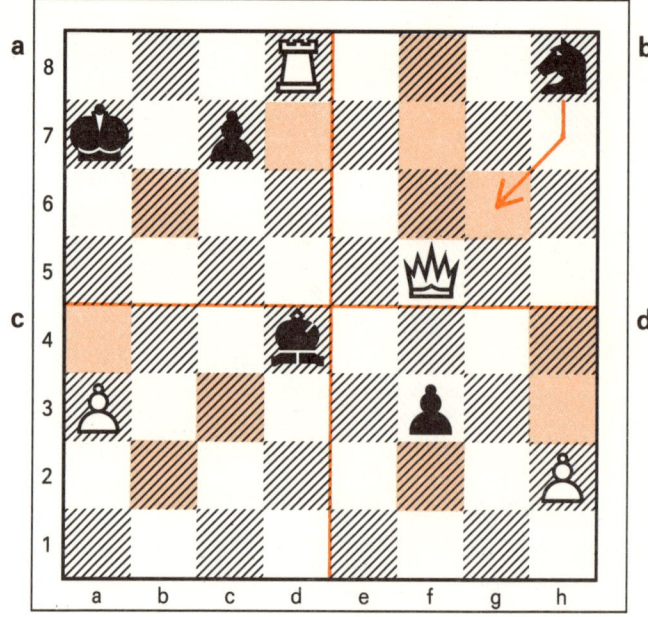

| | | |
|---|---|---|
| König | = ♔ oder ♚ | oder K |
| Dame | = ♕ oder ♛ | oder D |
| Turm | = ♖ oder ♜ | oder T |
| Läufer | = ♗ oder ♝ | oder L |
| Springer | = ♘ oder ♞ | oder S |
| Bauer | = ♙ oder ♟ | oder – |

Nun können wir darangehen, die Züge zu notieren. Dazu gehören wenigstens drei Angaben:

– die **Zugnummer**; sie gibt dir an, um den wievielten Zug es sich handelt;
– das **Kurzzeichen** für die Figur, die den Zug macht;
– das **Feld**, auf das die Figur zieht.

Einige Beispiele sollen die **Schachnotation** – so nennt man das Aufschreiben der Züge – verdeutlichen.
In Musterstellung a geht der weiße Turm nach d7, und Schwarz antwortet mit dem Königszug nach b6. Du schreibst: **1.Td7 Kb6**. Bei uns im Buch liest sich das so: 1.♖d7 ♚b6.
Musterstellung b: Die Dame zieht nach f8, und der bedrohte Springer weicht nach g6 aus. Also: **1.Df8 Sg6** (im Buch steht dafür 1.♛f8 ♞g6).

Musterstellung c: Der Läufer greift von b2 aus den Bauern an, und der rückt nach a4 vor. Das hältst du folgendermaßen fest: **1. ... Lb2 2.a4** (bei uns 1. ... ♝b2 2.a4). Da der erste weiße Zug fehlt, werden drei Punkte dafür gesetzt.
Außerdem brauchst du bei Bauernzügen nur das Feld anzugeben, auf das er vorzieht.
Musterstellung d: Der schwarze Bauer geht nach f2 vor, worauf der weiße Bauer mit dem Doppelschritt antwortet. Dafür gibt es nur diese Schreibweise: **1. ... f2 2.h4**.

Um deutlich zu machen, daß etwas geschlagen wird, benutzt man meist einen Doppelpunkt (:). Er steht zwischen dem Kurzzeichen der Figur und dem Feld, auf das diese beim **Schlagen** gelangt.
In Musterstellung e könntest du mit dem Turm entweder den Läufer d8 oder den Bauern a6

# Das Aufschreiben der Züge

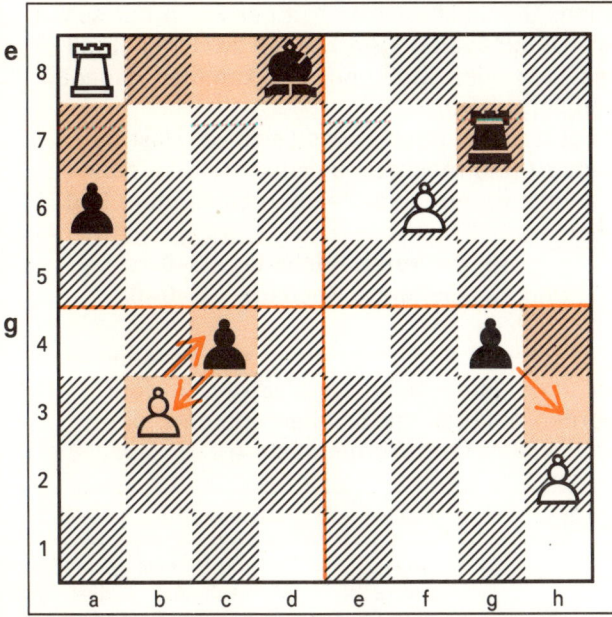

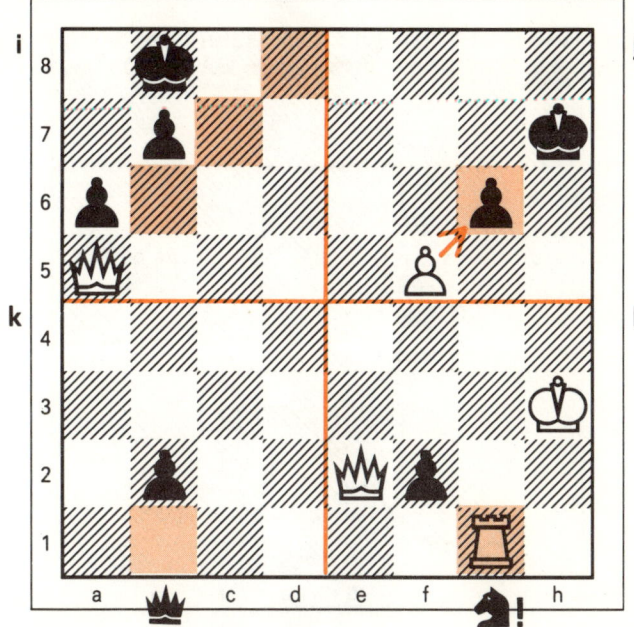

wegnehmen. Geschrieben wird das: **1.T:d8** beziehungsweise **1.T:a6** (bei uns im Buch wird daraus natürlich wieder 1.♖:d8 und 1.♖:a6). Schwieriger wird die Sache, wenn ein Bauer schlägt. Dann mußt du so vorgehen: Zuerst notierst du den Buchstaben der Linie, auf der sich der Bauer befindet. Dann folgt der Doppelpunkt. Schließlich gibst du das Feld an, das der Bauer betritt. Schlägt also in Stellung f der Bauer den Turm, so schreibst du **1.f:g7**. In Beispiel g kann Weiß am Zuge **1.b:c4** spielen. Ist aber Schwarz dran, könnte er sich für **1. ... c:b3** entscheiden. Wie wird nun das **Schlagen im Vorübergehen** wiedergegeben? Dazu lassen wir in Musterstellung h Weiß zwei Schritte mit seinem Bauern vorrücken, so daß Schwarz diesen im Vorübergehen nehmen darf. Diesen Vorgang beschreiben wir einfach so: **1.h4 g:h3**. Das wirst du ohne Mühe einsehen, denn nach dem

Schlagen steht der schwarze g-Bauer ja auf dem Feld h3.

Besonders einfach lassen sich **Schachgebote** notieren. Du hast nichts weiter zu tun, als hinter den Zug ein Kreuz (+) zu setzen. Sieh dir dazu die Musterstellungen i und j an. In der ersten bietet die weiße Dame auf d8 Schach: **1.Dd8+** (oder bei uns 1.♕d8+), in der zweiten schlägt der f-Bauer mit Schach auf g6: **1.f:g6+**. Auch die **Bauernumwandlung** wird dir keinerlei Schwierigkeiten bereiten. Du schreibst den Zug normal auf und notierst dahinter die Figur, in die sich der Bauer verwandelt. In Beispiel k sieht das so aus: **1. ... b1D** (oder 1. ... b1♕). Verwickelter liegen die Dinge in Muster l: Der Bauer schlägt den weißen Turm, verwandelt sich dabei in einen Springer, und dieser bietet gleichzeitig Schach. Also: **1. ... f:g1S+** (oder 1. ... f:g1♘+).

# Das Aufschreiben der Züge

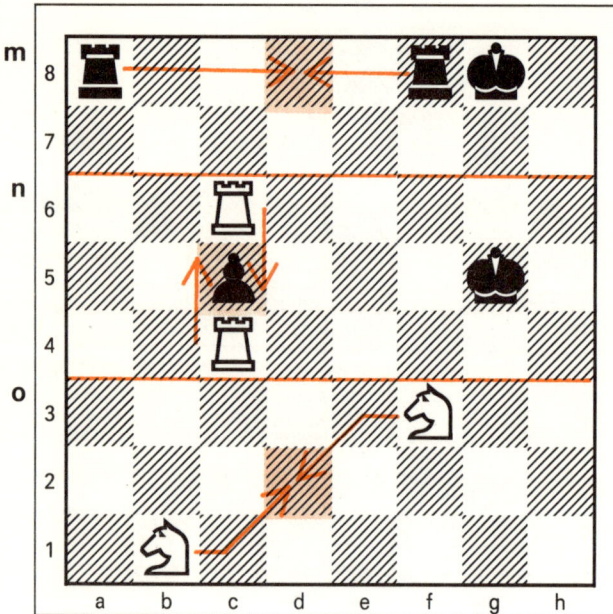

Können zwei gleichartige Figuren der gleichen Farbe (etwa zwei schwarze Türme oder zwei weiße Springer) auf dasselbe Feld ziehen, dann ist die Kurzform nicht eindeutig. Schreibst du z. B. in Musterstellung m bloß 1. … Td8, so bleibt unklar, welchen Turm du nach d8 gezogen hast. War es der von a8, muß es daher **1. … Tad8** heißen. Bist du jedoch mit dem Turm f8 nach d8 gegangen, dann mußt du das durch **1. … Tfd8** wiedergeben.

Ähnlich unzureichend wäre es in Stellung o, dich mit 1.Sd2 zu begnügen. Hier mußt du dich wohl oder übel auf **1.Sbd2** oder **1.Sfd2** festlegen. Sicher bist du inzwischen so gewitzt, um zu erkennen, daß in Stellung n 1.Tc:c5+ doppeldeutig ist. Und zwar deshalb, weil beide Türme auf der c-Linie stehen. Daher mußt du hier genau zwischen **1.T4:c5+** und **1.T6:c5+** unterscheiden.

Das wird dir zu Anfang gewiß noch schwer-

fallen. Glücklicherweise tritt der Fall n nur selten ein. Unterscheidungen wie die zwischen Tad8 und Tfd8 oder Sbd2 und Sfd2 kommen dagegen ziemlich oft vor.

Zu guter Letzt noch etwas Leichtes. Hast du rochiert und möchtest es aufschreiben, dann brauchst du nur zwei Zeichen zu kennen, und zwar

für die **kurze Rochade:    0–0**
und  für die **lange Rochade:    0–0–0**.

Nachfolgend findest du die besprochenen Abkürzungen zusammengefaßt. Außerdem werden noch einige Zeichen erläutert, die bisher nicht vorgekommen sind.

| Zeichen | Bedeutung | Beispiele |
|---|---|---|
| – | zieht nach | 19.♖a4–f4; g7–g5 |
| : | schlägt | 4.♗:c6; 7. … d:e4 |
| + | bietet Schach | 11.♖e1+; 25. … f3+ |
| matt oder ∓ oder × | setzt matt | 41.a7 matt; 35.♕f8∓; 28. … ♘f2× |
| 0–0 | kurze Rochade | |
| 0–0–0 | lange Rochade | 14.0–0–0 0–0 |
| ! | starker Zug | 16.g4!; 27. … ♖f2! |
| !! | sehr starker und schöner Zug | 51.♘d7!! |
| ? | schlechter Zug | 32. … ♘h5? |
| ?? | grober Fehler | 48.♔f3?? |

Es sollte dir nun keine Mühe mehr bereiten, auch zusammengesetzte Zeichen richtig zu deuten und selbst anzuwenden. Zur Übung mach dir bitte klar, was mit den folgenden Angaben gemeint ist: 20.♕:d5×; 43.c8♕?; ♗g5–h4??; 33. … h:g2∓; 18.0–0+!; 25. … ♘b:d5?; 31.♖fb1!; 39.♘4:c6+; 61. … c:d1♕+!!; ♔b7:c6+.

Hier stimmt etwas nicht: ♘g5:g3; 3.♗f1–b6+; 28.♕:d8∓?? und ♔h8–g7+. Hast du herausgefunden, was? Die Antworten kannst du notfalls am Anfang des vierten Kapitels nachschlagen.

# Der Wert der Figuren

Bestimmt ist dir schon aufgefallen, daß die Schachsteine verschieden „beweglich" sind. Am beweglichsten ist zweifellos die Dame, denn sie darf ja beliebig weit gerade oder schräg ziehen. Verglichen damit wirkt der Bauer schwerfällig. Diese ungleiche Beweglichkeit ist dafür verantwortlich, daß die Steine unterschiedlich stark sind. Als Grundregel gilt: **Je beweglicher ein Stein ist, desto stärker ist er; je unbeweglicher, desto schwächer.**

Am schwächsten ist daher der Bauer. Ihn hat man als Gradmesser für die Stärke der Figuren ausgewählt. Ordnet man dem Bauern den Zahlenwert 1 zu, dann hat beispielsweise der Läufer den Wert 3. Die folgende Übersicht ist auf der Grundlage dieser „Bauernrechnung" entstanden. Sie gibt ungefähr eine Vorstellung vom Wert der einzelnen Figuren.

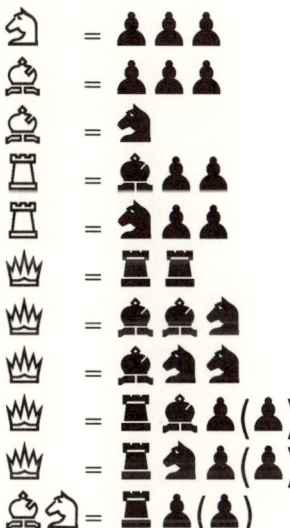

Diese Werte mußt du in groben Zügen im Kopf haben, damit du beim Abtausch von Figuren und Bauern nicht ungünstig abschneidest. Allerdings

handelt es sich hier nur um Durchschnittswerte, die aus sehr, sehr vielen Partien abgeleitet wurden. In zahlreichen Stellungen sind diese Vergleichswerte aber außer Kraft gesetzt. Es kann beispielsweise durchaus vorkommen, daß ein Bauer stärker ist als die Dame. Warum das so sein kann, wird dir in den beiden nächsten Kapiteln dieses Buches sicher klarwerden.

Zwei Fragen, die du dir vielleicht auch schon gestellt hast, möchte ich zuvor jedoch noch beantworten.

1. Wie ist es möglich, daß der langschrittige Läufer nur ebenso stark sein soll wie der kurzatmige Springer?

Die Erklärung für diese eigenartige Gleichwertigkeit liegt in folgendem: Der Läufer ist an seine Felderfarbe gebunden und kann darum nur auf dem halben Brett wirken, also entweder auf den weißen oder auf den schwarzen Feldern. Der unbeholfenere Springer vermag dagegen alle Felder des Brettes zu erreichen. Das gleicht seine geringere Beweglichkeit wieder aus.

2. Warum fehlt in unserer Übersicht der König?

Einfach deshalb, weil er nicht abgetauscht werden darf. Fällt er – das soll heißen: wird er matt gesetzt –, dann ist die Partie ja zu Ende. Wir merken uns also: **Die Dame ist zwar die stärkste Figur, der König aber die wertvollste!**

# So teste ich mich selbst

Bevor du dich mit den Aufgaben beschäftigst, möchte ich dir einige Ratschläge geben, wie du dabei am besten vorgehst.

Zuerst schau dir nur an, wer am Zuge ist. Versuche sodann, die Lösung zu finden. Das wird dir – vor allem in der ersten Zeit – nicht immer gleich gelingen. Deshalb lies dir als nächstes aufmerksam die Lösungshinweise durch. Versuche danach erneut dein Glück. Für den Fall, daß du weitere Hilfe benötigst, kannst du schließlich noch – soweit angeführt – die entsprechende Musterstellung zu Rate ziehen. Sie gibt dir eine deutliche Vorstellung vom anzustrebenden Mattbild beziehungsweise vom Lösungsweg.

Erst wenn du die Lösung wirklich gefunden hast oder wenn du trotz ernsthafter Bemühungen zu keinem Ergebnis gelangt bist, schlag im vierten Kapitel nach. Dort erfährst du übrigens noch mancherlei Wissenswertes, was über die gestellte Aufgabe hinausweist.

Damit du deine Leistungen und Fortschritte leichter beurteilen kannst, schlage ich dir einen **Test** vor. Du trägst einfach deine Ergebnisse in das nebenstehende Schaubild ein. Darin entspricht jede Spalte einem Abschnitt aus den beiden nächsten Kapiteln. Angenommen, du hast von den Aufgaben des Abschnitts „Der Turm setzt matt" sechs richtig gelöst, dann darfst du im oberen Teil des Schaubilds die sechs unteren Karos der ersten Spalte farbig ausmalen. Bei den anderen Abschnitten verfährst du ebenso. Sobald du dich an allen 120 Aufgaben dieses Buches versucht hast, beginnst du wieder von vorn. Bei dieser (sehr wichtigen) Wiederholung trägst du die Anzahl der gelösten Aufgaben im unteren Teil des Schaubilds ein. Eigentlich müßten die farbigen Säulen, die unten stehen, höher werden als die oberen. Weißt du auch, warum?

In der Wiederholungsphase notiere dir außerdem bitte die Nummern derjenigen Stellungen, mit denen du noch immer Schwierigkeiten hattest. Diese Aufgaben nimmst du dir zum Abschluß noch ein drittes Mal vor.

Wie deine Leistungen einzuschätzen sind, kannst du am rechten Rand des Schaubilds ablesen. Es bedeutet:

**a:** ausgezeichnet – weiter so!
**b:** gar nicht übel
**c:** geht noch an
**d:** müßte besser werden.

Und nun viel Erfolg und vor allem viel Spaß beim Aufgabenlösen!

| | 2 wir setzen matt | | 3 Wir kombinieren | |
|---|---|---|---|---|

Column labels (read vertically):
- Der Turm setzt matt
- Der Läufer setzt matt
- Die Dame setzt matt
- Der Springer setzt matt
- Der Bauer setzt matt
- Springergabel
- Bauerngabel und Doppelangriff
- Fesselung
- Felder- und Linienräumung
- Figurenlenkung
- Abzug- und Doppelschach
- Figurenfang
- Dauerschach
- Bauernumwandlung
- Patt

Rows: a, b, c, d

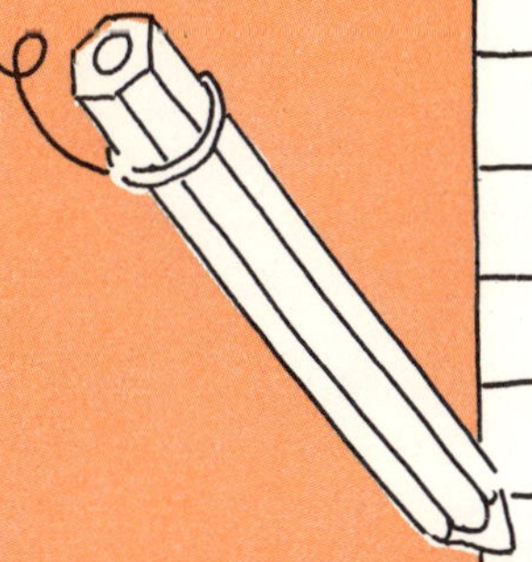

WIEDER-HOLUNGS-TEST

Rows: a, b, c, d

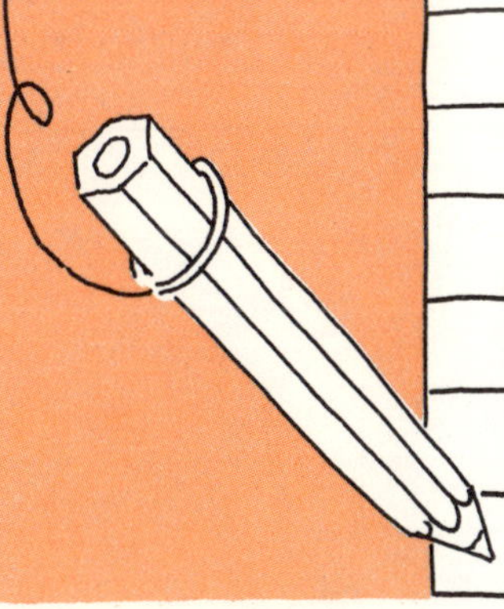

# 2

## Wir setzen matt

# Der Turm setzt matt

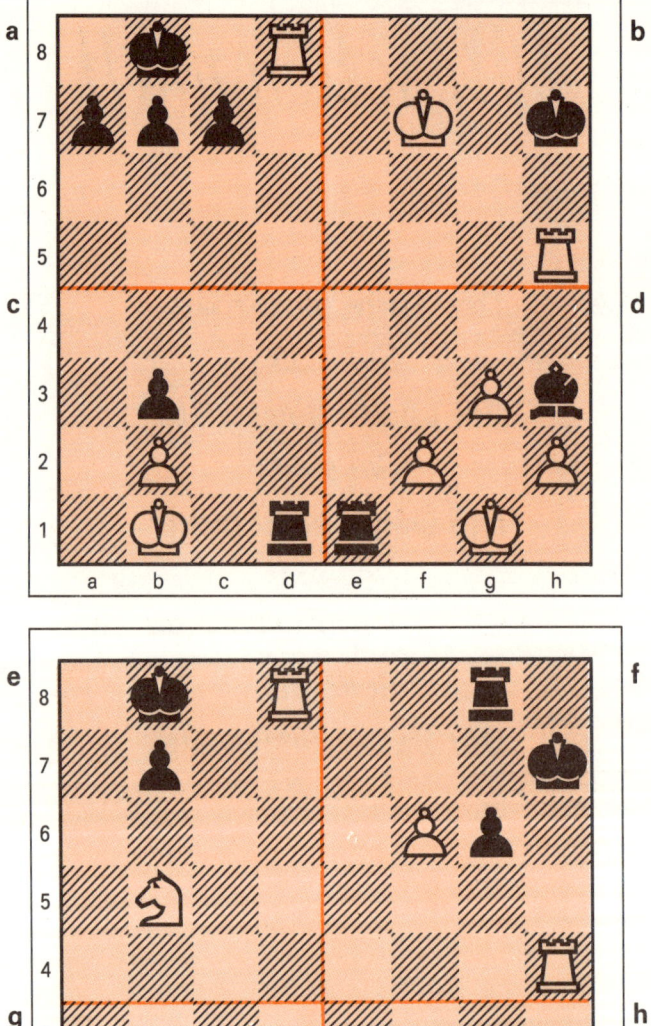

# Der Turm setzt matt

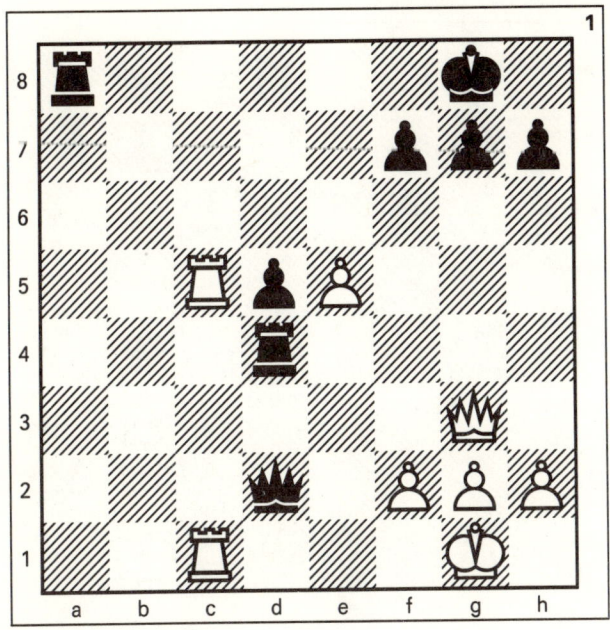

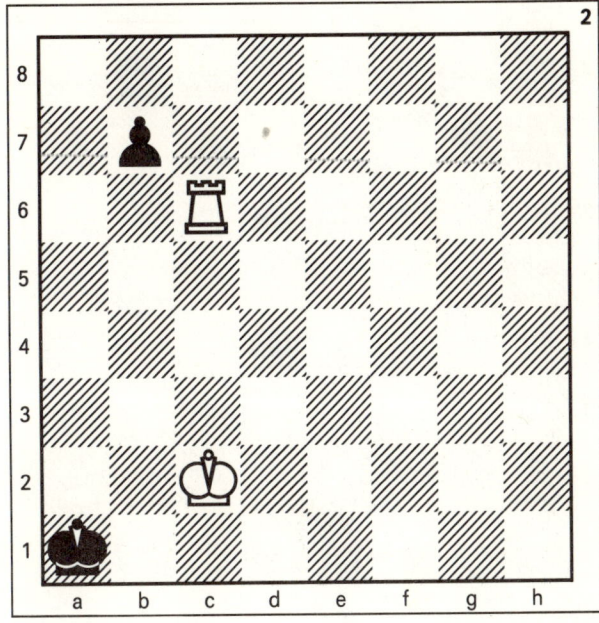

## Weiß/Schwarz am Zuge

Die schwarze Grundreihe (das heißt die 8. Reihe)
ist schwach. Wie kann Weiß das ausnutzen und
in zwei Zügen matt setzen? Wenn du Hilfe
brauchst, sieh dir bitte Musterstellung a an.
Wäre übrigens Schwarz am Zuge, könnte auch
er in ähnlicher Weise in zwei Zügen matt
setzen. Wie?

## Weiß am Zuge

Hier soll der Anziehende ein zweizügiges Matt
erzwingen. Doch Vorsicht! Beachte bei deinen
Lösungsversuchen die verschiedenen Schritt-
möglichkeiten des Bauern. Musterstellung b
erleichtert deine Aufgabe.

# Der Turm setzt matt

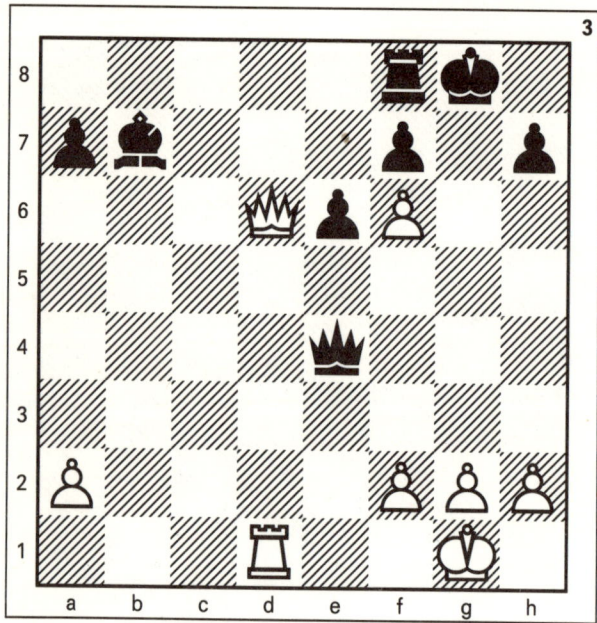

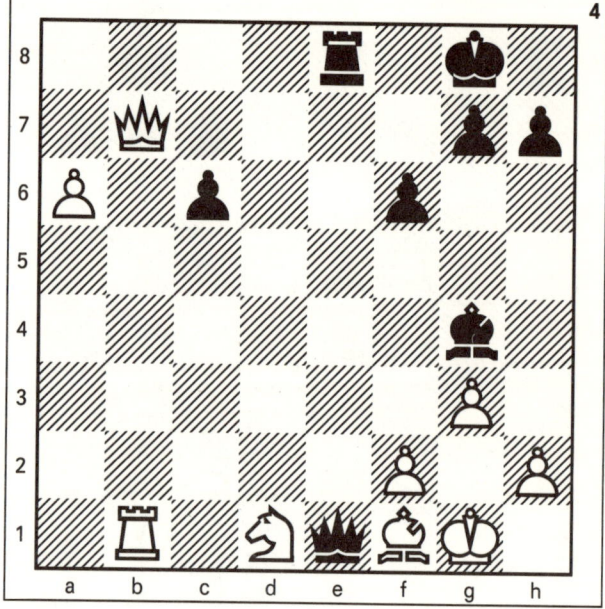

**Weiß am Zuge**

**Schwarz am Zuge**

Wieder wird es in zwei Zügen matt. Verraten sei, daß dabei die weiße Dame die entscheidende Rolle spielt. Das fällt dir schwer? Nun, dann sieh dir doch einmal genau Musterstellung c an.

Nebenbei bemerkt, wäre Schwarz dran, könnte er sogar schon in einem Zuge matt setzen. Wie?

Der Nachziehende besitzt eine Figur weniger, obendrein ist mit dem gefährlichen Freibauern a6 auch nicht zu spaßen. Glücklicherweise erlaubt ihm die geschwächte feindliche Königsstellung einen Mattüberfall. In drei Zügen zappelt der weiße König endgültig im Mattnetz. Musterstellung d hilft dir bestimmt weiter.

# Der Turm setzt matt

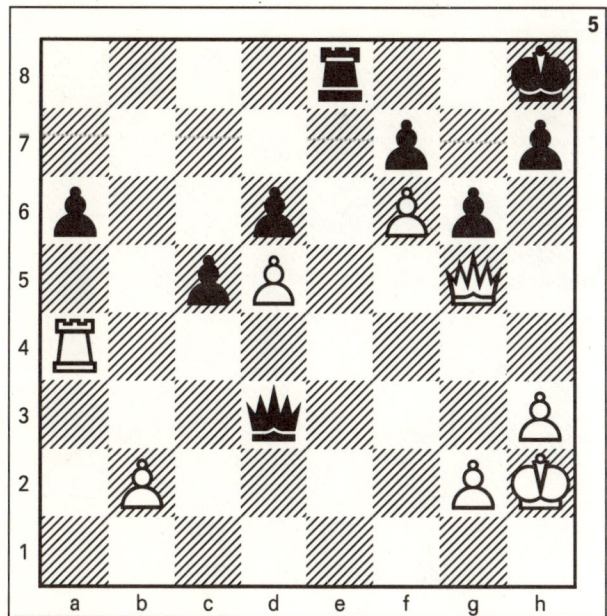

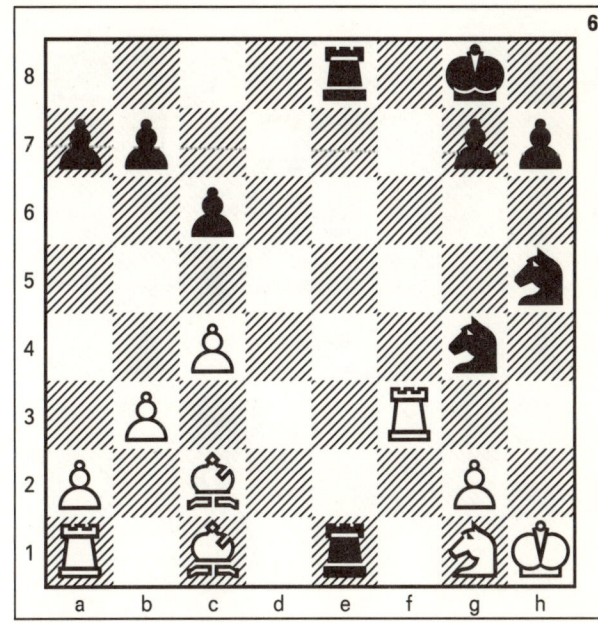

**Weiß am Zuge**

**Schwarz am Zuge**

Diesmal benötigst du drei Züge. Zuerst stellst du eine einzügige Mattdrohung auf, die den Gegner zwingt, seinen König noch mehr einzuengen. Danach wird eine Linie geöffnet, auf der unwiderruflich die Entscheidung fällt. Wie das vor sich geht? Vergleiche einmal Musterstellung f.

Wieder lautet die Forderung Matt in drei Zügen. Das einleitende Springeropfer legt den Grundstein zum Sieg. Ein weiteres Opfer entblößt die weiße Grundreihe. Schließlich erkennst du mühelos Musterstellung e.

# Der Turm setzt matt

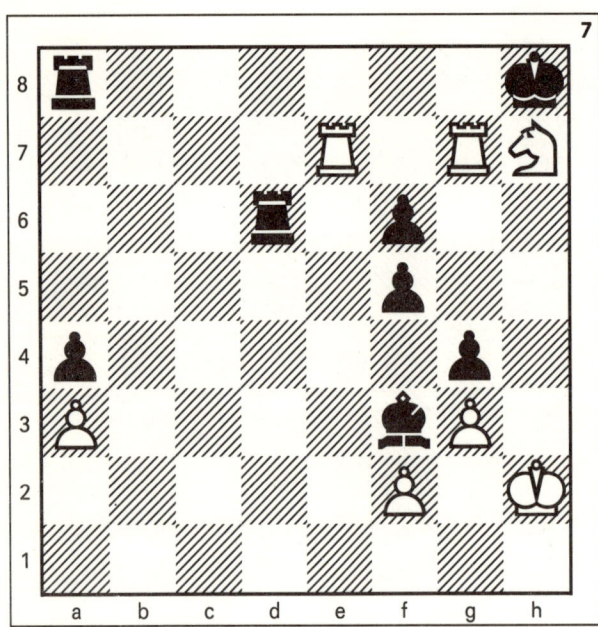

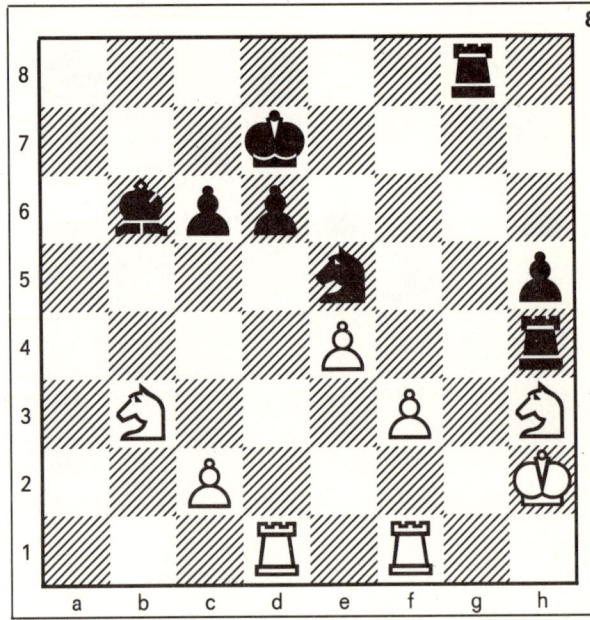

## Weiß am Zuge

Wäre Schwarz dran, könnte er mit 1. ... ☖d1
eine unabwendbare Mattdrohung auf h1 auf-
stellen. Weiß muß sich also sputen. Zunächst
droht er, mit dem Springer in einem Zug matt
zu setzen. Welches Matt? Wie geht es dann
weiter? Alles in allem dauert die Lösung drei
Züge. Als Ziel sollte dir Musterstellung h vorschweben.

## Schwarz am Zuge

Sicher erkennst du sehr rasch, daß sich die
weiße Majestät in höchster Gefahr befindet. Tatsächlich liegt sie in spätestens drei Zügen hilflos
am Boden. Ein überraschender Läuferzug leitet
die Mattführung ein. Du könntest einen Tip
gebrauchen? Musterstellung g zeigt, was du
anstreben mußt.

# Die Turmlinien

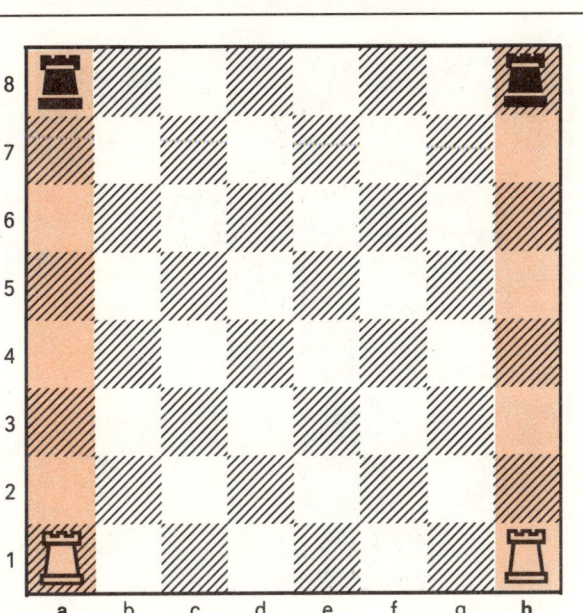

Die beiden Linien, auf denen sich in der Grundstellung die Türme gegenüberstehen, heißen
**Turmlinien** oder **Randlinien**. Um sie voneinander
unterscheiden zu können, heißt die linke von
ihnen **a-Linie**, die rechte **h-Linie**.
Präge dir diese Namen gut ein. Vielleicht ist es
am besten, daß du jedesmal, wenn du in den
nächsten Tagen Schach übst, erst einmal das
leere Brett zur Hand nimmst. Decke die Buchstaben und Zahlen (sie sind bei den meisten
Brettern am Rand verzeichnet) zu und vergegenwärtige dir: Links liegt die a-Linie, rechts liegt
die h-Linie. Das läßt sich leicht merken, denn a
und h reimen sich.
Zur weiteren Übung versuche, die folgenden
Felder möglichst rasch zu finden: a2, a5, h3, a7,
h7, h1, a8, h6, h2 und a3. Welche Felder der a-
bzw. h-Linie fehlen in dieser Aufzählung?
Schreibe sie auf und zeige sie. Trainiere das
außerdem noch mit einem Partner.

# Der Läufer setzt matt

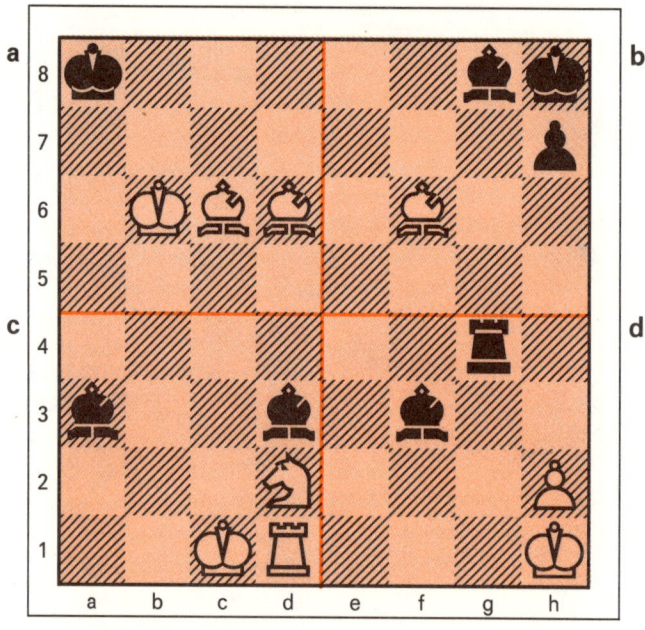

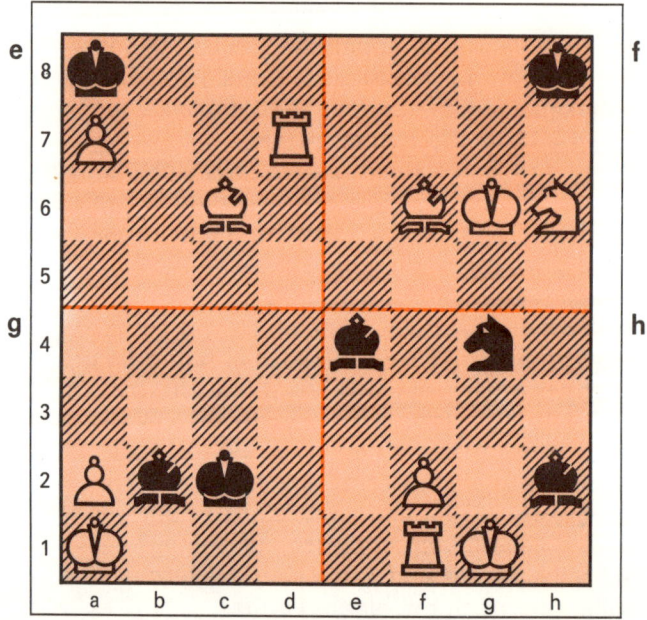

# Der Läufer setzt matt

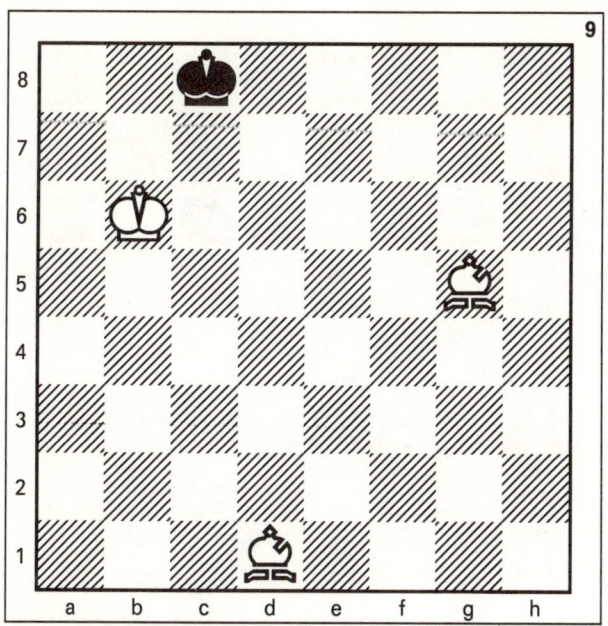

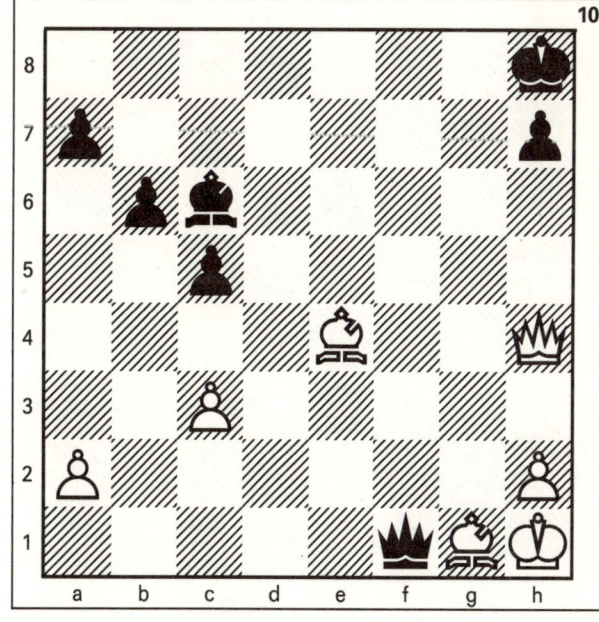

## Weiß am Zuge

Eine einfache, übersichtliche Lage. Der schwarze König steht auch schon am Brettrand. Deine Aufgabe lautet, ihm in drei Zügen den Garaus zu machen. Musterstellung a bietet sich dabei beinahe von selbst an.

## Schwarz am Zuge

Der weiße König ist bereits zwischen eigenen Steinen eingekeilt. Du brauchst dich eigentlich nur noch zu vergewissern, aus welcher Richtung er verwundbar ist. Musterstellung b gibt die Anleitung zum Handeln. Doch aufgepaßt! Weiß droht selbst ein einzügiges Matt. Welches?

# Der Läufer setzt matt

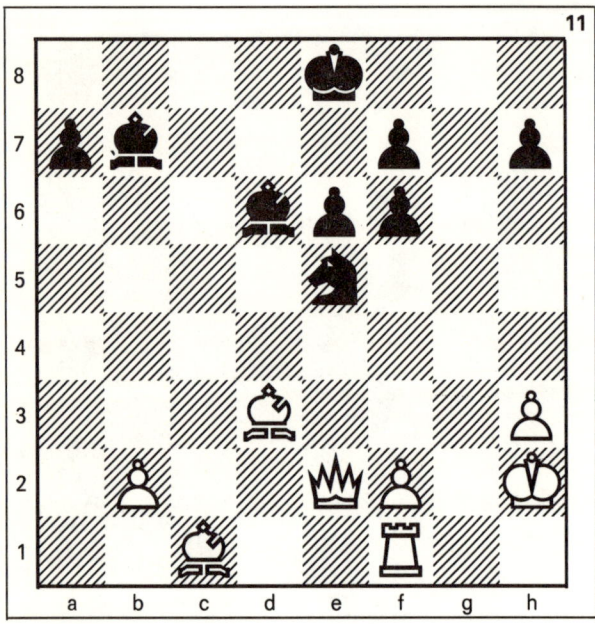

**Schwarz am Zuge**

Der Nachziehende hat viel Material geopfert, um diese Stellung zu erhalten. Ihm war klar, daß er nun in zwei Zügen matt setzen kann. Ist es auch dir klar? Wenn nicht, wirf einen Blick auf Musterstellung h.

**Weiß am Zuge**

Der Läufer a3 hat Schwarz die Rochade verdorben. Auch der andere Läufer wartet nur darauf, dem gegnerischen König zu Leibe zu rücken. In zwei Zügen ist alles vorbei. Wie sich das abspielt? Einen Hinweis gibt Musterstellung c.

# Der Läufer setzt matt

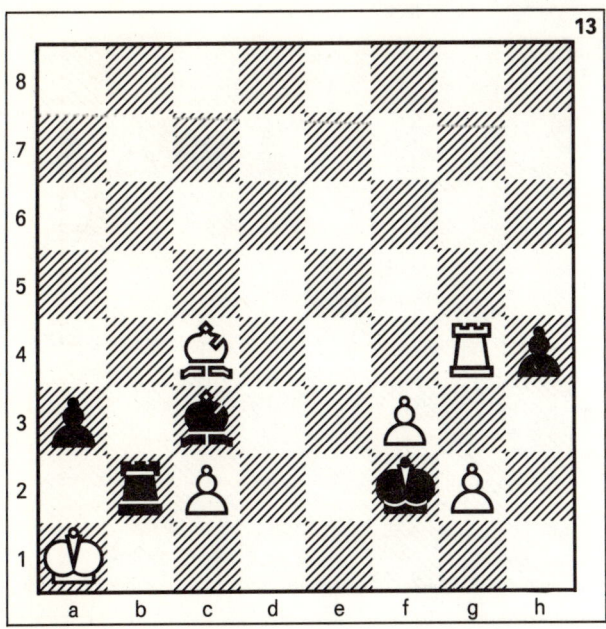

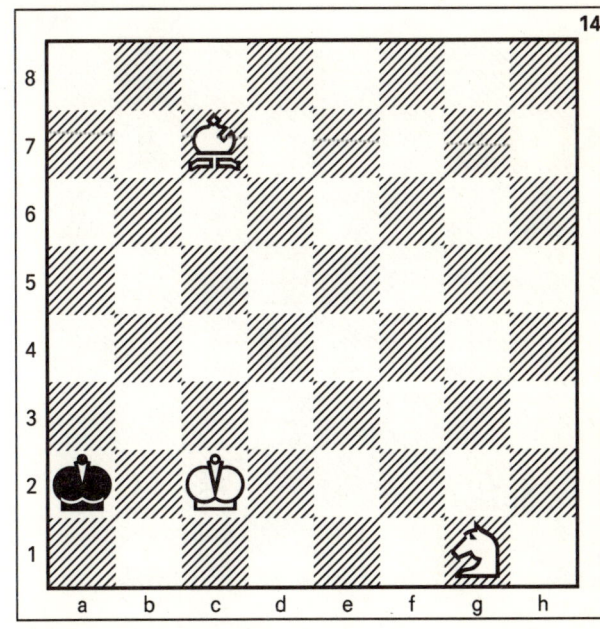

**Schwarz am Zuge**

Trotz des stark verringerten Materials wird es in zwei Zügen matt. Ein unscheinbares Bäuerlein hat dabei ein gewichtiges Wort mitzureden. Musterstellung e kann als kleiner Fingerzeig dienen.

**Weiß am Zuge**

Die Forderung Matt in vier Zügen klingt schwieriger, als sie in Wirklichkeit ist. Wichtig ist eigentlich nur, daß sich der schwarze König nicht aus der Ecke davonstiehlt. Der Rest ist so einfach, daß sich der Verweis auf Musterstellung f fast erübrigt.

# Der Läufer setzt matt

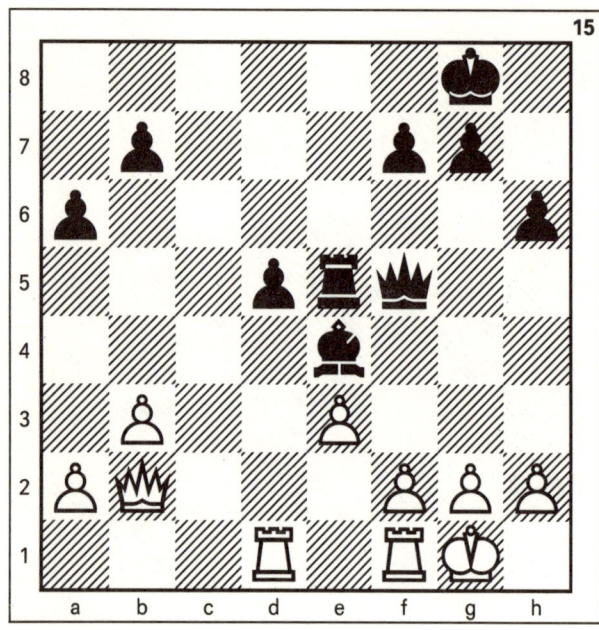

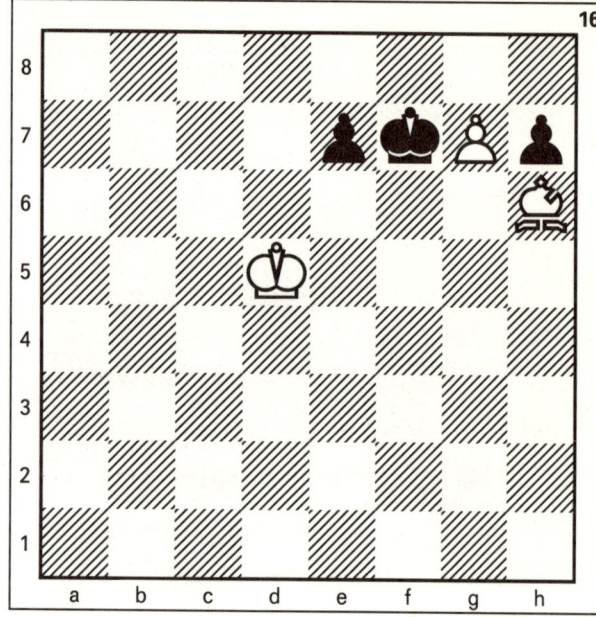

**Schwarz am Zuge**

Sicher überrascht es dich, daß Schwarz in dieser Stellung über ein dreizügiges Matt verfügt. Mit seinem ersten Zug setzt er dem Gegner die Pistole auf die Brust: Matt oder Linienöffnung. Folgerichtig ergibt sich daraus Musterstellung d.

**Weiß am Zuge**

Zum Abschluß dieses Abschnitts ein Matt in vier Zügen. „Wie ist das möglich?" wirst du fragen, „Weiß ist ja nicht in der Lage, seinen Bauern zu unterstützen. Und der Läufer allein kann auch nicht viel ausrichten." Und doch geht alles mit rechten Dingen zu. Musterstellung g wird dir hoffentlich Mut machen, den unglaublichen Anfangszug überhaupt zu erwägen.

# Die Springerlinien

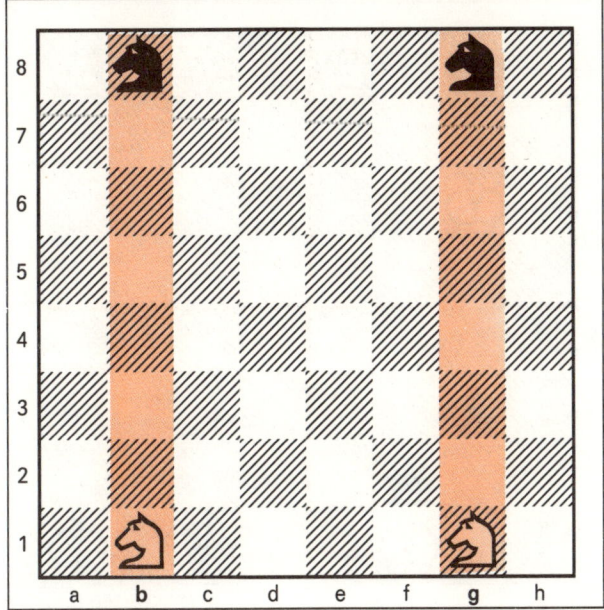

Bei den beiden Linien, auf denen sich in der Grundstellung die Springer gegenüberstehen, handelt es sich natürlich um die **Springerlinien**. Die linke von ihnen heißt **b-Linie**, die rechte **g-Linie**.

Übe diese Benennungen ein paar Tage lang (jeden Tag selbstverständlich nur ein bis zwei Minuten!) so ein, wie du es mit den Turmlinien getan hast. Nimm also ein leeres Brett und merke dir: Links liegt die b-Linie, rechts liegt die g-Linie. Wieder reimen sich b und g.

Weitere Übungen:

1. Suche folgende Felder: b1, g2, g5, b3, b8, g8, b2, g7, g3 und b6.
2. Schreibe die in dieser Aufzählung fehlenden Felder der b- bzw. g-Linie nieder und zeige auf sie.
3. Versuche nun, die folgenden Felder so schnell wie möglich aufzufinden: a4, g6, b7, h3, b5, a6, h8, h4, g1, a3, b2 und g4.
4. Trainiere in dieser Form außerdem noch mit einem Partner.

# Die Dame setzt matt

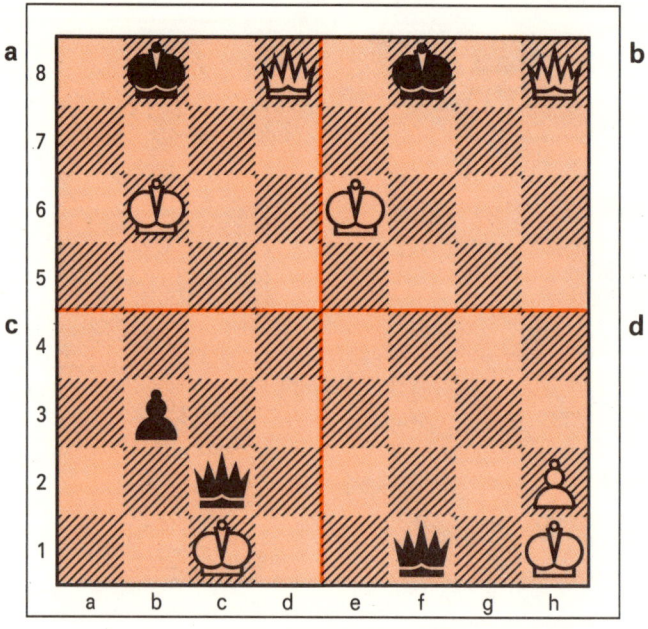

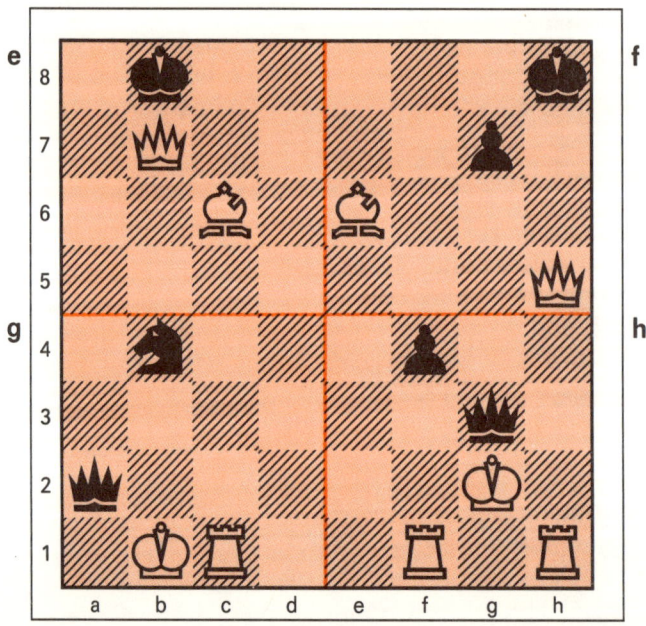

# Die Dame setzt matt

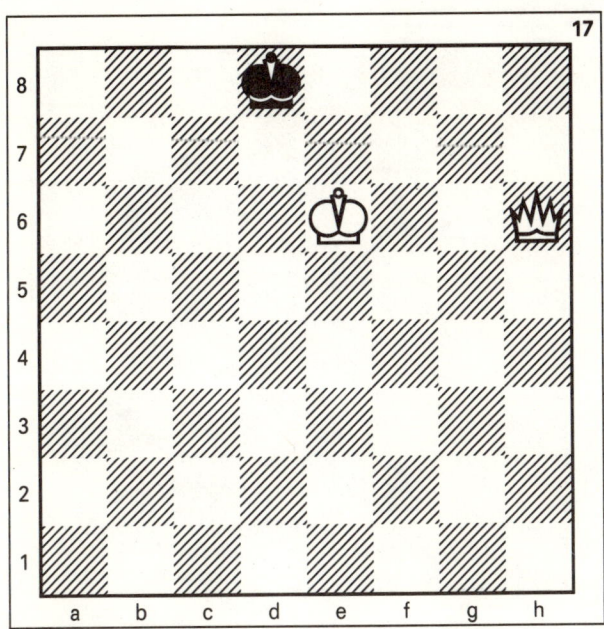

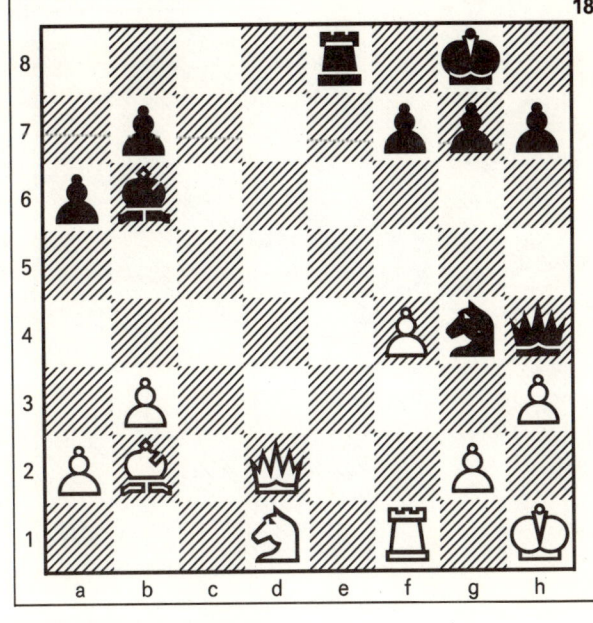

## Weiß am Zuge

Nur zwei Züge braucht Weiß, um den Gegner matt zu setzen. Der erste Zug muß allerdings gut durchdacht sein. Falls du Hilfe benötigst, schau dir Musterstellung a an.

## Schwarz am Zuge

Die weiße Rochadestellung macht einen recht luftigen Eindruck, zumal der schwarze Läufer den feindlichen König in der Ecke festhält. Wäre die h-Linie offen, würde die schwarze Dame bereits matt setzen. Wie läßt sich das erzwingen? Das Mattbild ist das der Musterstellung f.

# Die Dame setzt matt

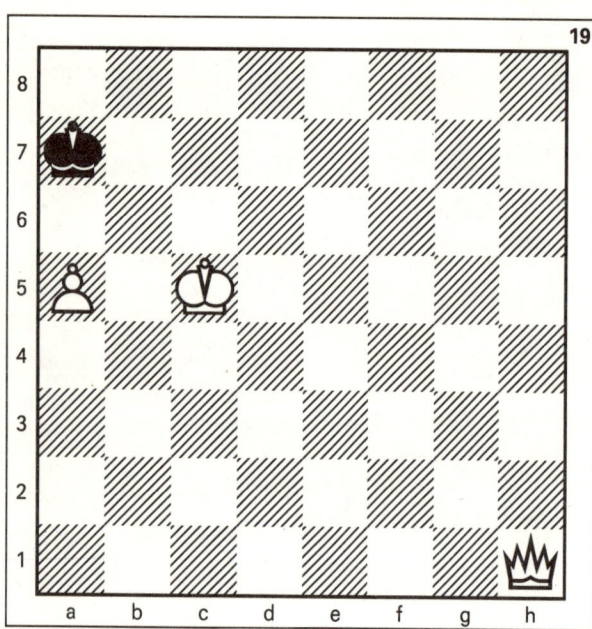

**Weiß am Zuge**

Die weiße Position ist natürlich auf viele Arten gewonnen. Willst du es jedoch in zwei Zügen schaffen, mußt du dich gehörig anstrengen. Verraten sei, daß dir die Musterstellungen b und c den Weg weisen.

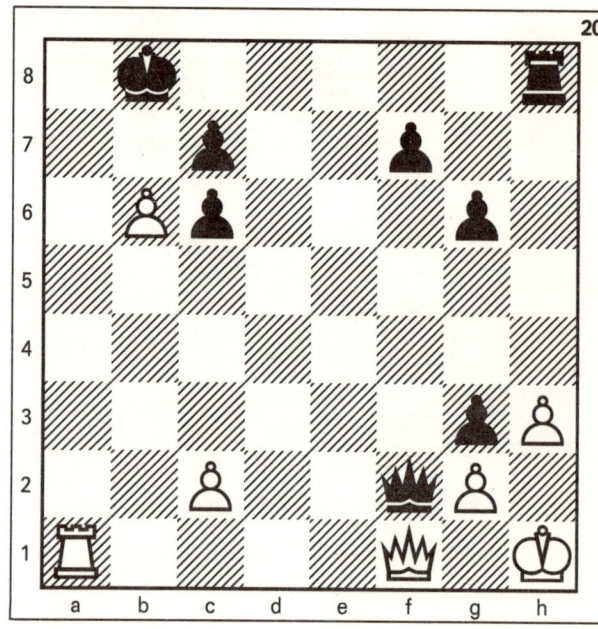

**Schwarz/Weiß am Zuge**

Eine Doppelaufgabe also: Schwarz erzwingt das Matt in zwei Zügen, Weiß braucht dazu vier Züge. In beiden Fällen wird das Mattspiel durch ein Opfer eingeleitet. Das Schlußbild ist uns schon vertraut; es ist wieder das der Musterstellung c.

# Die Dame setzt matt

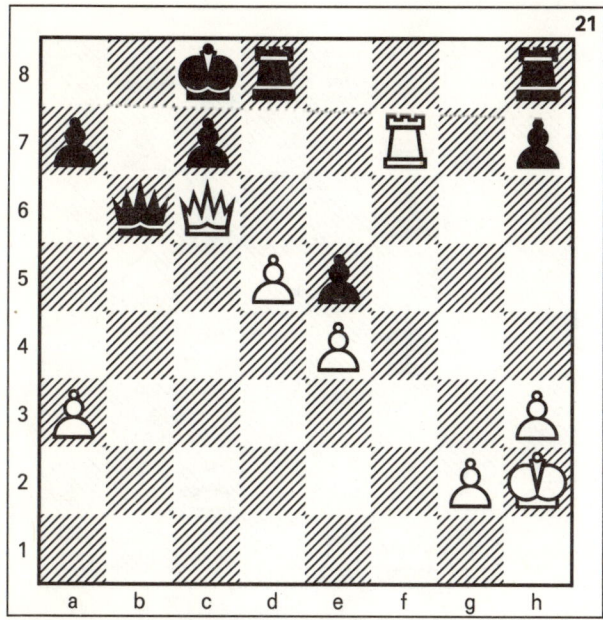

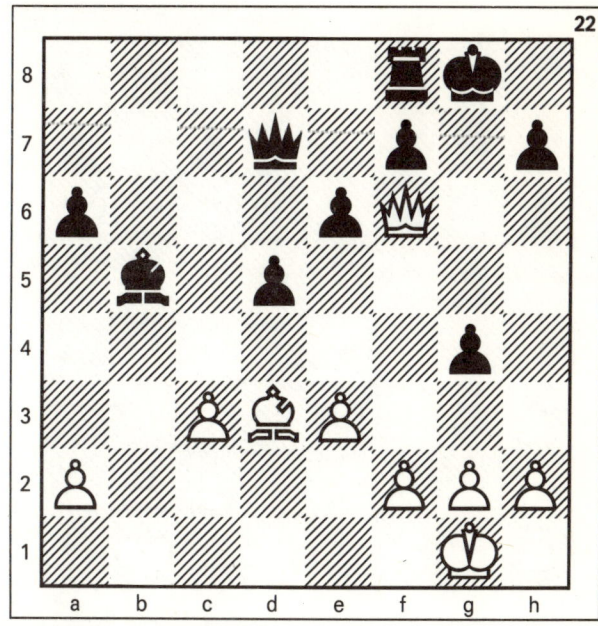

**Weiß am Zuge**

Hier gilt es, ein dreizügiges Matt aufzuspüren. Zu Anfang wird der schwarze König noch mehr in seiner Bewegungsfreiheit eingeengt. Ein Opfer beraubt ihn daraufhin des Bauernschutzes, so daß er schließlich der weißen Dame hilflos ausgeliefert ist. Der Abschluß ähnelt der Musterstellung h.

**Weiß am Zuge**

Um diese Stellung zu erreichen, hat der Anziehende auf g4 gerade einen Turm geopfert. Nun schickt er sich an, in drei Zügen matt zu setzen. Du könntest einen Tip gebrauchen? Nun, führe die weiße Dame so, daß sie nach ihrem zweiten Zug auf zwei verschiedene Arten matt droht. Hilfestellung leisten unsere Muster d und e.

# Die Dame setzt matt

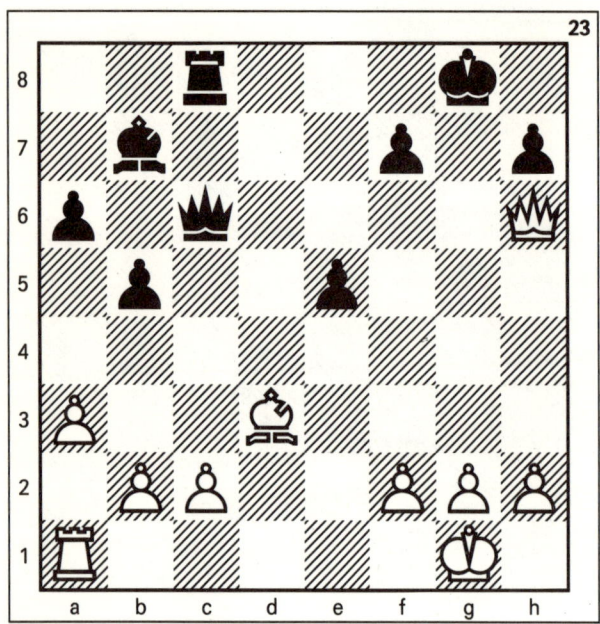

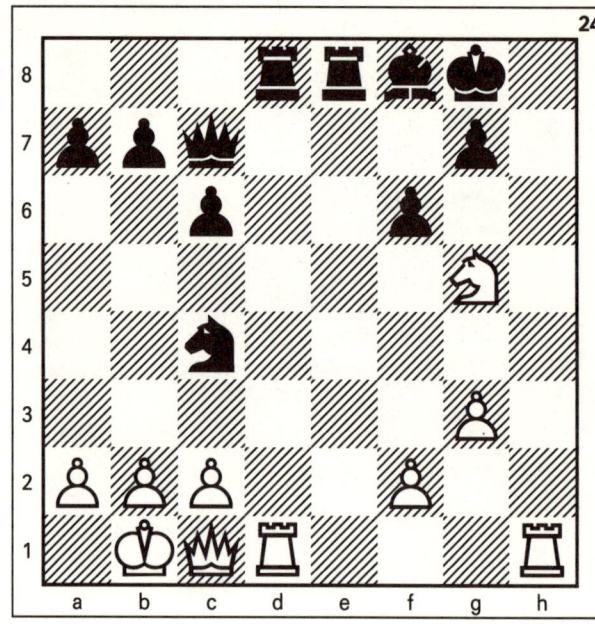

**Weiß am Zuge**

**Weiß am Zuge**

Durch vorbildliches Zusammenwirken von Dame und Läufer gelingt es, ein vierzügiges Matt zu erzielen. Dabei darfst du den schwarzen König nicht vorzeitig aus der Ecke entwischen lassen. Das anzustrebende Mattbild ist in Musterstellung e dargestellt. Beachte auch die schwarzen Drohungen. Welche sind es?

Muß Weiß angesichts seines bedrohten Springers nicht zum Rückzug blasen? Ganz im Gegenteil! Gestützt auf diesen Springer erzwingt er nämlich ein fünfzügiges Matt. Damit du weißt, was du anzusteuern hast, wirf unbedingt einen Blick auf Musterstellung g. Wie die weiße Dame nach h7 gelangen soll? Über die h-Linie natürlich! Aber mehr möchten wir wirklich nicht verraten.

# Die Läuferlinien

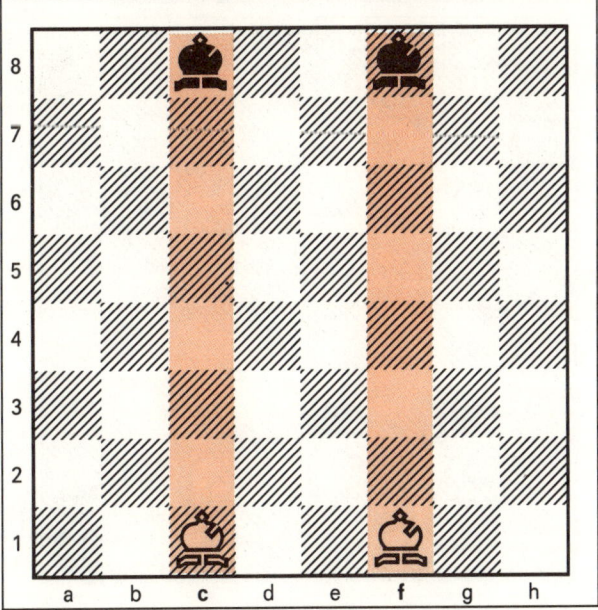

Jetzt sind die **Läuferlinien** an der Reihe. Sie heißen **c-Linie** bzw. **f-Linie**. Mit Hilfe eines leeren Brettes, auf dem du wieder die am Rand stehenden Buchstaben und Zahlen verdeckst, präge dir ein: Links liegt die c-Linie, rechts liegt die f-Linie.

Noch ein paar zusätzliche Übungen:

1. Suche die Felder f3, c2, c7, f5, c4, c8, f6, c1, f7 und f2.
2. Notiere die restlichen Felder der beiden Läuferlinien und vergegenwärtige dir, wo sie liegen.
3. Versuche, die folgenden Felder ganz rasch zu finden: b3, f1, h6, a4, c7, g8, f4, a7, b5, g2, c8 und h3.
4. Finde in dieser Weise auch andere Felder der Turm-, Springer- und Läuferlinien.

# Der Springer setzt matt

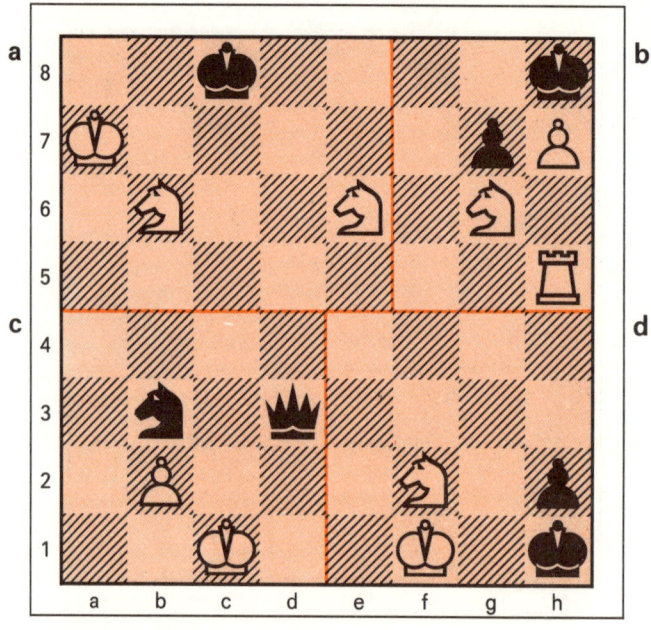

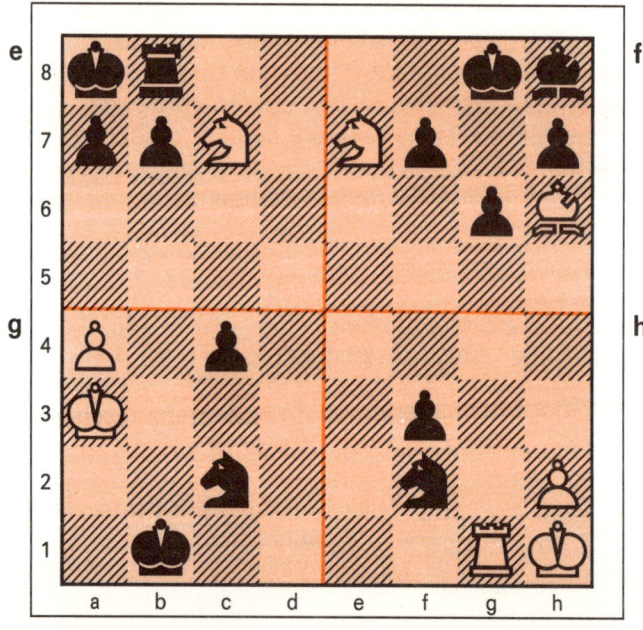

# Der Springer setzt matt

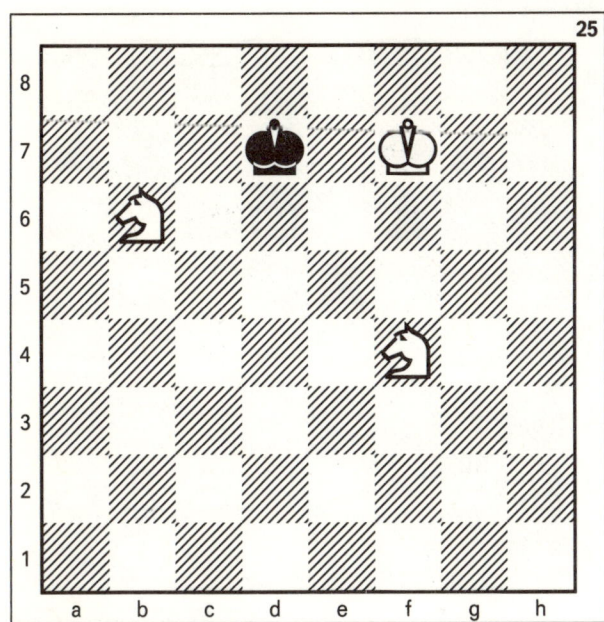

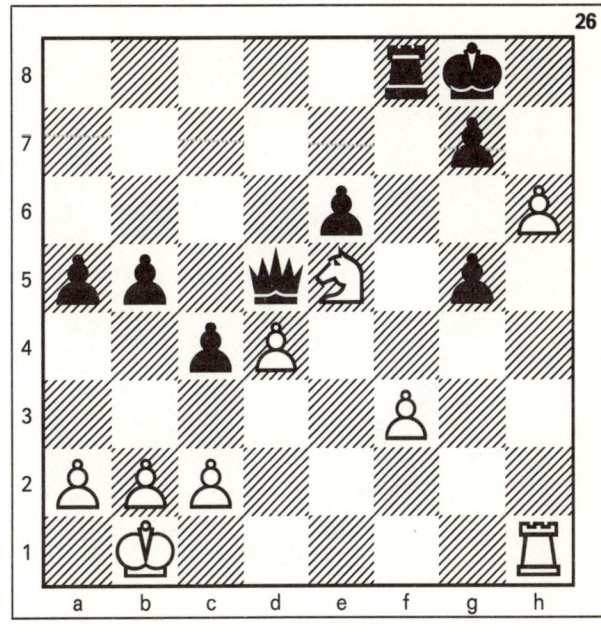

**Schwarz am Zuge**

Der schwarze König steht im Schach und muß weichen. Du meinst, es sei vollkommen gleichgültig, wohin er zieht? Dann überzeuge dich bitte in Musterstellung a davon, was so alles passieren kann. Also, welches Feld darf der schwarze König unter gar keinen Umständen betreten?

**Weiß am Zuge**

Der Anziehende hat die Dame geopfert, weil er sah, daß er nun in zwei Zügen die Früchte seines fein durchdachten Spiels ernten kann. Siehst auch du, wie den gegnerischen König in der Ecke sein Schicksal ereilt? Falls nötig, hilft Musterstellung b weiter.

# Der Springer setzt matt

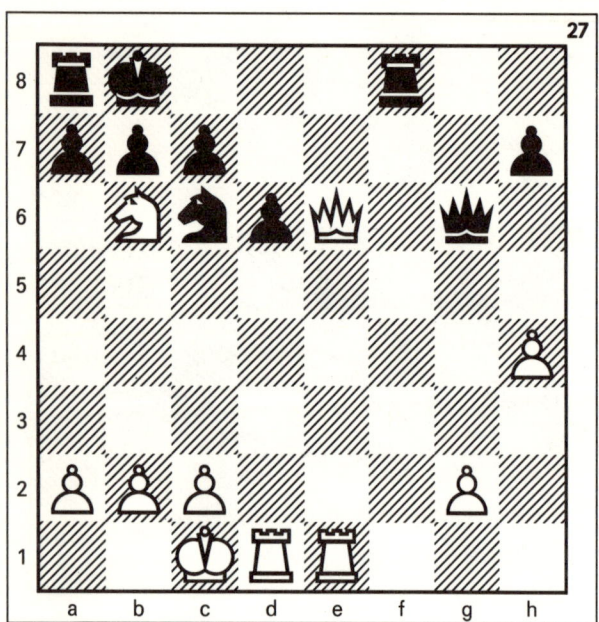

**27**

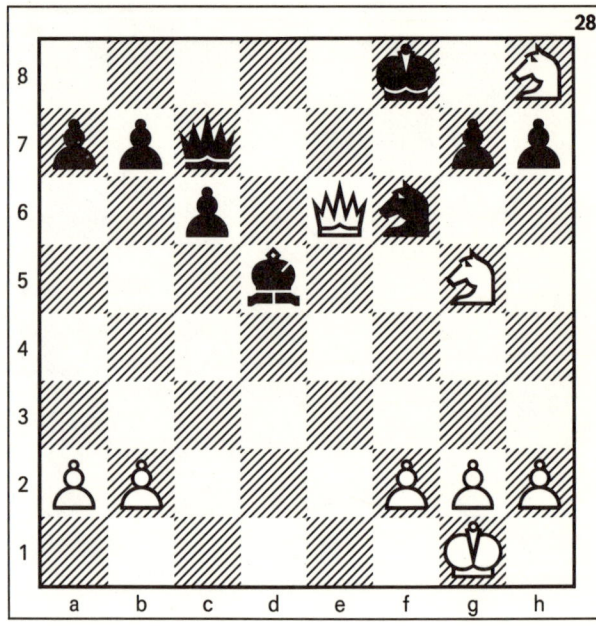

**28**

**Weiß am Zuge**

Auch hier wird es in zwei Zügen matt. Dazu muß dem schwarzen König durch ein überraschendes Opfer das letzte Fluchtfeld genommen werden. Das Mattbild ähnelt dem in Musterstellung e.

**Weiß am Zuge**

Weiß könnte in einem Zuge matt setzen, gäbe es da nicht ein Hindernis. Räumst du es aus dem Weg, dann gelingt es dir, den schwarzen König in zwei Zügen niederzustrecken. Zum Vorbild kannst du dir Musterstellung c nehmen.

# Der Springer setzt matt

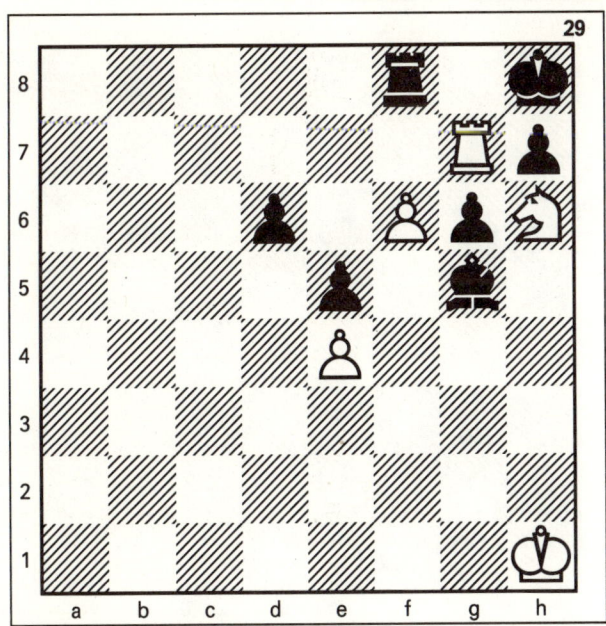

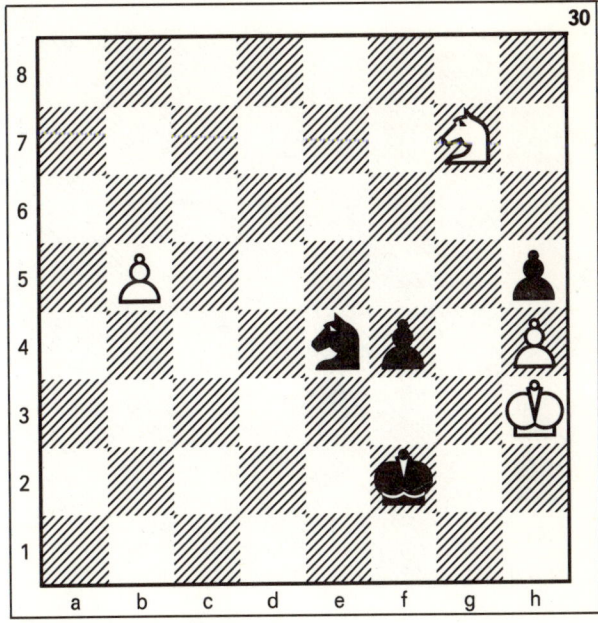

**Weiß am Zuge**

**Schwarz am Zuge**

Bei Weiß hängen Bauer und Springer. Trotzdem vermag er sich in nur zwei Zügen aller Sorgen zu entledigen. Erneut schafft ein Opfer Abhilfe. Möchtest du einen Wink erhalten? Musterstellung h kommt dir dann bestimmt zupaß.

Ein stiller Einleitungszug geht dem Mattzug voran. Bei der Randstellung des weißen Königs kein Wunder? Du hast recht. Hegst du dennoch Zweifel, ziehe bitte Musterstellung g zu Rate.

# Der Springer setzt matt

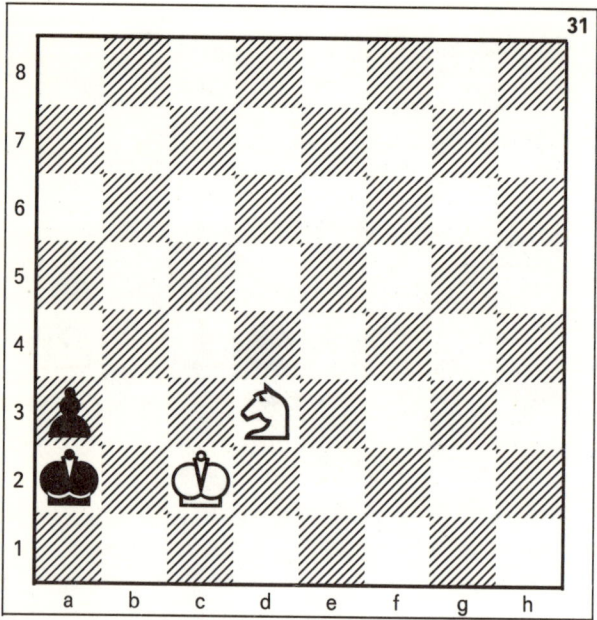

**Schwarz/Weiß am Zuge**

Ist Schwarz dran, muß er 1. ... ♔a1 spielen.
Danach setzt Weiß in zwei Zügen matt. Beginnt
indessen Weiß, so braucht er drei Züge. Die
Mattführung endet im zweiten Fall wie Musterstellung d.

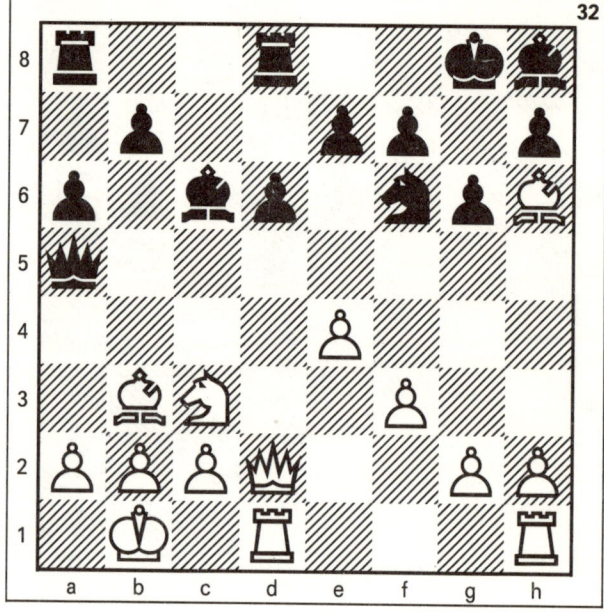

**Weiß am Zuge**

Mit seinem ersten Zug stellt der Anziehende
eine Mattdrohung auf, die Schwarz nur abzuwehren vermag, wenn er sich von seiner Dame
trennt. Die ganze Abwicklung läuft letztlich auf
Musterstellung f hinaus.

# Die Mittellinien

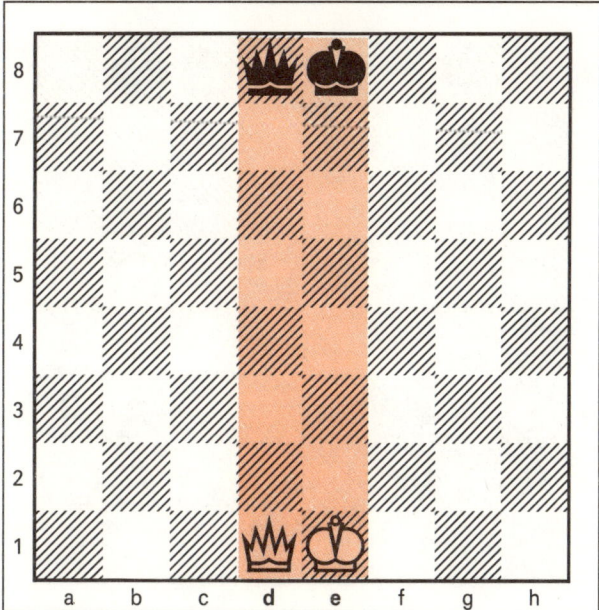

## 4

Nun kommen wir zu den **Mittellinien**. Sie heißen **d-Linie** und **e-Linie**. Während du sie dir mittels eines leeren Brettes einprägst, denke daran, daß auf der d-Linie die Damen stehen. **D wie Dame**, das läßt sich leicht merken. Auf der e-Linie halten sich in der Grundstellung die beiden Könige auf. Unser Spruch lautet wieder: Links liegt die d-Linie, rechts liegt die e-Linie. Dazu noch einige Übungen:

1. Zeig einem Partner die Felder e4, d2, d7, e1, d6, d1, e3, e8, d5 und e6.
2. Schreib die sechs fehlenden Felder auf und schau dir an, wo sie sich befinden.
3. Suche möglichst schnell folgende Felder auf: e5, a7, g2, c8, a3, b6, h1, f7, d4, g5, e8 und c1.
4. Präge dir von jetzt an alle 64 Felder des Schachbretts ein.

# Der Bauer setzt matt

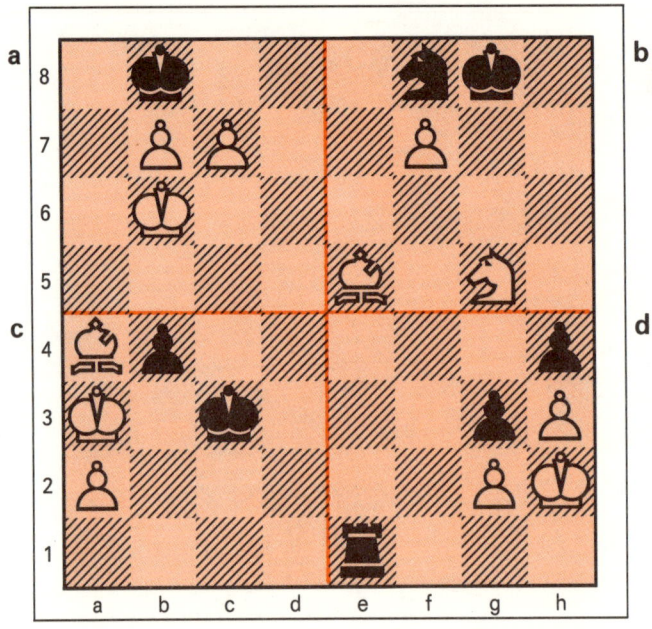

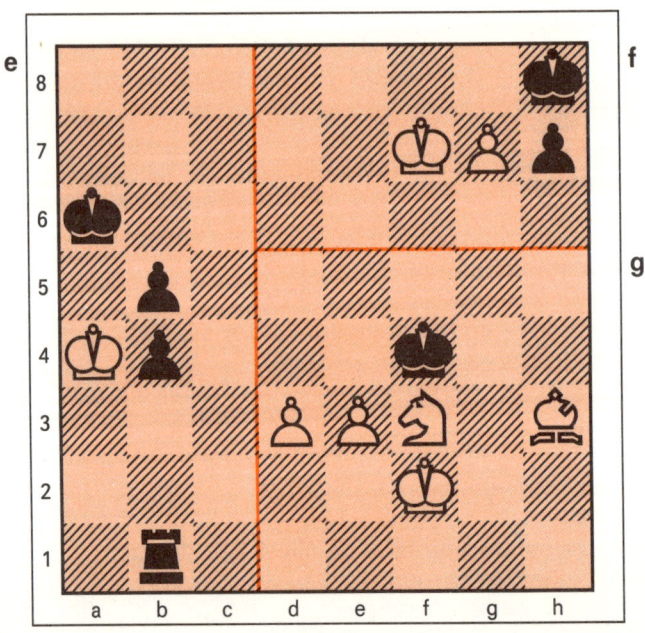

# Der Bauer setzt matt

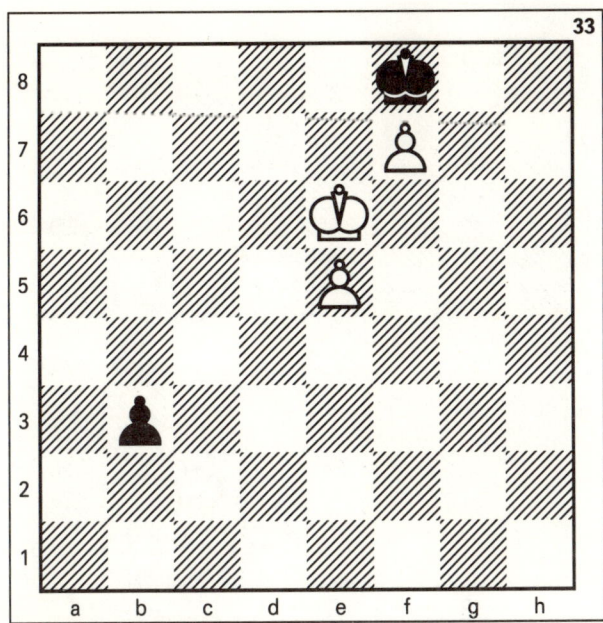

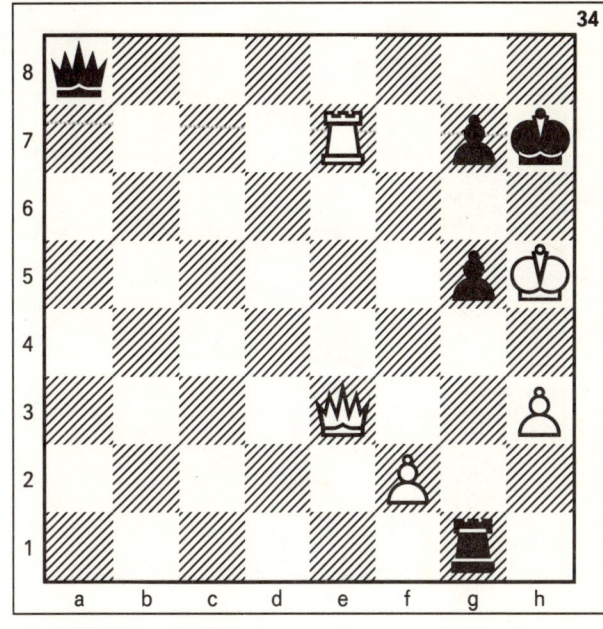

**Weiß am Zuge**

Den schwarzen Freibauern vermag keine Macht der Welt mehr zu stoppen. Trotzdem siegt Weiß in drei Zügen. Bist du auf das Schlußbild neugierig? Dann betrachte Musterstellung a.

**Schwarz am Zuge**

Fast könnte Schwarz sofort matt setzen. Doch der dafür in Frage kommende Bauer ist im Moment noch gefesselt. Folglich mußt du dem Matt erst einen anderen Zug voranstellen. Das Mattbild schwebt dir doch vor? Falls nicht, betrachte einmal Musterstellung e.

# Der Bauer setzt matt

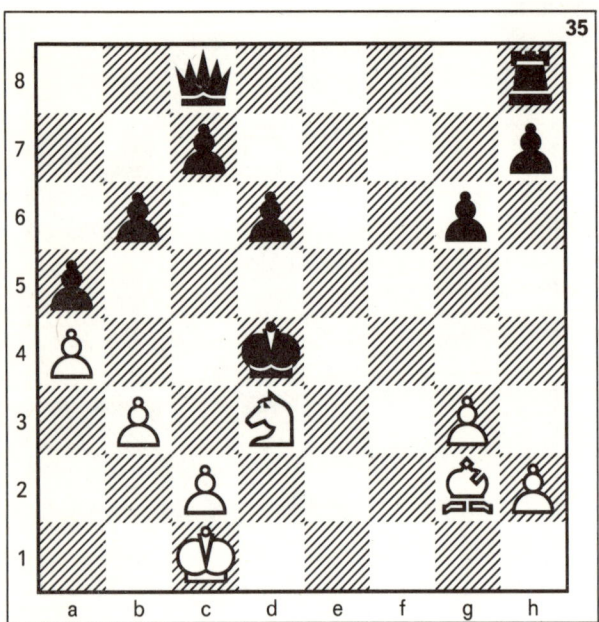

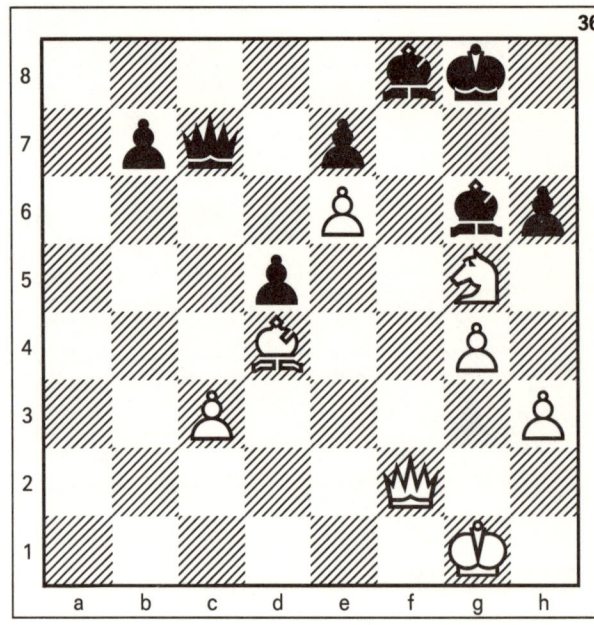

**Weiß am Zuge**

Um den feindlichen König so weit herauszulocken, hat der Anziehende eine Menge Material geopfert. Dabei mußte er frühzeitig erkannt haben, daß er jetzt ein zweizügiges Matt anbringen kann. Mit einem stillen Einleitungszug kannst auch du Schwarz vor unlösbare Probleme stellen. Vielleicht schaust du dir aber zuerst einmal Musterstellung g an.

**Weiß am Zuge**

Der Hauptteil der weißen Streitmacht ist auf den schwarzen König gerichtet. Soll da der angegriffene Springer schnöde den Rückzug antreten? Natürlich nicht, zumal sich die Entscheidung in zwei Zügen erzwingen läßt. Wenn du um einen Einfall verlegen bist, ziehe Musterstellung b zu Rate.

# Der Bauer setzt matt

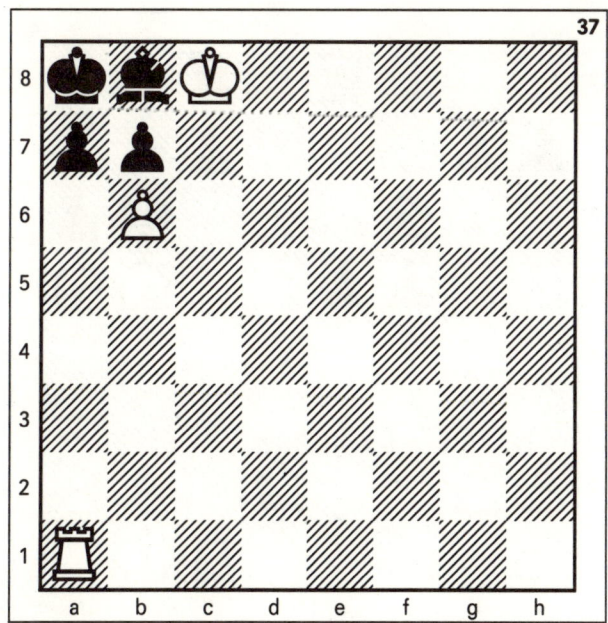

**Weiß am Zuge**

Erneut ein zweizügiges Matt. Der unerwartete erste Zug bringt Schwarz in eine Zwangslage, in der er nur wählen kann, ob er sich vom Turm oder Bauern matt setzen läßt. Das Bauernmatt gleicht unserer Musterstellung f.

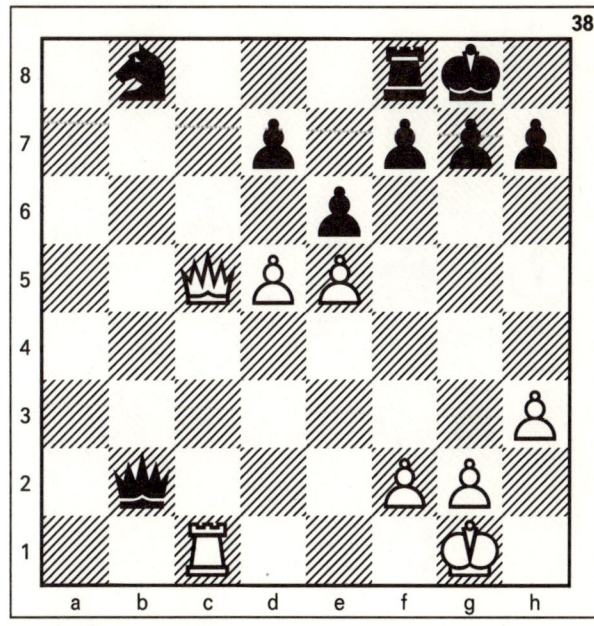

**Weiß am Zuge**

Daß Weiß in drei Zügen matt setzt, wird dir auf den ersten Blick unglaublich erscheinen. Sobald du dich jedoch in Musterstellung d vertieft hast, geht dir hoffentlich ein Licht auf.

# Der Bauer setzt matt

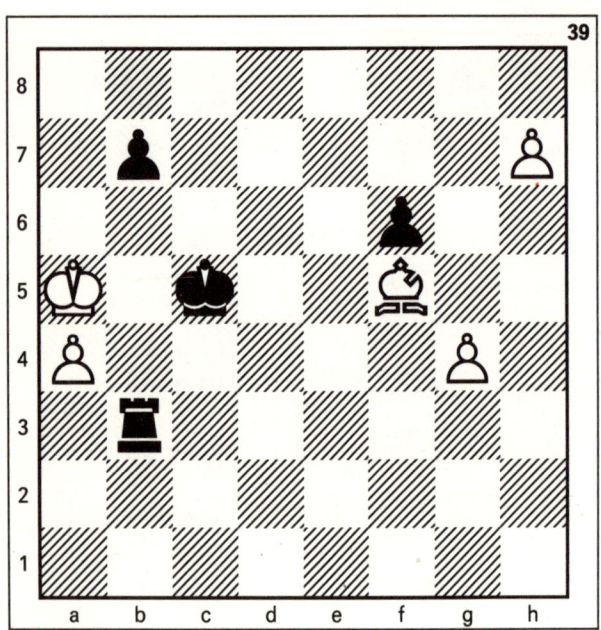

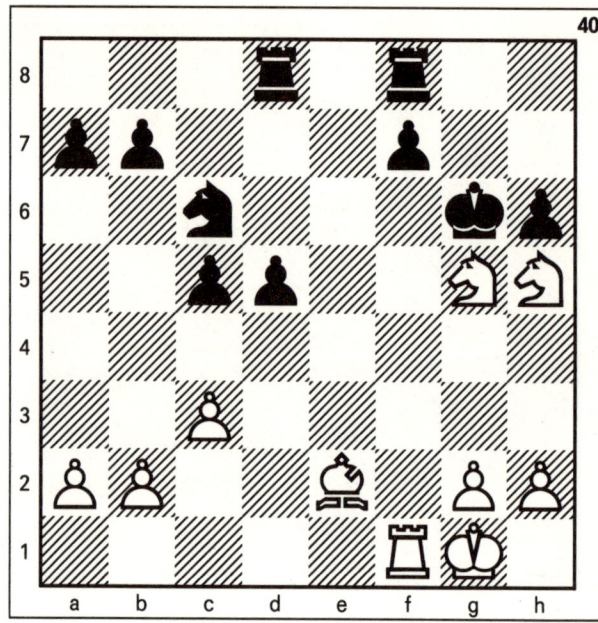

## Schwarz am Zuge

Muß sich der Nachziehende nicht um den gegnerischen Freibauern h7 kümmern? Nein, er hat Stärkeres. Die Randstellung des weißen Königs ausnutzend, setzt er in drei Zügen matt. Wie das zu bewerkstelligen ist? Musterstellung c gibt darüber Auskunft.

## Weiß am Zuge

Den einleitenden Überfall, der den schwarzen König unter Figurenopfer noch weiter ins Freie zerrt, hast du sicher bald gefunden. Die Schwierigkeit kommt danach. Ein stiller Bauernzug bereitet nämlich das darauffolgende Matt vor.

## Damenflügel und Königsflügel

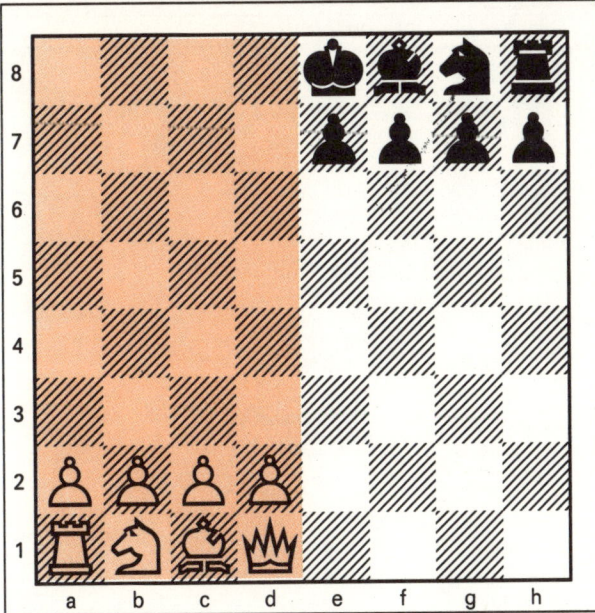

## 5

Den linken Teil des Schachbretts, der die Linien a–d umfaßt, bezeichnet man als **Damenflügel**. Zu Beginn des Spiels halten sich beide Damen am Damenflügel auf. Daher der Name.

Der rechte Teil des Bretts, der sich von der e- bis zur h-Linie erstreckt, wird **Königsflügel** genannt. In der Grundstellung stehen hier die Könige.

Nun wieder einige Übungen:

1. Finde möglichst schnell folgende Felder am Damenflügel: b4, d3, a6, c3, a8, d6, c7, b1, d1 und a3.

2. Zeige vier weitere Felder – auf jeder Linie eins –, die in dieser Aufzählung fehlen.

3. Nun ist der Königsflügel an der Reihe. Wo liegen die folgenden Felder: e4, f2, g7, h3, f6, e8, h5, g1, f3 und h8?

4. Nenne und zeige auf jeder Linie ein Feld, das in der letzten Aufzählung nicht vorkommt.

# 3

## Wir kombinieren

# Was ist eine Springergabel?

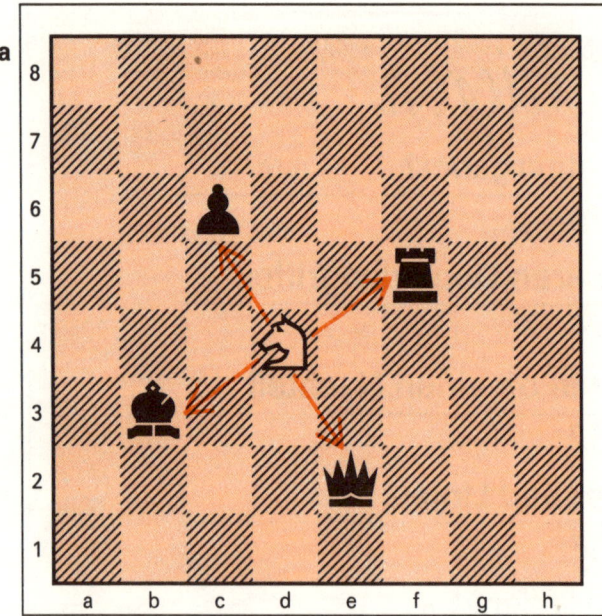

Greift ein Springer gleichzeitig zwei oder mehr feindliche Steine an, dann spricht man von einer **Springergabel**.

Musterstellung a zeigt, daß sich eine solche Attacke in alle vier Himmelsrichtungen erstrecken kann. Normalerweise wird der Springer wie in Teildiagramm b jedoch nur zwei Figuren zugleich bedrohen. In Muster c ist die Springergabel besonders wirkungsvoll, weil außer dem König auch noch Dame und Turm aufgespießt werden. Einen derartigen Angriff auf die wertvollsten Figuren bezeichnet man scherzhaft als **„Familienschach"**.

Sicher ist dir aufgefallen, daß wir den „Rösselsprung" nicht mehr wie bisher durch eine gerade und schräg verlaufende Linie wiedergegeben haben. Wir glauben nämlich, daß du den Springerzug nun schon so sicher beherrschst, daß wir ab jetzt das Standfeld des Springers auf kürzestem Wege mit seinen Zielfeldern verbinden können.

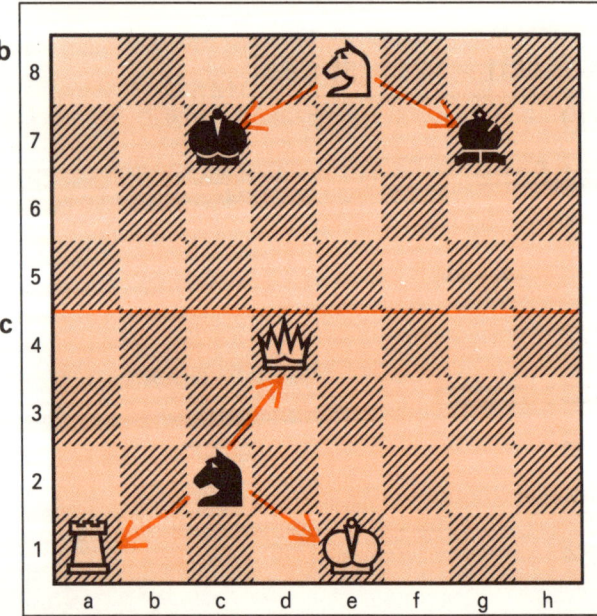

# Was ist eine Springergabel?

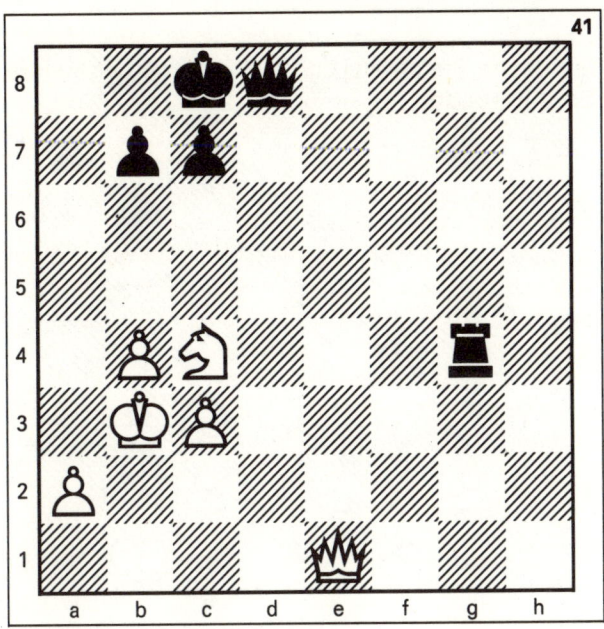

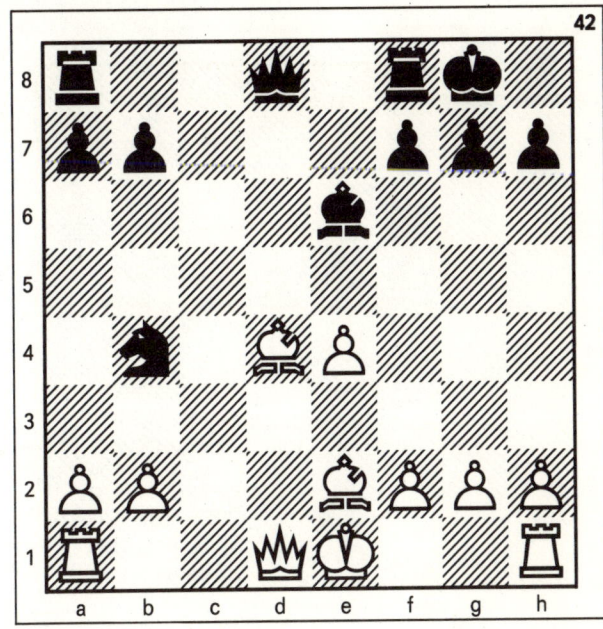

**Weiß am Zuge**

**Schwarz am Zuge**

Siehst du einen Weg, den schwarzen Turm zu erobern und dadurch die Partie zu gewinnen? Den ersten Angriff mit der Dame vermag der Nachziehende noch abzuwehren. Nun mußt du nach einer geeigneten Springergabel Ausschau halten. Der Damentausch hilft weiter.

Hier gilt es, dem Gegner eine Figur abzunehmen. Das gelingt mittels eines Scheinopfers. Dabei holt sich Schwarz das geopferte Material dank einem Familienschach mit Zinsen zurück. Falls du einen Tip benötigst, schau dir noch einmal Musterstellung c an.

# Was ist eine Springergabel?

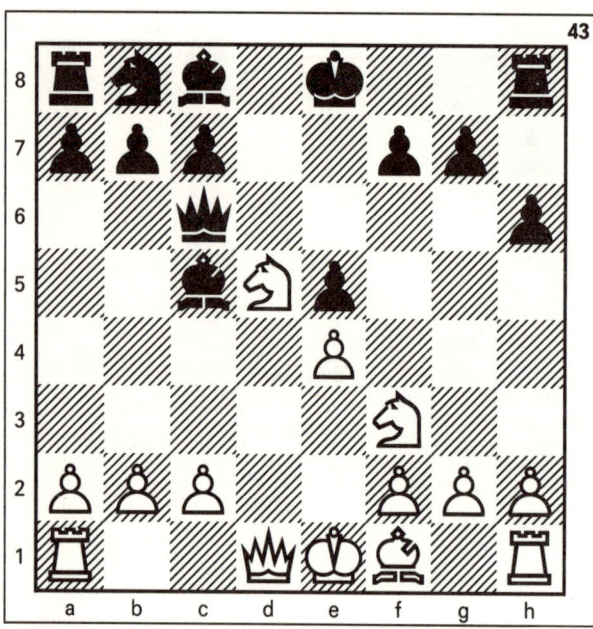

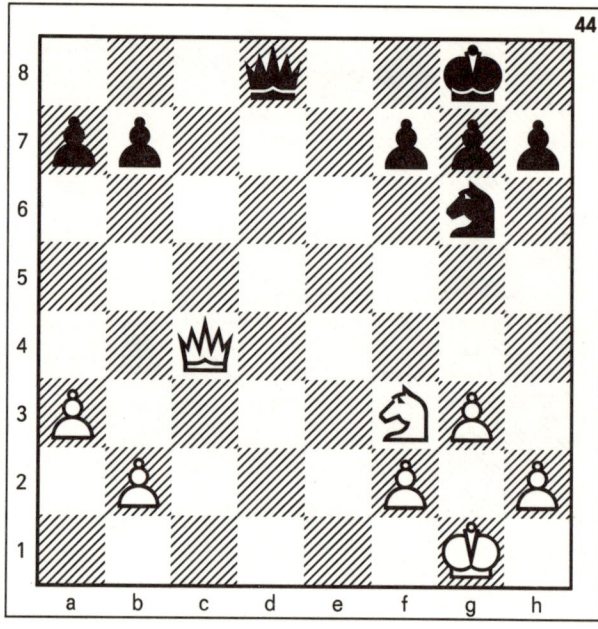

## Weiß am Zuge

Diesmal geht es der schwarzen Dame an den Kragen. Bereits beim überraschenden Einleitungsopfer mußt du die Springergabel erspäht haben, die das Opfer überhaupt erst sinnvoll macht. Im übrigen ähnelt die Aufgabe sehr der vorigen.

## Schwarz am Zuge

Die Stellung sieht remisverdächtig aus, doch trügt dieser erste Eindruck. Dank dem geschickten Einsatz seiner Dame vermag der Nachziehende nämlich den feindlichen König in den Bereich des schwarzen Springers zu locken. Von welchem Feld ist wohl die Rede, wenn zugleich auch die weiße Dame bedroht sein soll? Sobald du dieses Feld ermittelt hast, ist der Rest einfach.

# Was ist eine Springergabel?

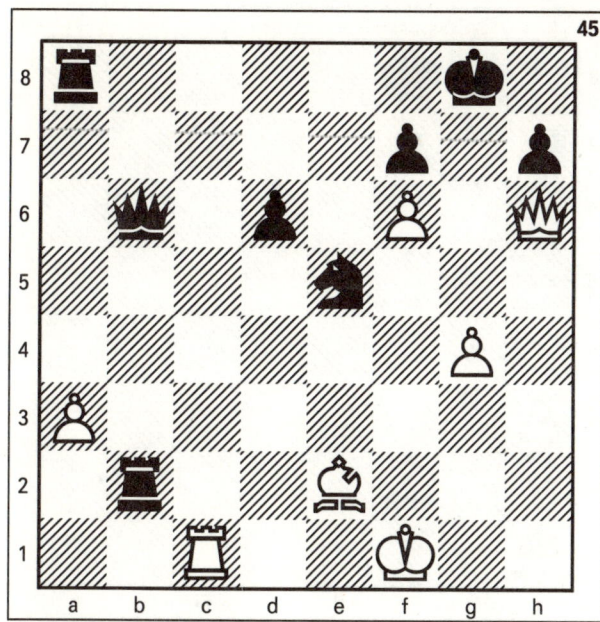

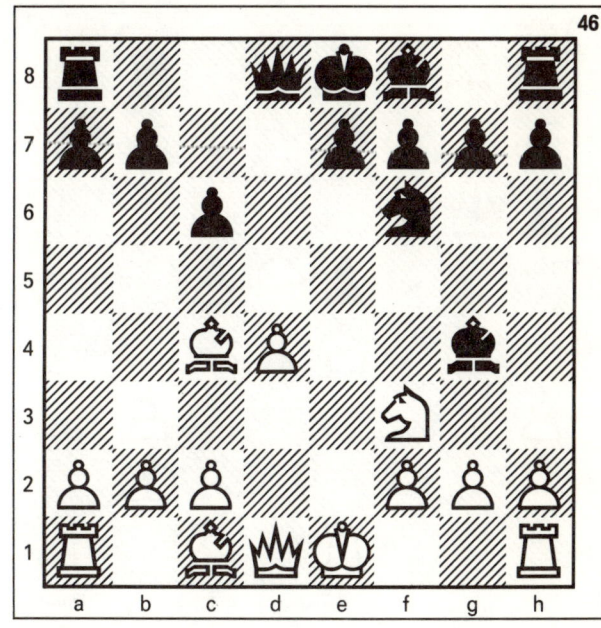

**Schwarz am Zuge**

**Weiß am Zuge**

Der Nachziehende besitzt einen ganzen Turm mehr, dennoch sieht seine Lage verzweifelt aus. Sicher erkennst du rasch, woran das liegt. Gibt es gegen das scheinbar unabwendbare Matt überhaupt noch eine Verteidigung? Ja, es gibt sie! Rettung bringt ein unverhofftes Scheinopfer. Es erlaubt dem Schwarzspieler, die Damen zu tauschen und damit in letzter Sekunde den Kopf aus der Schlinge zu ziehen.

Schwarz hat gerade mit ♗c8–g4? (statt richtig ♗c8–f5) einen lehrreichen Fehler begangen, der ihn einen Bauern kostet. Finde einen Weg, den schwarzen König einer Springergabel auszusetzen. Erneut ist dazu ein Scheinopfer erforderlich. Siehst du, welches?

# Was ist eine Springergabel?

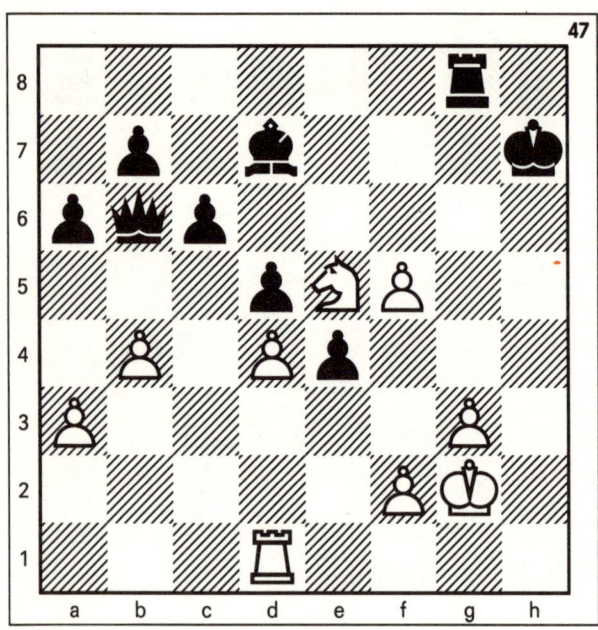

**Weiß am Zuge**

Offensichtlich hat der Anziehende auf h7 die Dame geopfert. Er hatte erkannt, daß er sie mittels der Springergabel auf d7 zwangsläufig zurückgewinnt. Erspähst auch du eine Möglichkeit, den schwarzen König nach f6 oder f8 zu bugsieren?

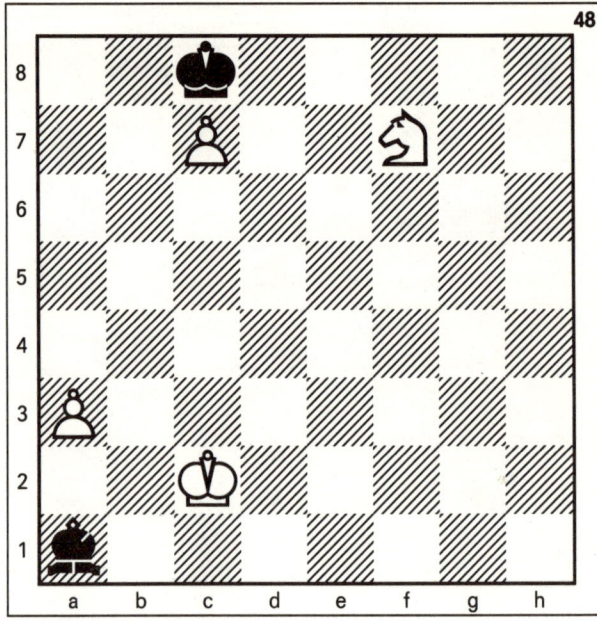

**Weiß am Zuge**

Dem Bauern c7 ist nicht mehr zu helfen. Wie es scheint, hat Schwarz den rettenden Remishafen bereits erreicht. Doch noch steht der Bauer auf dem Brett! Weiß macht ihn sich geschickt zunutze, um den gegnerischen König auf ein ungünstiges Feld zu locken. Zuvor muß allerdings der Läufer aus der sicheren Ecke vertrieben werden. Eine der Stellungen, die du anstreben mußt, zeigt Musterstellung b.

# Die 1. und 8. sowie die 2. und 7. Reihe    6

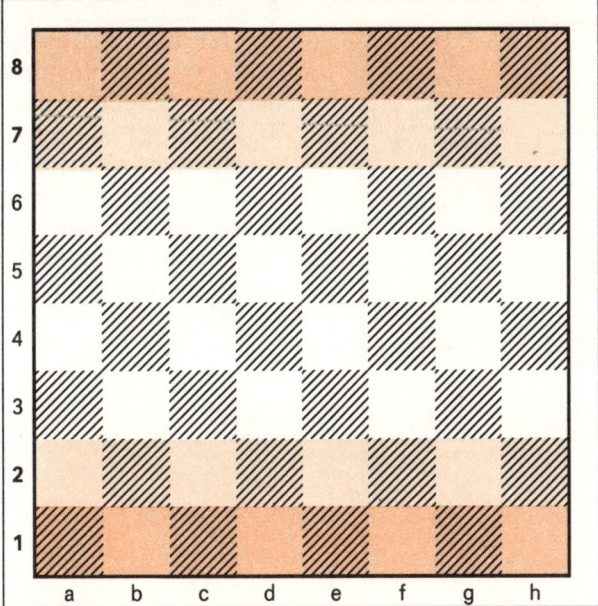

In der Ausgangsstellung stehen die weißen Figuren auf der **1. Reihe** und die schwarzen auf der **8. Reihe**. Jede der beiden Reihen wird auch **Grundreihe** genannt. Demzufolge werden Mattbilder mit Turm oder Dame auf der 1. oder 8. Reihe als **Grundreihenmatt** bezeichnet.

Um die **2. Reihe** rasch zu erkennen, brauchst du nur daran zu denken, daß auf ihr beim Partiebeginn alle weißen Bauern versammelt sind. Dementsprechend sind die schwarzen Bauern anfangs alle auf der **7. Reihe** postiert.

Wie du weißt, macht Übung den Meister. Wir wollen deshalb nicht lockerlassen und uns erneut auf die Feldersuche begeben.

1. Wo befinden sich die Felder: g7, d2, a8, e7, c7, b1, h8, f2, g1, c2, d8 und h1?
2. Nun dehnen wir die Suche wieder auf das ganze Brett aus. Zeig die Felder: d5, b2, g6, e4, a3, h7, c1, f8, a5, e1, b6 und f3.

# Von Bauerngabeln und anderen Doppelangriffen

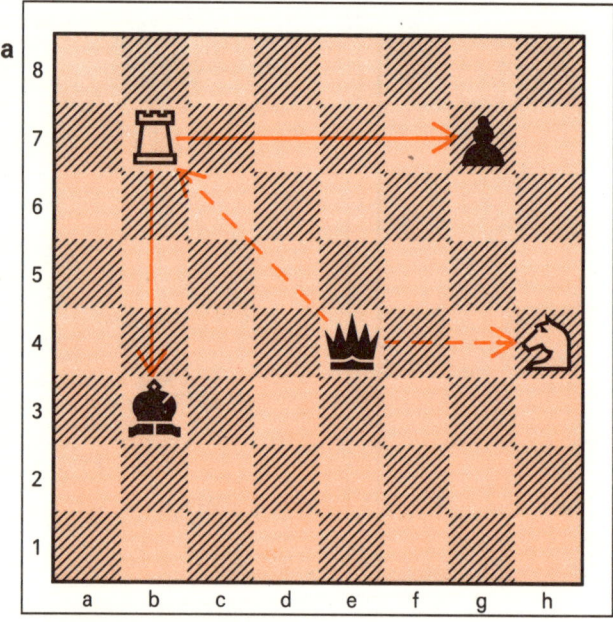

Angriffe, die gleichzeitig zwei gegnerischen Figuren oder Bauern gelten, können sehr gefährlich sein. Mitunter erweist es sich als unmöglich, die beiden bedrohten Steine mit einem Zug in Sicherheit zu bringen.
Musterstellung a stellt solche **Doppelangriffe** vor: Der weiße Turm attackiert Läufer und Bauer; im gleichen Augenblick wird er zusammen mit dem Springer von der schwarzen Dame bedroht.

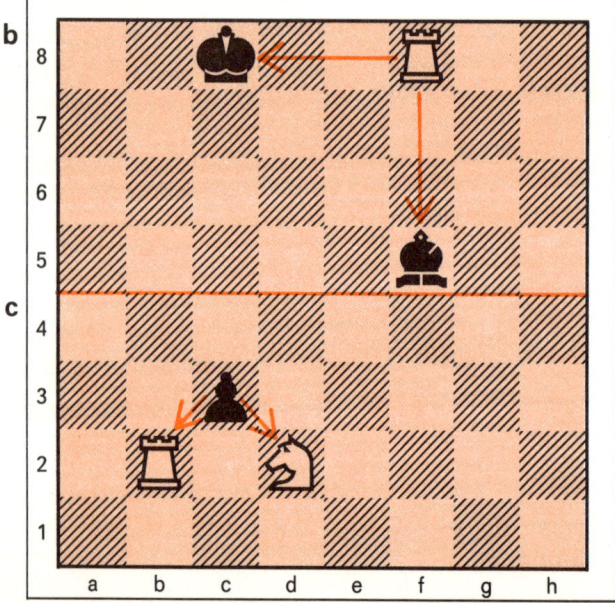

Geht so ein Doppelangriff wie im Fall b mit einem Schachgebot einher, kann er sich als besonders unangenehm entpuppen. Hier büßt Schwarz den Läufer ein.
Von einer **Bauerngabel** spricht man, wenn ein Bauer wie in Teildiagramm c gleichzeitig zwei Steine bedroht. Sowohl Bauerngabeln als auch die schon besprochenen Springergabeln sind Sonderfälle des Doppelangriffs.

# Von Bauerngabeln und anderen Doppelangriffen

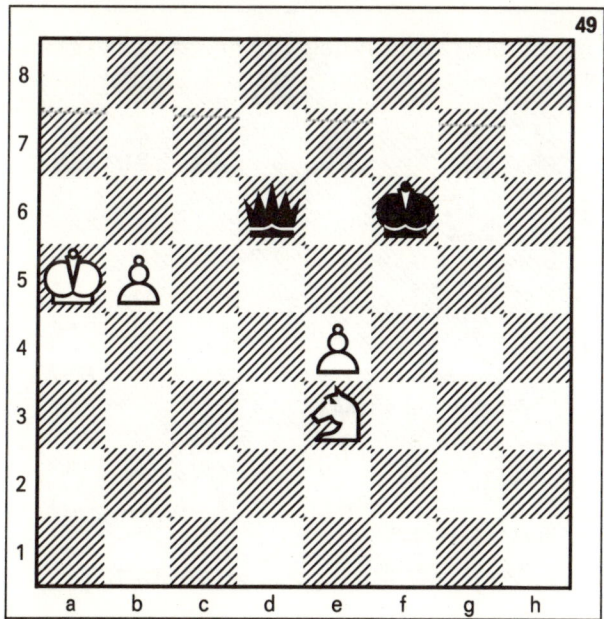

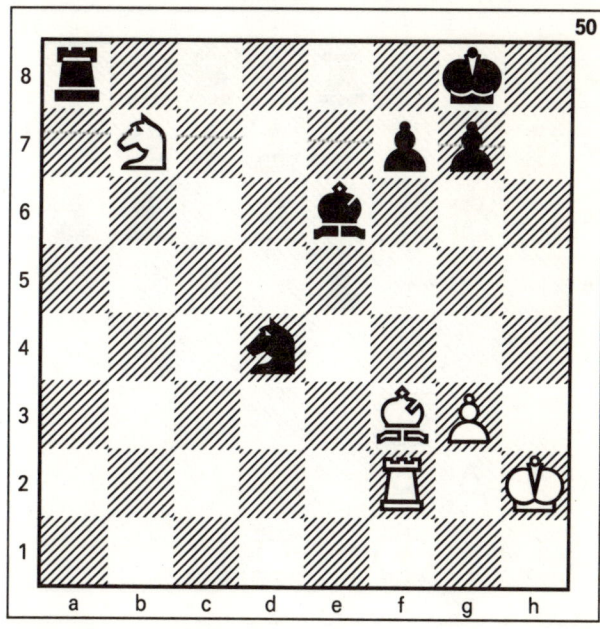

## Weiß am Zuge

Der Materialvorteil des Nachziehenden würde zum Gewinn genügen, ständen seine Figuren nicht so unvorteilhaft. So wie die Dinge liegen, kehrt Weiß den Spieß um und erobert die feindliche Dame. Wie das zu erreichen ist? Nun, zwei aufeinanderfolgende Gabeln schaffen Rat.

## Schwarz am Zuge

Ob sich der Mehrbauer zum Sieg verwerten ließe, ist selbst bei bestem Spiel ungewiß. Aber Schwarz verfügt über eine weit zuverlässigere und schnellere Methode. Nach einem zwingenden Einleitungszug sorgt ein Doppelangriff für Figurengewinn. Kannst du herausfinden, welche schwarze Figur dafür in Frage kommt?

# Von Bauerngabeln und anderen Doppelangriffen

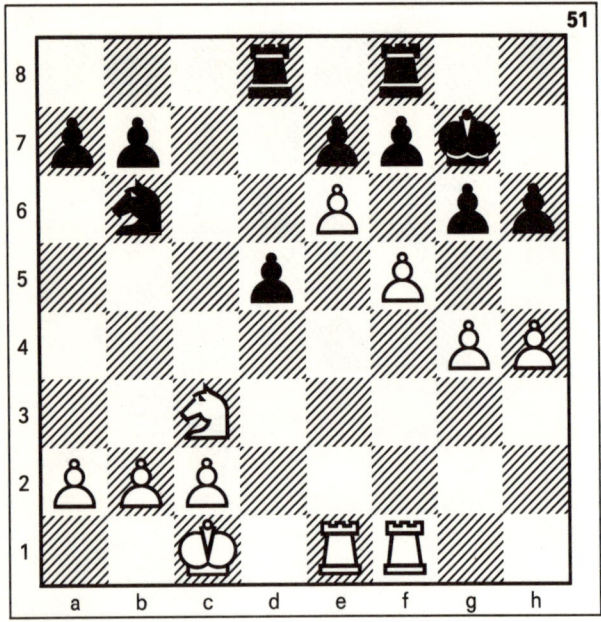

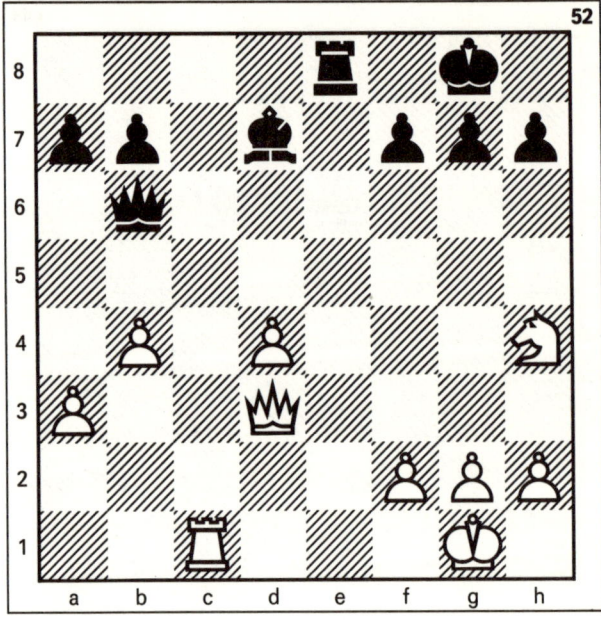

### Weiß am Zuge

Der weiße Aufmarsch am Königsflügel wirkt harmlos, weil die Damen bereits vom Brett verschwunden sind. Dennoch ist es ihm zu verdanken, daß der Anziehende entscheidenden Materialvorteil zu erringen vermag. Hast du eine Idee, wie man die beiden schwarzen Türme aufspießen kann?

### Schwarz am Zuge

„Springer am Rande, welche Schande!" lautet ein bekannter Ausspruch. Dieser hier ist sogar ungedeckt; außerdem ist noch jemand verwundbar. Sollte sich das nicht mit Hilfe eines Doppelangriffes ausnutzen lassen?

# Von Bauerngabeln und anderen Doppelangriffen

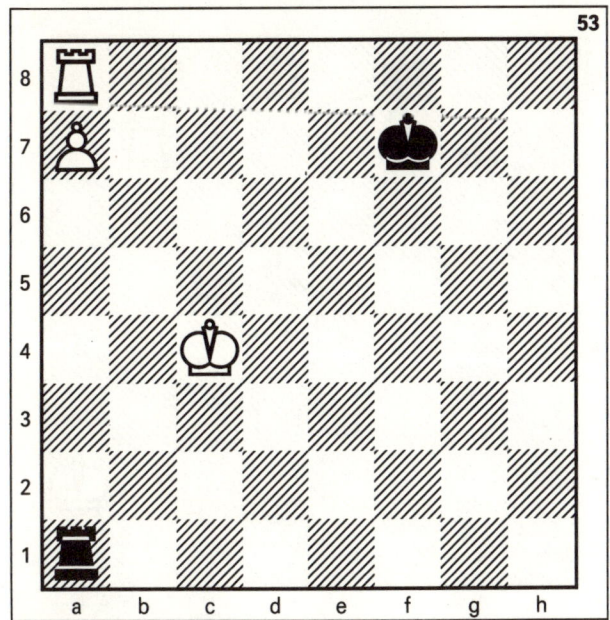

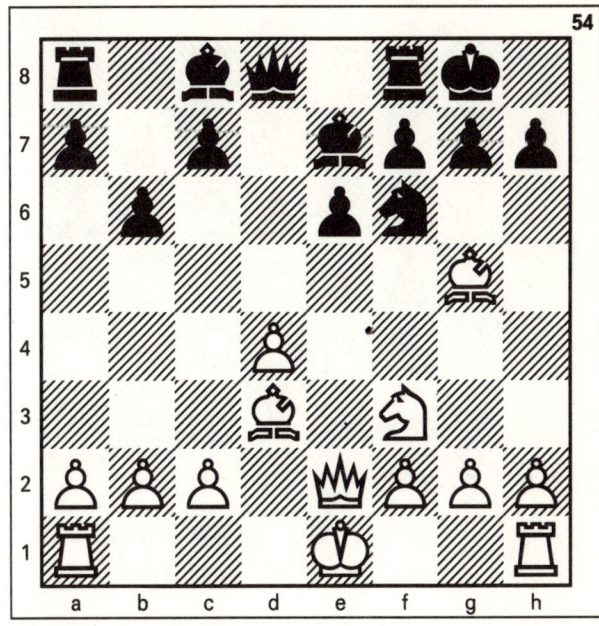

## Weiß am Zuge

Der Bauer steht dicht vor der Umwandlung, doch sobald der weiße Turm zieht, ist er ungeschützt. Trotzdem gibt es für Weiß eine Gelegenheit, sofort den Sieg sicherzustellen. Das Stichwort heißt: Umgehung. Wer wird hier wohl umgangen?

## Weiß am Zuge

Schwarz hat soeben b7–b6 gezogen. Käme er noch zu ♝c8–b7, dürfte er mit seiner Stellung zufrieden sein. Doch der Aufzug des b-Bauern erweist sich als Schwächung, durch die der eigene Damenturm entblößt wird. Eigentlich brauchst du bloß noch den verwundbaren Punkt am anderen Flügel ausfindig zu machen. Durch einen Abtausch kannst du den entscheidenden Doppelangriff vorbereiten, der sich auf eine Mattdrohung stützt.

# Von Bauerngabeln und anderen Doppelangriffen

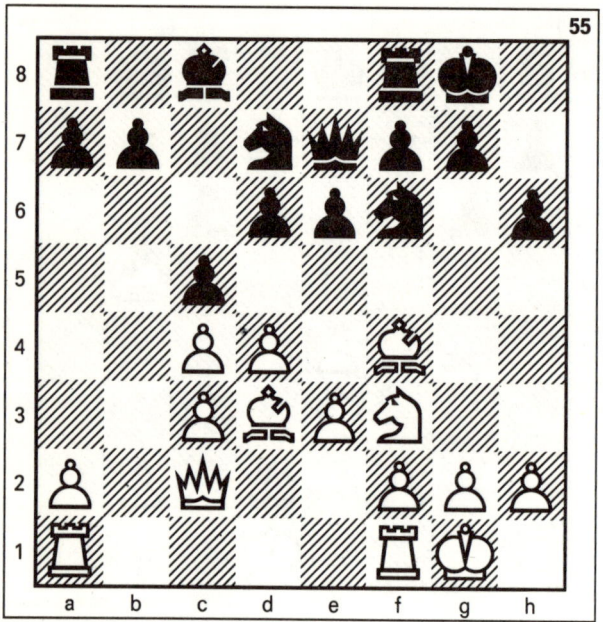

## Schwarz am Zuge

Weiß hat nicht aufgepaßt und muß nun zusehen, wie ihm der Gegner eine Figur abknöpft. Ein Bauernvorstoß leitet die Überrumpelung ein. Erkennst du schon die Gabel, um die es geht?

## Weiß am Zuge

Das materielle Verhältnis läßt ein Remis erwarten. Durch ein raffiniertes Opfer, das selbst schon einen Doppelangriff darstellt, werden die schwarzen Leichtfiguren jedoch in eine so ausweglose Lage gebracht, daß Weiß sie beide zu erobern vermag. Dabei leistet der weiße Turm ganze Arbeit. Musterstellung b gibt einen Fingerzeig, was du (unter anderem) anzustreben hast.

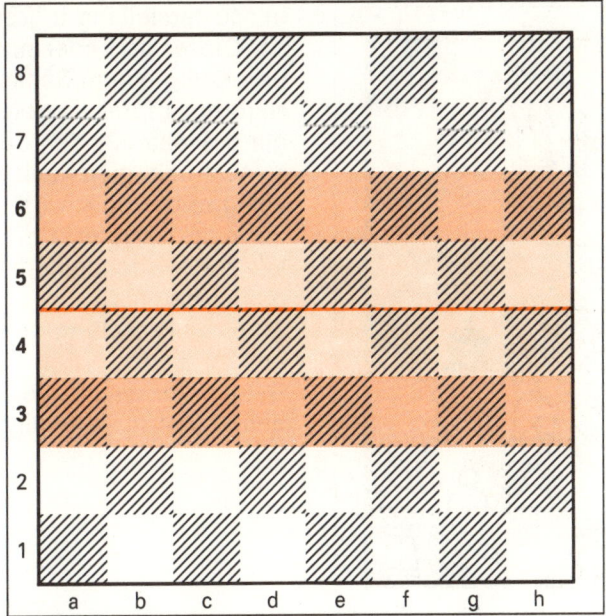

Die **3. Reihe** ist der weißen Bauernfront in der Grundstellung vorgelagert, die **6. Reihe** liegt vor der schwarzen Bauernkette. Schließlich findest du die **4. und 5. Reihe** an der Trennlinie zwischen **weißem** und **schwarzem Lager**. Wer diese (gedachte) Trennlinie überschreitet, dringt ins gegnerische Lager ein. An ihr läßt sich außerdem ablesen, ob ein Spieler eventuell **Raumvorteil** besitzt.
Doch zurück zu unseren Felderbestimmungen:

1. Bemühe dich, möglichst schnell folgende Felder aufzufinden: c4, f5, a6, e3, h5, b6, d4, g3, c5, e6, h3 und g4.
2. Dasselbe noch einmal, jetzt aber wieder über das ganze Brett verteilt. Wo liegt e7, g1, b5, d2, f4, c3, h7, a6, c7, g8, d1 und h2?

# Gefesselte Figuren bedeuten oft einen Nachteil

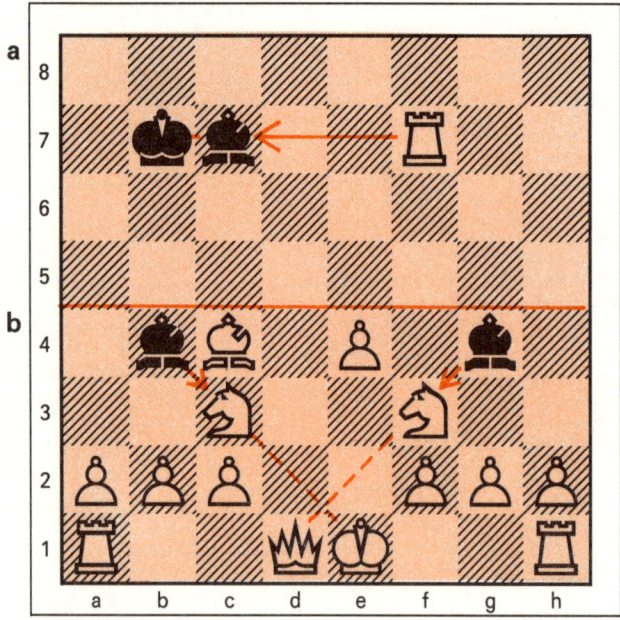

In Musterstellung a greift der Turm den Läufer an. Dieser darf aber nicht wegziehen, weil er den König einem Schach aussetzen würde. Man sagt, der Läufer ist **gefesselt**. In Teildiagramm b gilt dasselbe für den Springer c3, der mit seinem Leib gleichfalls den König schützt und völlig unbeweglich ist. Auch der andere Springer ist gefesselt. Er darf aber ziehen, wenn Weiß aus irgendeinem Grund ♗g4:d1 nicht zu befürchten hat.

Zu einer **Fesselung** gehören also immer drei Einheiten: die fesselnde Figur (Turm, Läufer oder Dame), der gefesselte Stein und der dahinterstehende (meist wertvollere) Stein.

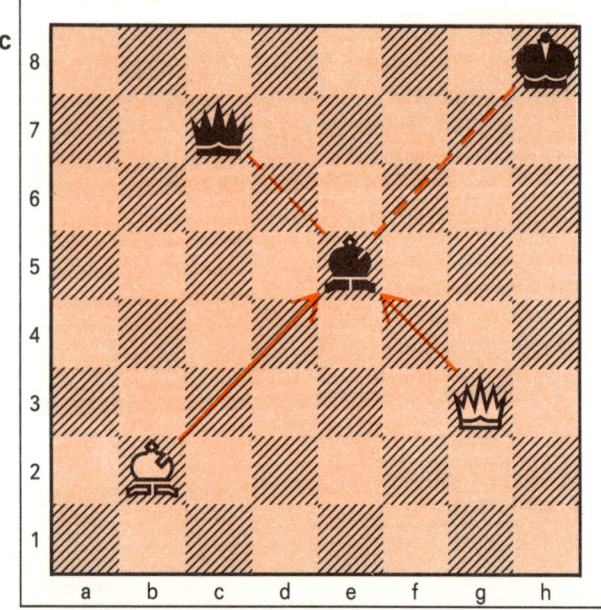

Den Sonderfall der sogenannten **Kreuzfesselung** veranschaulicht Stellung c. Darin ist der schwarze Läufer über Kreuz gefesselt. Er darf die weiße Dame nicht schlagen, weil danach sein König im Schach stände. Nimmt er indessen den weißen Läufer, so geht durch ♕g3:c7 die schwarze Dame verloren.

# Gefesselte Figuren bedeuten oft einen Nachteil

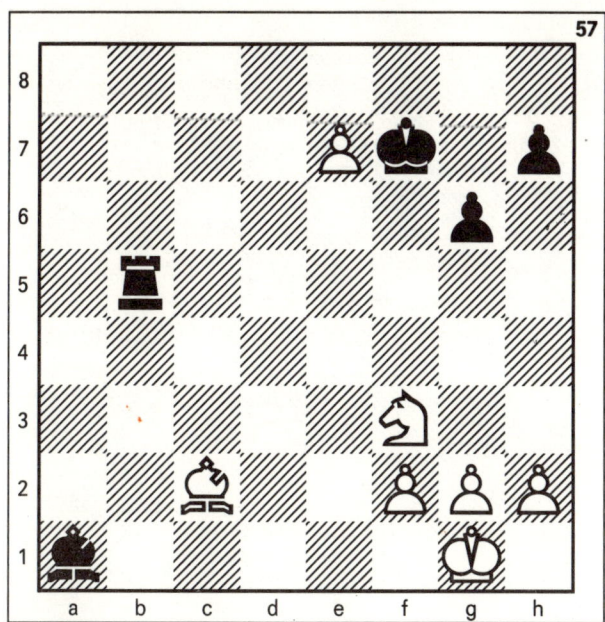

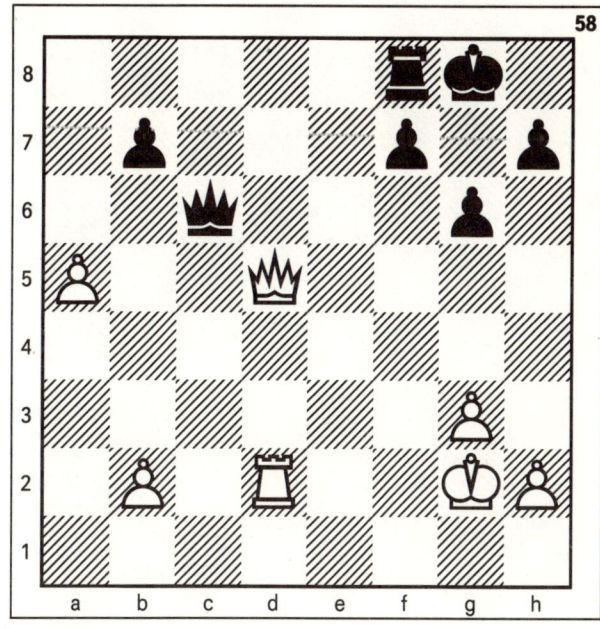

**Weiß am Zuge**

Der Versuch, das Umwandlungsfeld des Bauern e7 durch 1.♗a4? in die Hand zu bekommen, schlägt angesichts 1. … ♖b1+ fehl. Danach würde Weiß sogar matt gesetzt werden. Wählst du indessen den richtigen Zug, dann kannst du den gefährlichen Turm erobern. Denke dabei an unser Thema!

**Schwarz am Zuge**

Der Anziehende hat gerade den Schnitzer begangen, das Schach der schwarzen Dame dadurch abzuwehren, daß er mit seiner Dame freiwillig auf d5 in die Fesselung ging. Wie kann Schwarz das ausnutzen und einen Turm verdienen?

# Gefesselte Figuren bedeuten oft einen Nachteil

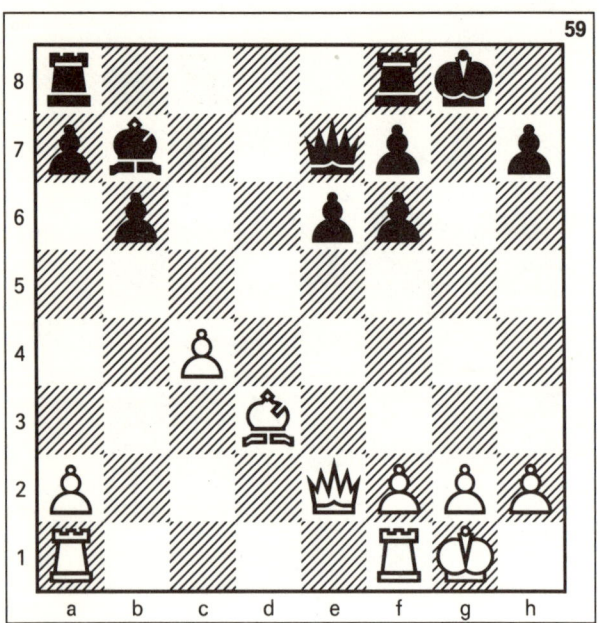

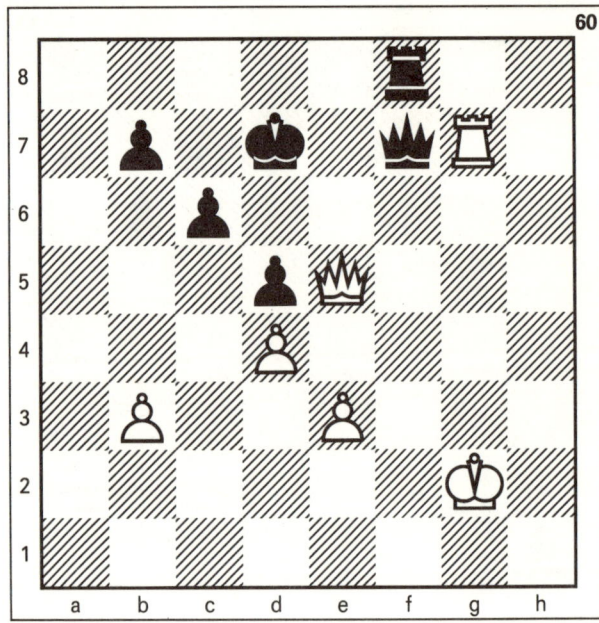

## Weiß am Zuge

Es sieht verlockend aus, mittels 1.♕h5 unverzüglich auf Matt zu spielen. Doch Schwarz antwortet einfach 1. ... f5, und der Anziehende hätte nichts erreicht. Sieh zu, daß du diesen Überrumpelungsversuch mit Hilfe einer Fesselung entscheidend verstärkst.

## Schwarz am Zuge

Die schwarze Dame ist gefesselt. Eine Gegenfesselung scheint das Unheil jedoch noch einmal abzuwenden. Siehst du indes genauer hin, wirst du bald erkennen, daß Weiß dennoch am längeren Hebel sitzt. Die Gegenfesselung ändert nämlich nichts an der Tatsache, daß die schwarze Dame nach wie vor fast unbeweglich ist. Wie macht sich Weiß das zunutze?

# Gefesselte Figuren bedeuten oft einen Nachteil

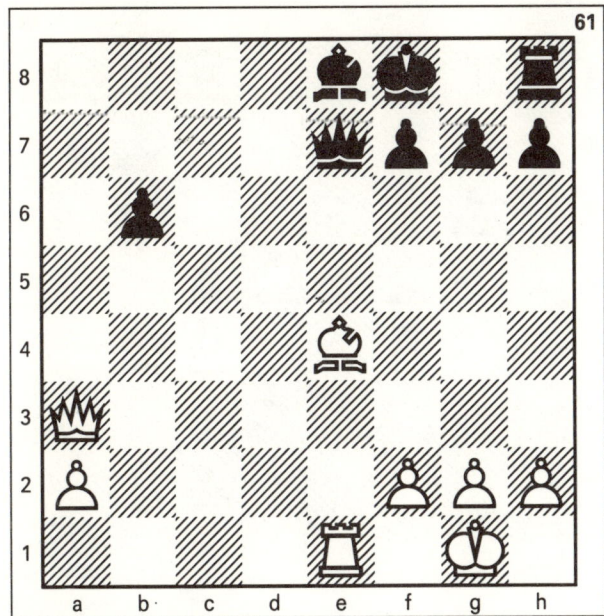

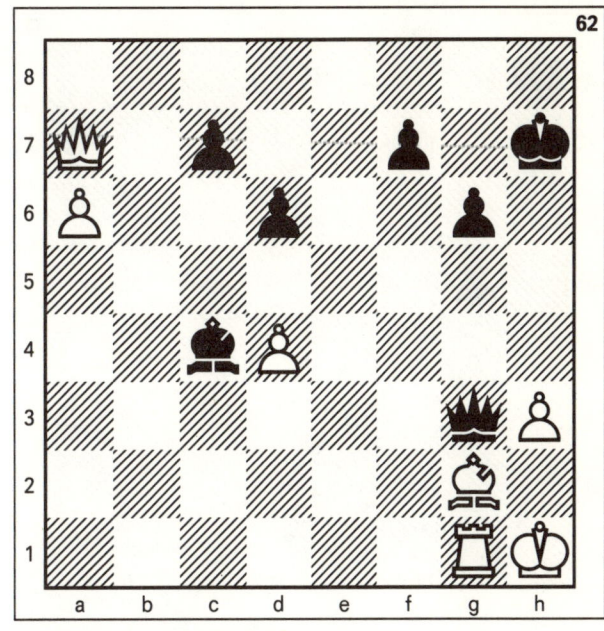

## Weiß am Zuge

Wer hier gefesselt ist, wirst du unschwer herausfinden. Wie kann Weiß davon aber profitieren? Wenn ich dir einen Rat geben darf, behalte das Feld e8 im Auge. Der weiße Turm zielt schon in die richtige Richtung.

## Schwarz am Zuge

Einen Turm besitzt Weiß mehr. Dennoch macht ihm der Nachziehende mit einer unerwarteten Fesselung den Garaus. Erkennst du die Mattdrohung, die damit verbunden ist?

# Gefesselte Figuren bedeuten oft einen Nachteil

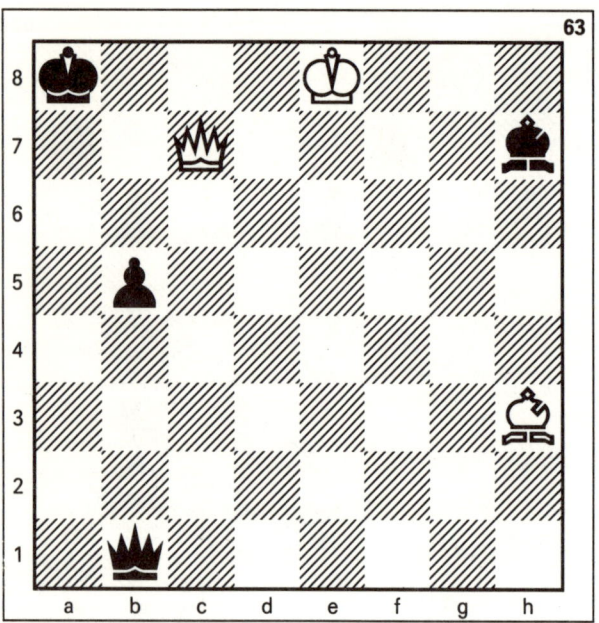

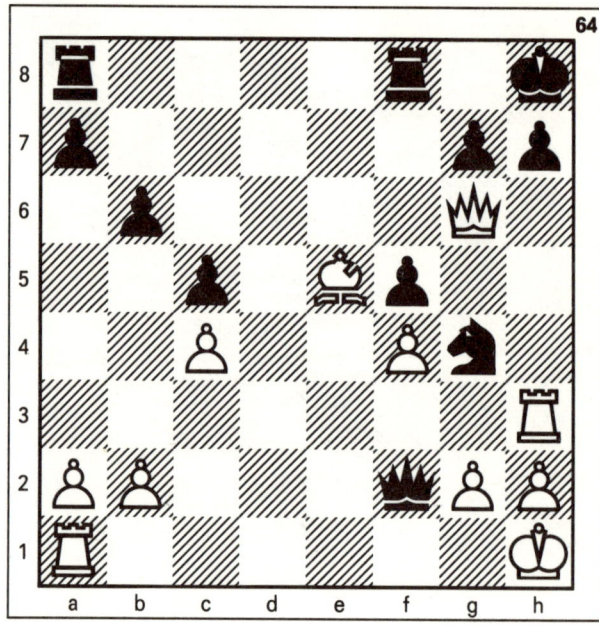

**Weiß am Zuge**

Bevor du diese Aufgabe zu lösen versuchst, schau dir unbedingt noch einmal Musterstellung c an. Hast du das getan, sollte es dir nicht mehr schwerfallen, die siegbringende Kreuzfesselung aufzuspüren.

**Schwarz am Zuge**

Der Anziehende scheint am Ziel seiner Wünsche zu sein, denn er droht, auf zwei Feldern matt zu setzen. Ohne den Turm h3, der ja den Bauern h7 fesselt und dadurch die weiße Dame schützt, würde das ganze Unternehmen jedoch wie ein Kartenhaus zusammenfallen. So unwahrscheinlich es nun klingt, Schwarz fand einen Weg, diesen Turm mit Schach zu beseitigen. Um das zuwege zu bringen, darfst du allerdings nicht vor einem bestimmten Opfer zurückschrecken.

# Das Zentrum und die Rochadebauern 8

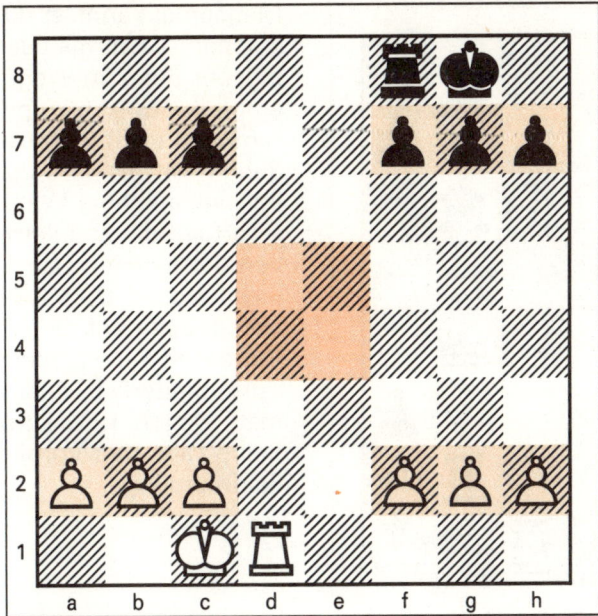

Die vier in der Brettmitte liegenden Felder d4, d5, e5 und e4 heißen das **Zentrum**. Schärfe dir diese Felder mit ihren Namen genau ein, denn sie spielen im Schachkampf eine überragende Rolle. Einer der wichtigsten Grundsätze gesunden Positionsspiels verlangt nämlich, sich um die Vorherrschaft im Zentrum zu bemühen. Wer die Mitte beherrscht, ist meist Herr über das ganze Brett. Auch Bauern und einzelne Figuren können von der Brettmitte her spielbestimmend sein, so beispielsweise ein starkes **Bauernzentrum**, ein **Zentralspringer** oder der **zentralisierte König** im Endspiel.

Als **Rochadebauern** bezeichnet man die Bauern, die nach der (kurzen oder langen) Rochade vor dem König stehen. Wir wollen sie uns in ihrer Ausgangsposition einprägen. Lerne bitte auswendig: a2–b2–c2 und f2–g2–h2. Schau dabei die entsprechenden Felder an. Und ebenso: a7–b7–c7 sowie f7–g7–h7.
Schnell noch eine weitere Aufgabe: Bestimme die Felder e4, g2, b7, d5, f7, a2, e5, c7, h2, d4, g7 und c2.

# Wir räumen Felder und Linien

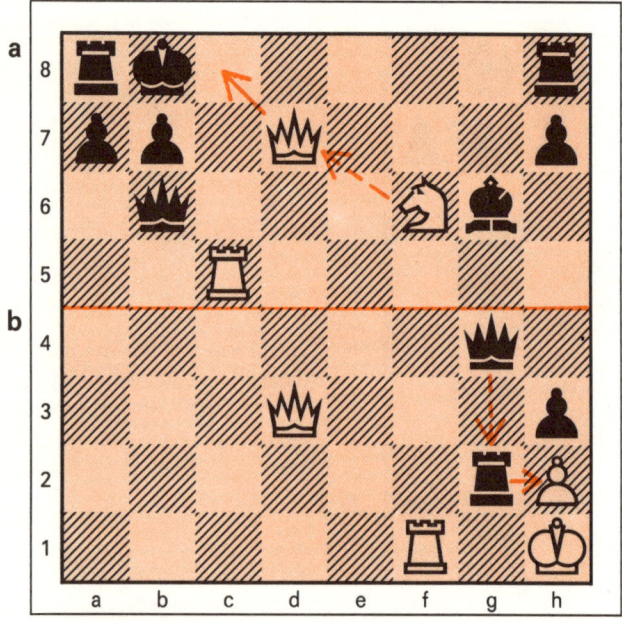

Manchmal könntest du einen vorteilhaften Zug machen – z. B. matt setzen –, wenn dir nicht ein eigener Stein im Wege stände. In diesem Fall empfiehlt es sich zu prüfen, ob du dich des Störenfrieds nicht irgendwie entledigen kannst. Sehen wir uns dazu die Musterstellungen an. In Beispiel a könnte Weiß mit seinem Springer sofort auf d7 matt setzen, wäre dieses Feld nicht von der eigenen Dame besetzt. Also weg mit ihr! 1.♕c8+! ♖:c8 2.♘d7 matt. Beachte, daß die Damenopfer auf d8, e8 und d6 nicht zum Ziel führen. In Teildiagramm b ist der schwarze Turm hinderlich, denn ohne ihn wäre es auf g2 matt. Daher: 1. ... ♖:h2+! 2.♔:h2 ♕g2 matt. Beide Fälle sind Vorbilder für die sogenannte **Feldräumung**.

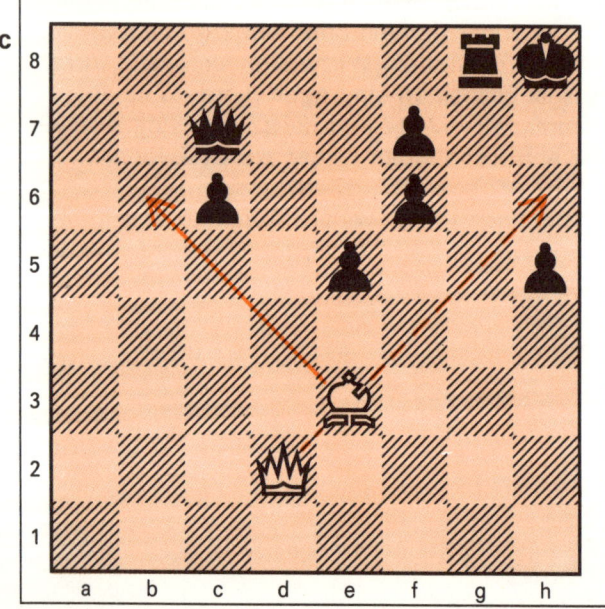

Etwas anders liegen die Dinge in Stellung c. In ihr wird die weiße Dame vom eigenen Läufer behindert. Diesmal geht es aber nicht um dessen Standfeld, sondern um den weiter entfernt liegenden Punkt h6. Mit 1.♗b6! ebnet sich Weiß den Weg dorthin. Schwarz büßt die Dame ein, oder er wird matt. Hier spricht man von einer **Linienräumung**.

# Wir räumen Felder und Linien

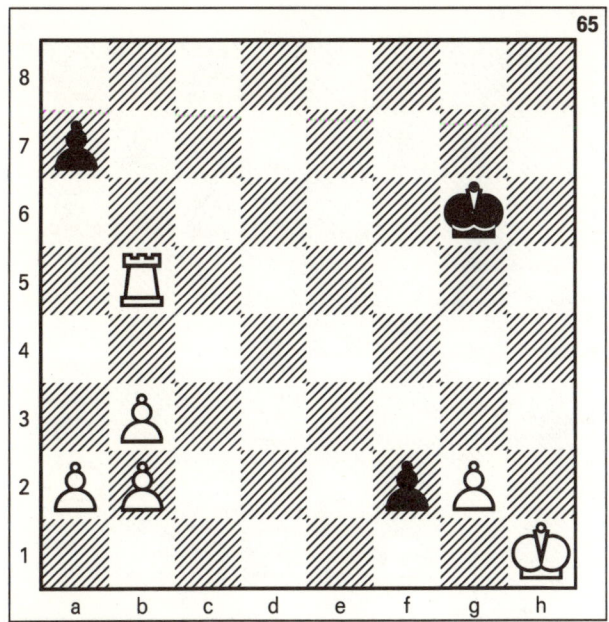

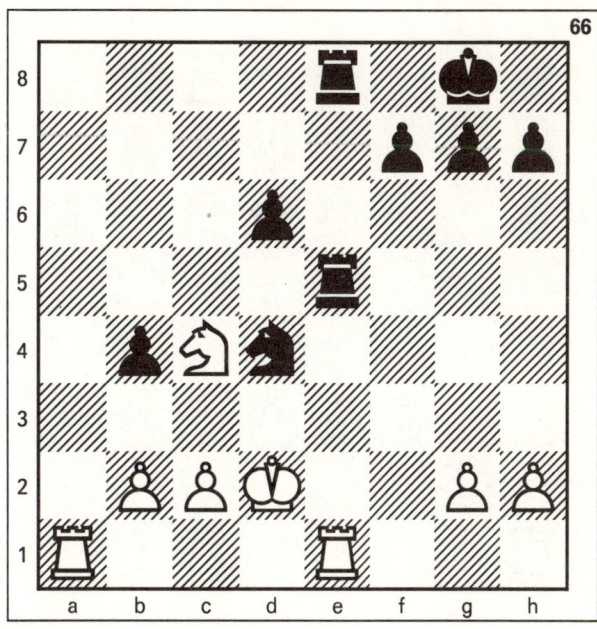

**Weiß am Zuge**

Der Nachziehende hat auf h1 einen Turm geopfert, weil er glaubte, nach g3:f2 eine neue Dame zu bekommen. Es gibt indes eine versteckte Möglichkeit, den feindlichen Freibauern aufzuhalten. Zu diesem Zweck muß der weiße g-Bauer allerdings mit Schach vorgehen. Wie bewerkstelligt man das?

**Schwarz am Zuge**

Denk dir eine schwarze Figur vom Brett, so daß du in zwei Zügen matt setzen könntest. Von welcher Figur ist wohl die Rede, und wie kannst du sie loswerden? Verraten sei noch, daß es sich um eine Linienräumung handelt.

# Wir räumen Felder und Linien

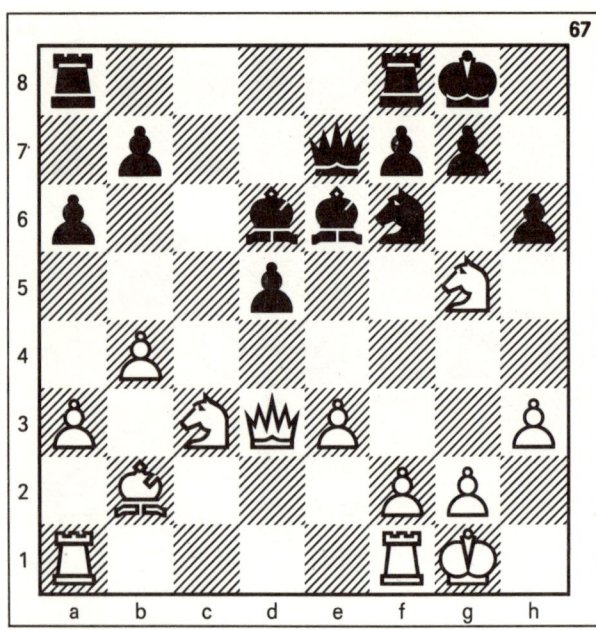

## Weiß am Zuge

In dem verständlichen Wunsch, den lästigen Springer von g5 zu vertreiben, hat Schwarz soeben h7–h6 gezogen. Dabei hat er aber die Rechnung ohne den Wirt gemacht. Weiß überlegte nämlich folgendermaßen: Meine Dame könnte auf h7 matt setzen, gäbe es den Springer f6 nicht. Leider kann der Läufer b2 ihn nicht beseitigen, weil er verstellt ist. Also ... Nun, das letzte Glied in der Gedankenkette sollst du selbst herausfinden.

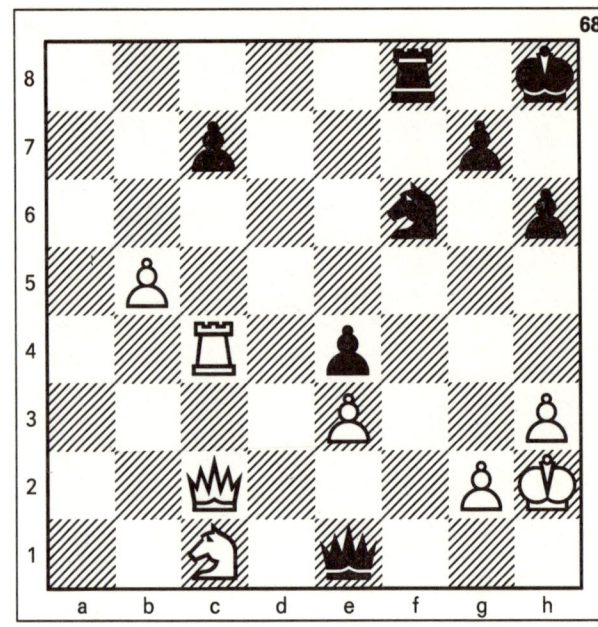

## Schwarz am Zuge

Die schwarze Dame lauert bereits auf der 1. Reihe. Käme ihr der Turm noch zu Hilfe, wäre es um den gegnerischen König geschehen. Nach diesem Wink mit dem Zaunpfahl solltest du die Aufgabe eigentlich im Handumdrehen bewältigen.

# Wir räumen Felder und Linien

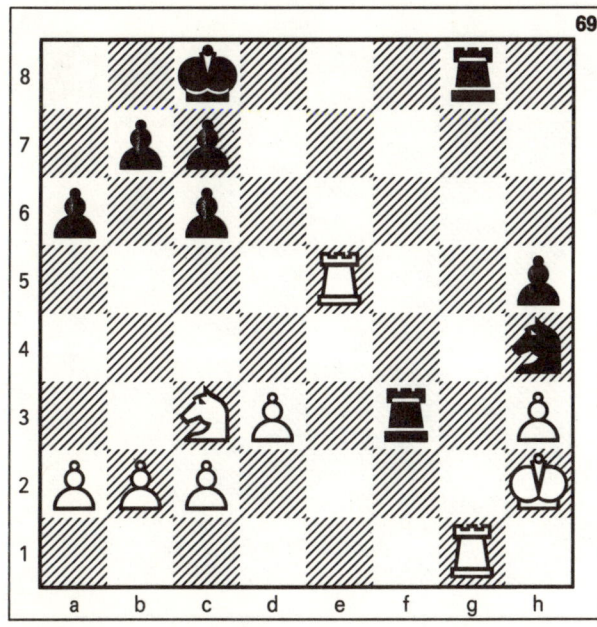

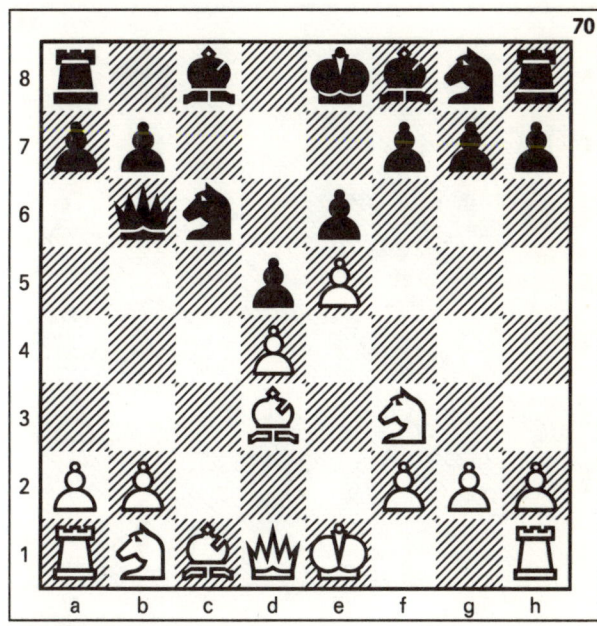

**Schwarz am Zuge**

**Schwarz am Zuge**

Nimm in Gedanken eine schwarze Figur vom Brett und setze in zwei Zügen matt. Nun sieh zu, wie du dich von diesem überflüssigen Stein befreien kannst. Das erfordert noch einmal zwei Züge. Wir könnten demnach auch formulieren: Schwarz zieht und setzt in vier Zügen matt.

Darf Schwarz den Bauern d4 „verspeisen" oder nicht? Versuche dir im Kopf – also ohne die Figuren zu setzen – darüber klarzuwerden, wie die Lage nach 1. ... ♘:d4 2. ♘:d4 ♛:d4 zu beurteilen ist. Bedenke dabei, daß die schwarze Dame auf d4 nicht gedeckt ist.

# Wir räumen Felder und Linien

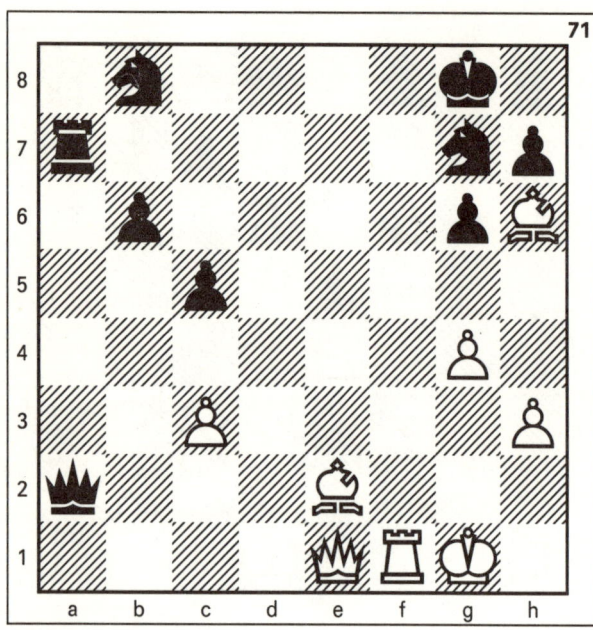

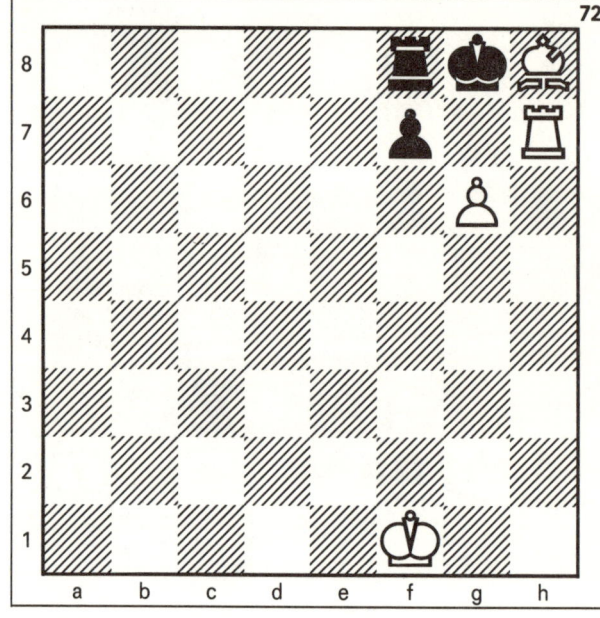

**Weiß am Zuge**

**Weiß am Zuge**

Hier sollte dir das Turmmatt auf f8 vorschweben. Dazu muß natürlich erst der Springer g7 weggelockt werden. Die dafür in Frage kommende weiße Figur wird aber leider durch einen eigenen Stein behindert. Aus alldem leitet sich der Lösungsverlauf ab: Räumung, Weglenkung und Matt.

Wäre Schwarz dran, würde er durch 1. ... f:g6+ gewinnen. Aus diesem Grund drängt sich 1.g7 auf, doch nach einem beliebigen Wegzug des schwarzen Turmes bleibt das Spiel remis. In dieser Variante könnte Weiß nur dann etwas ausrichten, wenn seinem Turm ein ganz bestimmtes Feld zugänglich wäre. Erkennst du nun, welches Feld da geräumt werden muß?

# Das erweiterte Zentrum

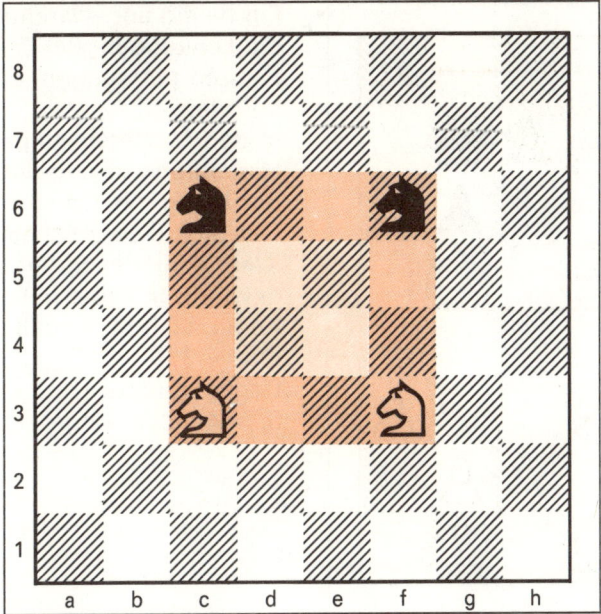

Nimmt man zu den Zentrumsfeldern d4, d5, e5 und e4 die benachbarten Felder hinzu, dann erhält man das **erweiterte Zentrum**. Man könnte auch sagen: Das erweiterte Zentrum ist das Quadrat, das von den Feldern c3, c6, f6 und f3 begrenzt wird. Auf diese Eckfelder werden häufig die Springer entwickelt.

Was über das Zentrum im engeren Sinne festgestellt wurde, gilt selbstverständlich auch für das erweiterte Zentrum. Wer diesen Teil des Brettes in der Gewalt hat, der diktiert in der Regel den Spielverlauf.

Und nun sollst du zum letzten Mal in diesem Buch Felder mit den Augen des Weißspielers aufsuchen.

1. Wo liegt e4, c5, f6, d5, e3, d6, c3 und f4?
2. Benenne alle Randfelder des erweiterten Zentrums. Beginne beim Feld c3 und schreite im Uhrzeigersinn fort, bis du wieder bei c3 angelangt bist – also so, wie hier angedeutet:
3. Nun fang bei f6 an, diesmal aber linksherum:
4. Und noch einmal das ganze Brett. Finde die Felder b5, b6, b7, b8; e4, e3, e2, e1; c3, d4, e5, f6; h7, g6, f5, e4 und a3, b4, c3, c2.

# Wie man Figuren lenkt

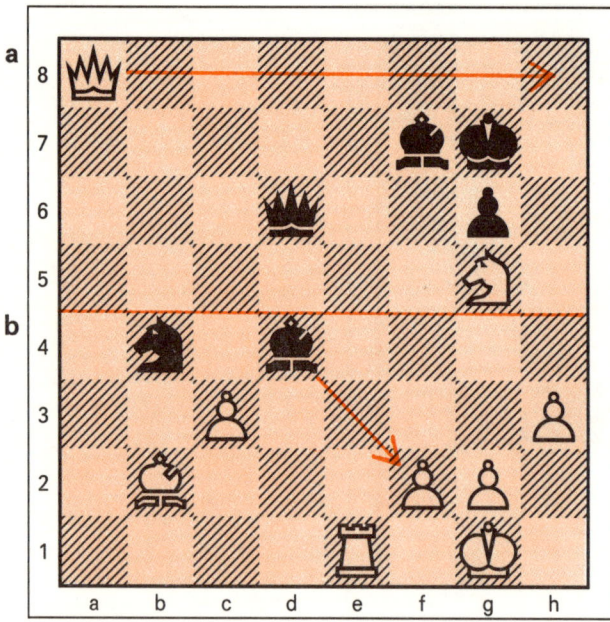

Ein häufig angewandtes taktisches Mittel sind die **Lenkungen**. Bei ihnen werden gegnerische Figuren gezwungen, ungünstige Felder zu betreten.

In den Musterstellungen a und b stellen wir die **Hinlenkung** vor. In der ersten von ihnen wird der König mit 1.♛h8+! auf das Eckfeld gelenkt. Der Sinn dieses Scheinopfers liegt darin, daß Weiß dank der Springergabel auf f7 eine Figur gewinnt. In Fall b nötigt 1 … ♝:f2+! den weißen König nach f2, so daß Schwarz nach 2.♔:f2 ♞d3+ 3.♔ beliebig ♞:b2 einen Bauern erobert. Dagegen hätte 1. … ♞d3 wegen 2.♜e2 ♞:b2 3.c:d4 nichts eingebracht.

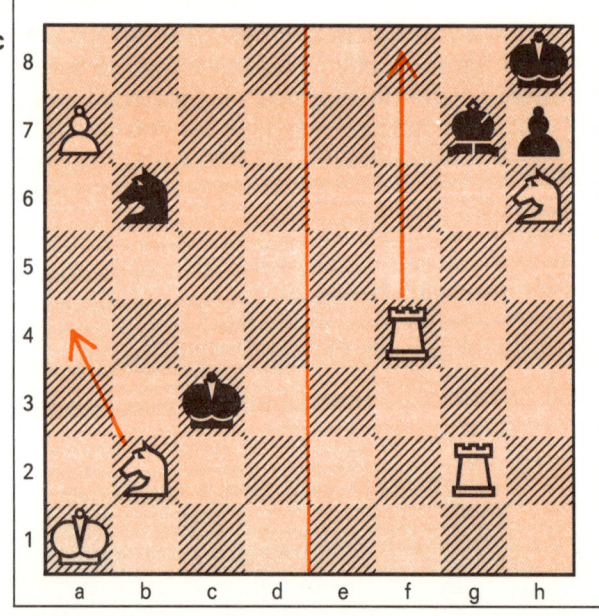

Bei der **Ablenkung** werden feindliche Figuren von wichtigen Feldern weggelockt. In Beispiel c bewacht der schwarze Springer das Umwandlungsfeld des Bauern. Mittels 1.♞a4+! vermag Weiß ihn wegzulenken und auf diese Weise die Umwandlung durchzusetzen: 1. … ♞:a4 (sonst geschieht 2.♞:b6 nebst a8♛) 2.a8♛. In Teildiagramm d könnte der Turm g2 matt setzen, stände ihm der Läufer nicht im Wege. Dieser Zusammenhang legt den Gedanken nahe, ihn durch 1.♜f8+! abzulenken.

# Wie man Figuren lenkt

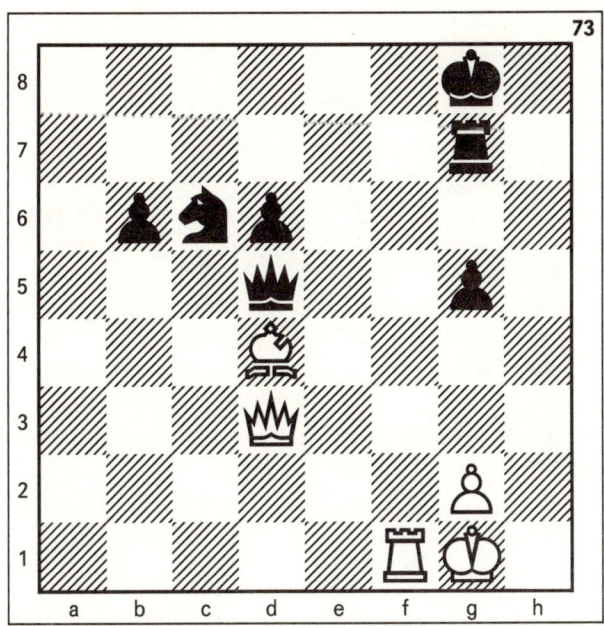

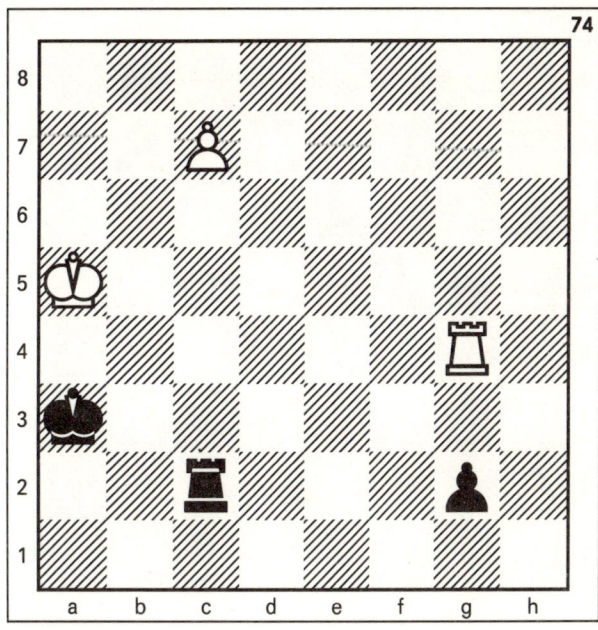

## Weiß am Zuge

Soeben hat der Nachziehende den gefesselten Läufer mit ♘e7–c6? zum zweiten Mal angegriffen. Er vertraute darauf, daß die feindliche Dame ungedeckt ist, übersah aber völlig, daß seine eigene Dame ihren Schutz eingebüßt hat. Das nutzt Weiß aus, indem er den gegnerischen König so lenkt, daß der Läufer mit Schach abziehen kann.

## Weiß am Zuge

Das Brett hat sich schon stark gelichtet, und das ausgeglichene Kräfteverhältnis scheint auf ein Remis hinzudeuten. Dieser erste Eindruck trügt jedoch. Ein Ablenkungsopfer sorgt dafür, daß Weiß seinen Bauern unbehelligt in eine Dame verwandeln kann. Zuvor muß allerdings der schwarze König zurückgedrängt werden.

# Wie man Figuren lenkt

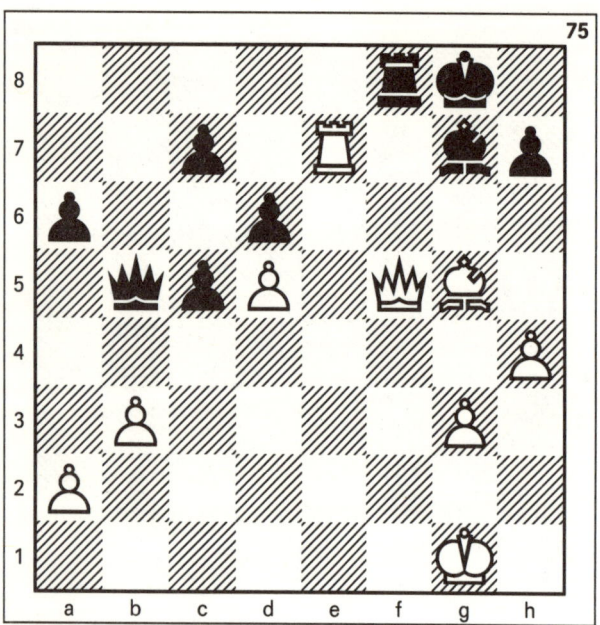

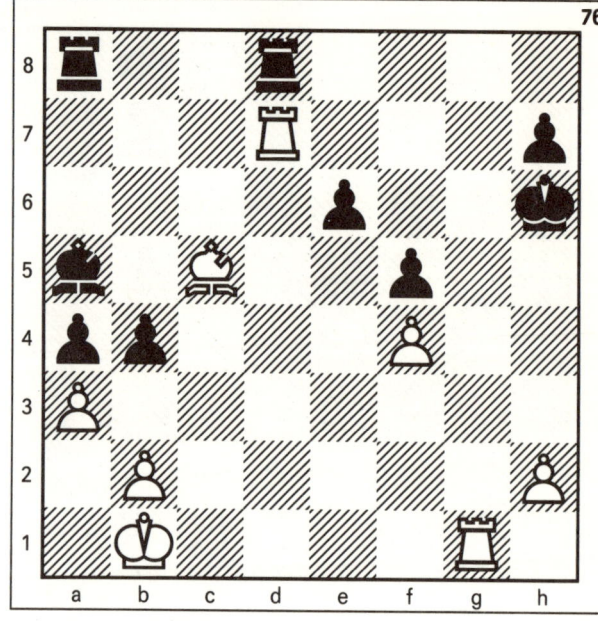

## Weiß am Zuge

Die schwarze Dame steht abseits, so überrascht es nicht, daß sich die weiße Übermacht am Königsflügel in nur drei Zügen durchsetzt. Um derart schnell ans Ziel zu gelangen, mußt du den schwarzen König ins Freie zerren.

## Weiß am Zuge

Da der schwarze König am Rand abgeschnitten ist, drängt es sich auf, ihn durch eine Turmschwenkung nach h3 matt zu setzen. Daran hindert uns vorerst jedoch der Turm d8. Könnte man ihn vielleicht weglocken, was meinst du?

# Wie man Figuren lenkt

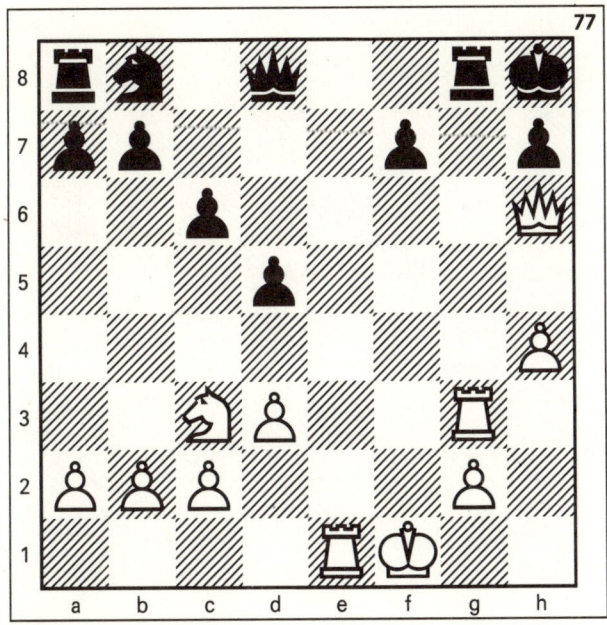

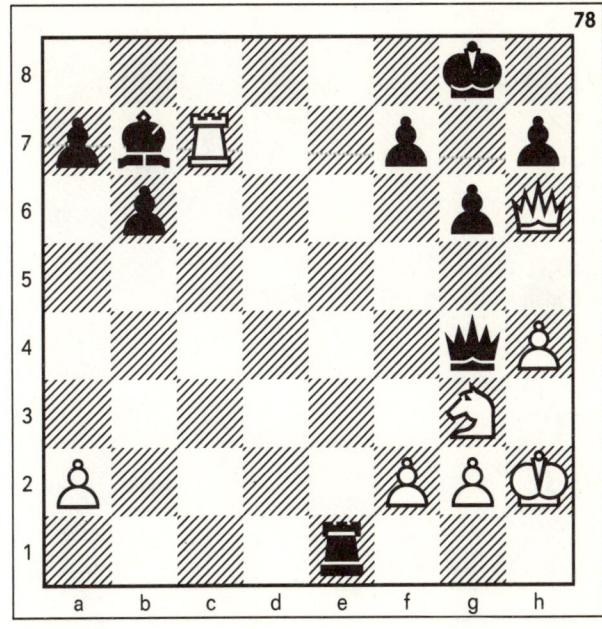

## Weiß am Zuge

Der Anziehende möchte gern mit seiner Dame auf g7 matt setzen – eventuell auch auf dem Umweg über f6. Im Augenblick sind beide Felder aber noch verteidigt. Erneut ist es ein Ablenkungsopfer, das für Abhilfe sorgt.

## Schwarz am Zuge

Diesmal gilt es, ein Matt in spätestens drei Zügen ausfindig zu machen. Dabei ist der Einleitungszug Ablenkungs- und Hinlenkungsopfer in einem – je nachdem wie Weiß ihn beantwortet. Abgesehen davon versetzt er die schwarze Dame beidemal in die Lage, den tödlichen Streich zu führen.

# Wie man Figuren lenkt

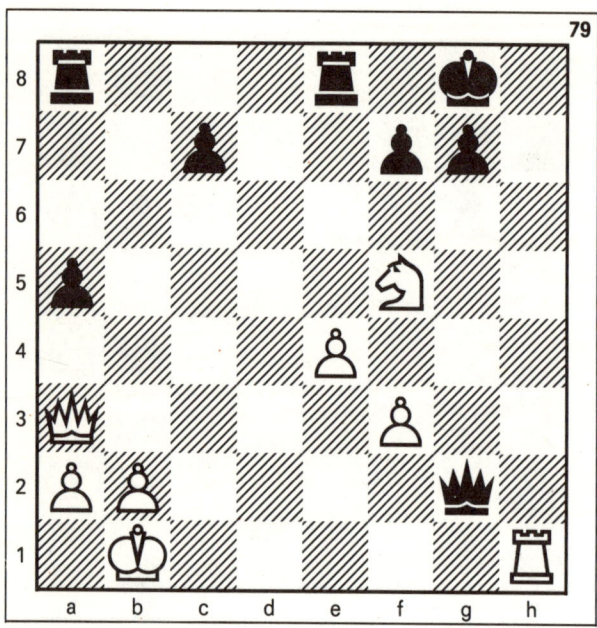

**79**

**Weiß am Zuge**

Auch hier sind Ablenkung und Hinlenkung eng
miteinander verflochten. Verraten sei, daß entweder der schwarze König oder der Turm e8
gelenkt wird. Erfährst du obendrein noch, daß
es in zwei Zügen matt wird, wirst du hoffentlich
nicht länger vor dem unerhörten Lösungszug
zurückschrecken.

**80**

**Schwarz am Zuge**

Auf der Hand liegt 1. ... ♛e1+ 2.♖:e1? ♖:e1+
nebst matt. Nach der umsichtigen Verteidigung
2.♛f1 erreicht Schwarz aber nichts. Das legt die
Frage nahe, ob sich die weiße Dame oder der
Turm a1 nicht irgendwie ablenken läßt. Beachtest du noch, daß der Bauer b2 gefesselt ist (von
wem?), könntest du bereits auf der richtigen
Fährte sein.

# Das Brett von Schwarz aus gesehen  10

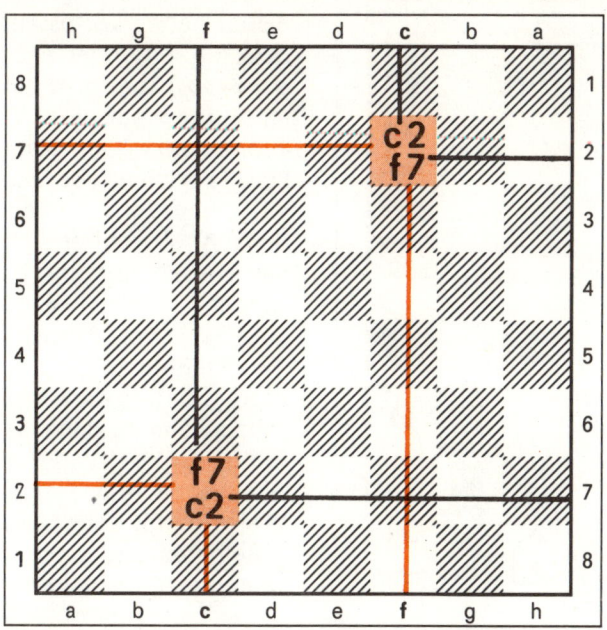

Bisher haben wir das Schachbrett ausschließlich von seiten des Anziehenden betrachtet. In ungefähr der Hälfte aller Partien hast du aber die schwarzen Steine zu führen. Das Brett von Schwarz aus gesehen ist indessen eine Sache für sich. Stellen wir einen kleinen Versuch an, um den Unterschied deutlich zu machen.
Leg bitte das leere Brett vor dich hin und nimm an, du hast Weiß. Stelle nun einen Bauern auf das Feld c2. Jetzt geh um das Brett herum, bis du am gegenüberliegenden Brettrand angelangt bist. Nimm wieder an, du hast Weiß. Dann wird aus der 8. Reihe vor dir natürlich die 1. Reihe. Und wo steht jetzt der Bauer? Auf dem Feld f7! Für einen angenommenen Gegner, der dir als Schwarzspieler gegenübersäße, befände sich der Bauer selbstverständlich auch auf f7. Daraus folgt: Der Bauer, der unter den Augen des Weißspielers auf c2 stand, steht auf f7, wenn er von

derselben Seite aus von Schwarz gesehen wird. Aus **c2** wurde **f7**! Ebenso wird aus **f7** das Feld **c2**. Weitere Beispiele: Aus **a1** wird **h8**, aus **b4** wird **g5**, aus **e3** wird **d6** usw. Siehst du die Gesetzmäßigkeit? Aus **a** wird **h**, das heißt, die eine Randlinie wird durch die andere ersetzt; aus **b** wird **g** – statt der einen Springerlinie erscheint die andere. Ebenso tauschen sich die Läuferlinien (**c ↔ f**) und die Mittellinien (**d ↔ e**) aus. Und bei den Zahlen? Ganz einfach, sie ergänzen sich zu **9**, z. B. aus **e3** wird **d6**, denn 3 + 6 = 9.
Übung: Die Felder b1, c3, e4, g6, a5, h7, d2, f8, b5, g1, e6, c7, a2 sind von Weiß aus gesehen. Wie heißen sie, wenn du sie mit den Augen des Schwarzspielers betrachtest? Schreib auf (ohne auf das Brett zu schauen): Aus **b1** wird **g8** usw. Danach vergegenwärtige dir die Zusammenhänge am leeren Brett!

# Abzugschach und Doppelschach – was ist das?

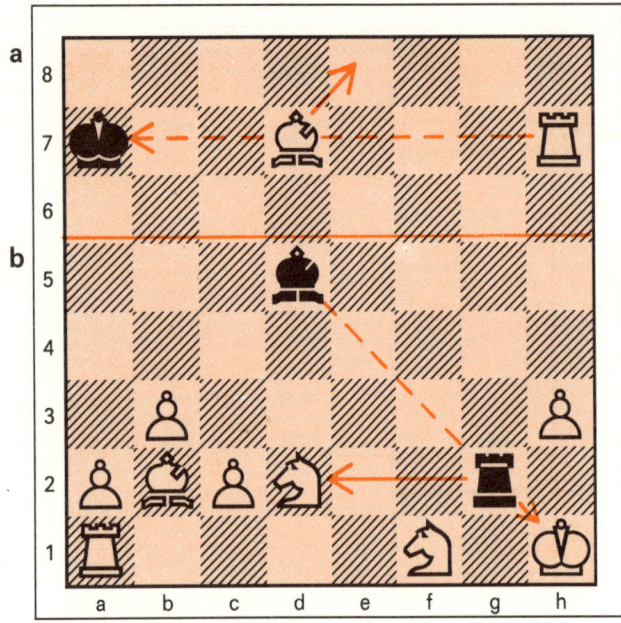

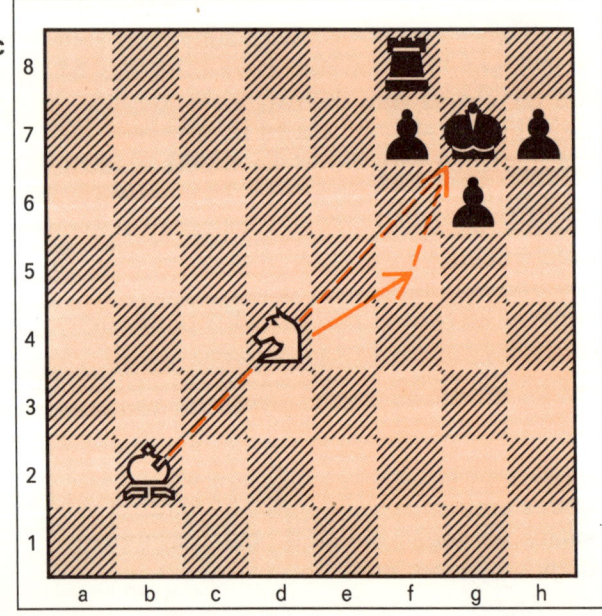

Bisher hatten wir es ausschließlich mit Schachgeboten folgender Art zu tun: Eine Figur (oder ein Bauer) zog, griff dabei den feindlichen König an und gab auf diese Weise Schach. Daß es auch anders geht, macht Musterstellung a deutlich. Hier zieht der Läufer – beispielsweise nach e8 –, und der dahinter stehende Turm bietet Schach, obwohl er sich selber gar nicht gerührt hat. Diesen Hergang beschreibt man als **Abzugschach.**

Eine Serie von Abzugschachs kann sich zu einer **Zwickmühle** ausweiten – etwa so wie in Teildiagramm b. Schwarz beginnt mit 1. ... ♖:d2+ (Abzugschach, daher ist der Turm unverletzlich) 2.♔g1 ♖g2+ (zwingt den König wieder ins Abzugschach) 3.♔h1 ♖:c2+ usw. In dieser Weise räumt der schwarze Turm die gesamte 2. Reihe ab und erobert mit 8. ... ♖:a1 sogar seinen Gegenspieler.

Einen Sonderfall des Abzugschachs führt uns Diagramm c vor Augen. Geht nämlich der Springer nach f5 (oder e6), dann bietet sowohl er selbst wie auch der hinter ihm lauernde Läufer Schach. Diesen zweifachen Angriff auf den König nennt man **Doppelschach.** Da Doppelschachs allein durch den Wegzug des Königs abgewehrt werden können, sind sie besonders gefährlich. So genügen in Stellung c die beiden Leichtfiguren, um den schwarzen König zur Strecke zu bringen: 1.♘f5+ ♔g8 2.♘h6 (oder ♘e7) matt.

# Abzugschach und Doppelschach – was ist das?

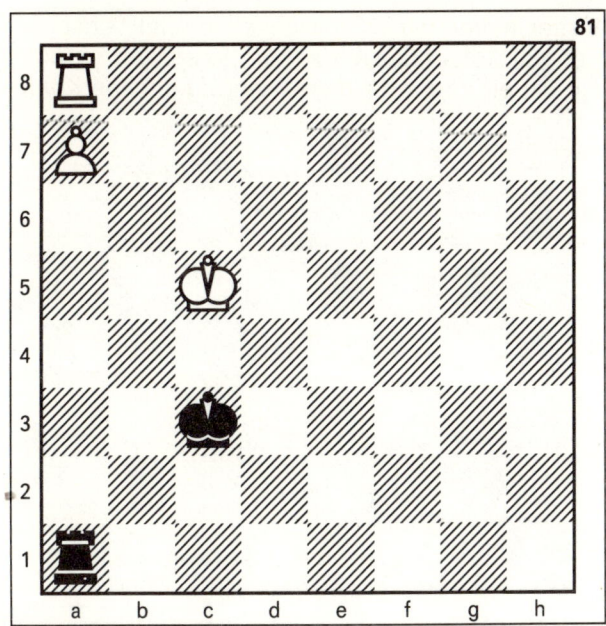

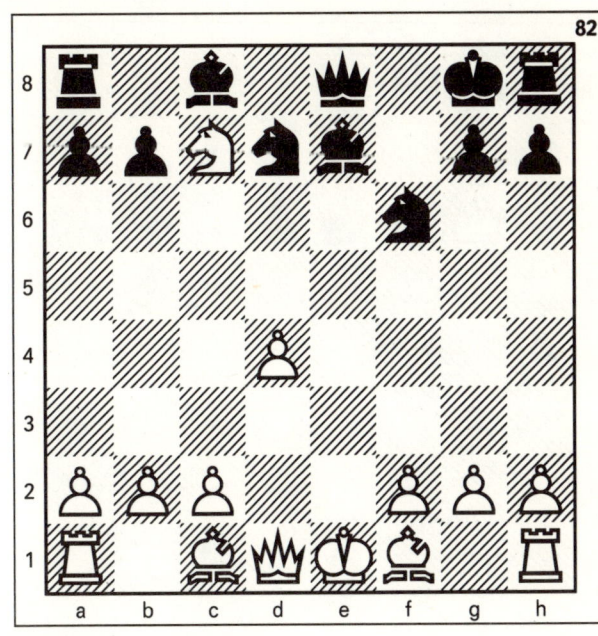

**Weiß am Zuge**

Stände der weiße König seinem Turm auf der
c-Linie nicht im Wege, würde 1.♖c8+, gefolgt
von 2.a8♕, bereits den Sieg sicherstellen. So
wie die Dinge aber liegen, mußt du dir einen
Trick einfallen lassen. Denke dabei an das
Abzugschach!

**Schwarz am Zuge**

Der Springergabel auf c7 zuliebe hat Weiß eine
Figur ins Geschäft gesteckt. Er glaubte natürlich,
sein Material jetzt mit Zinsen zurückzube-
kommen. Doch er hatte die Rechnung ohne den
Wirt gemacht. Ein Paukenschlag beendete vorzeitig die Partie.

# Abzugschach und Doppelschach – was ist das?

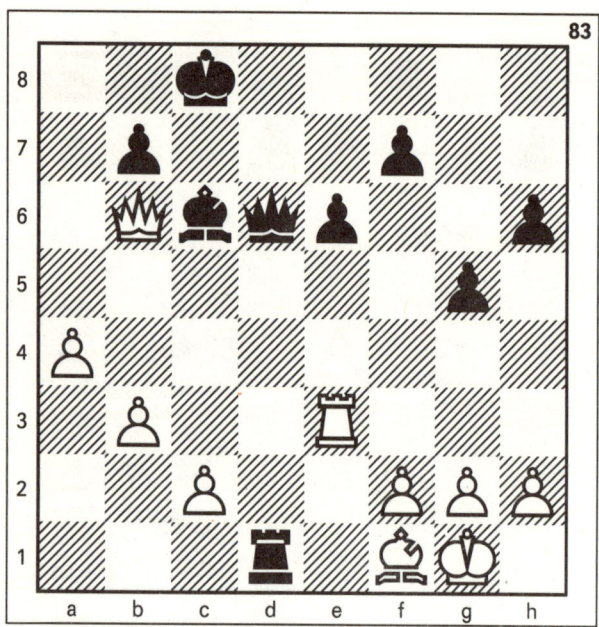

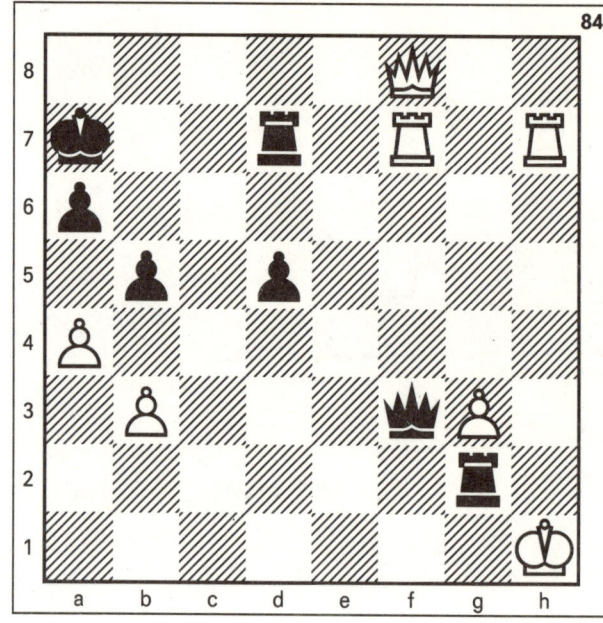

**Schwarz am Zuge**

Hier spielt eine ausschlaggebende Rolle, daß sich beide Damen gegenüberstehen. Lenke den weißen König darum auf ein Feld, auf dem ihn der schwarze Läufer mit Schach zu erreichen vermag. Das sollte dir nicht weiter schwerfallen.

**Schwarz am Zuge**

Alle Wege führen nach Rom, lautet ein geflügeltes Wort. Das stimmt oft aber gar nicht. Jedenfalls führt in unserer Stellung nur ein Abzugschach nach Rom – das soll heißen: zum Matt. Welches?

# Abzugschach und Doppelschach – was ist das?

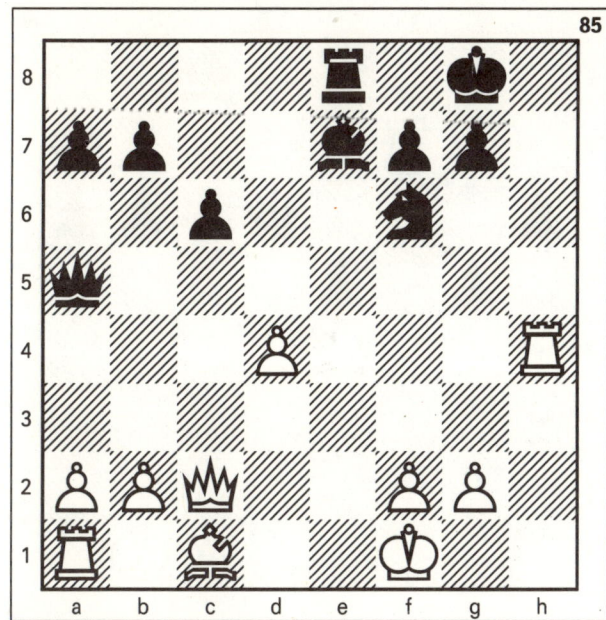

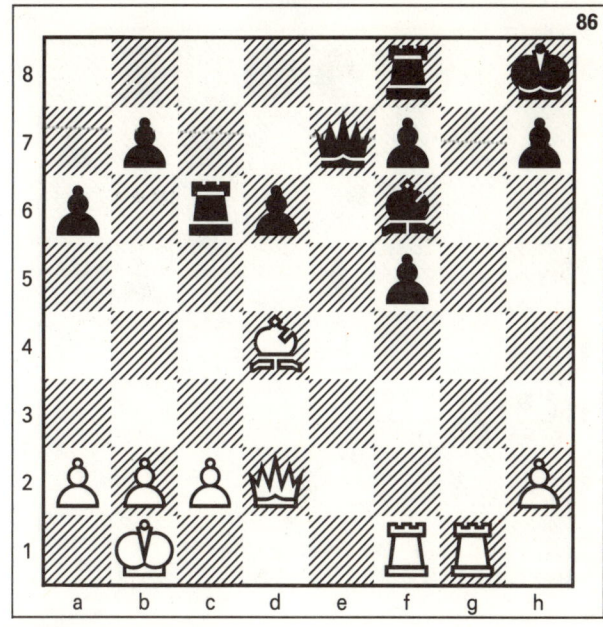

**Schwarz am Zuge**

Ein Doppelschach kann mitunter Wunder
wirken. Deshalb: Bietet sich dir die Gelegenheit,
den Gegner unter Opfer in ein Doppelschach
hineinzuziehen, dann scheue keine Mühe und
prüfe gründlich, was dabei herauskommt. Meist
lohnt es sich. So auch hier, wo Schwarz durch
ein Opfer und anschließendes Doppelschach ein
dreizügiges Matt erzwingt.

**Weiß am Zuge**

Nach der einleitenden Kreuzfesselung bleibt
dem Nachziehenden keine andere Wahl als der
Bauernzug d6–d5. Indes erweist sich auch diese
Verteidigung als brüchig. Ein Damenopfer
erzwingt ein Matt durch Abzugschach. Das alles
dauert insgesamt lediglich vier Züge.

# Abzugschach und Doppelschach – was ist das?

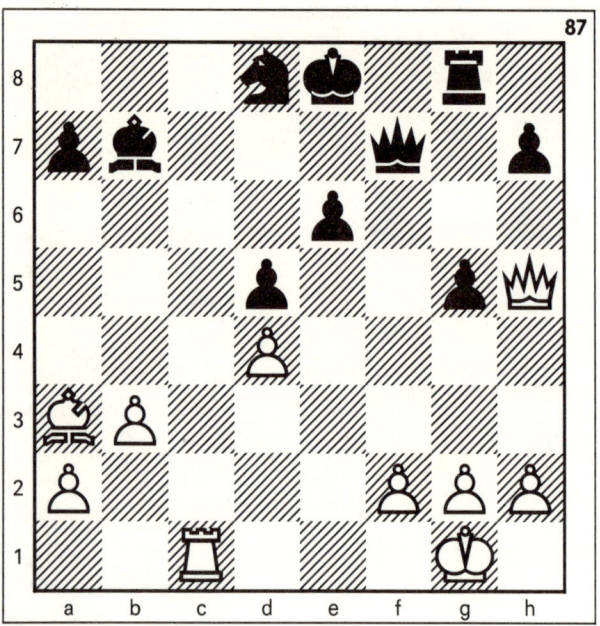

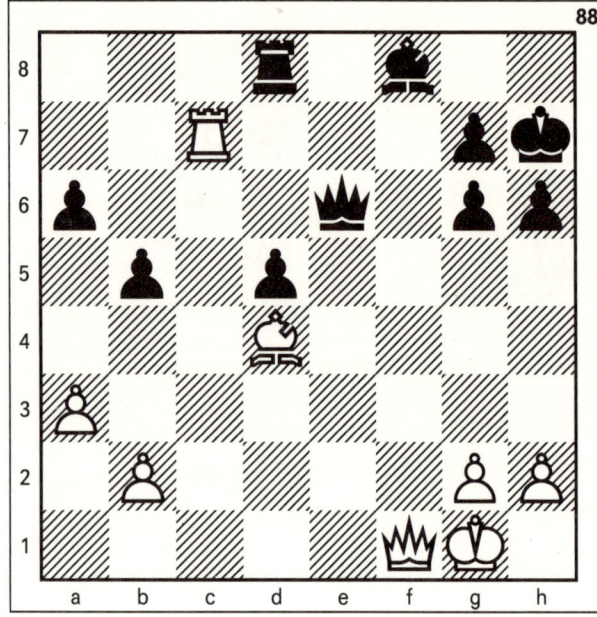

**Weiß am Zuge**

**Weiß am Zuge**

Ein Blick zurück auf Musterstellung b wird sicher hilfreich sein. Um die Zwickmühle in Gang zu setzen, macht sich der Anziehende zunutze, daß die feindliche Dame gefesselt ist. Alles in allem erbeutet Weiß bei seinem Raubzug eine Figur und zwei Bauern.

Turm und Läufer des Anziehenden sind auf den Punkt g7 gerichtet. Dessen Deckung ließe sich durch ein Opfer beseitigen. Die Frage ist nur, ob Weiß genug Material zurückgewinnt. Um das herauszufinden, wirst du einige Abzugschachs überprüfen müssen.

# Die Turm- und Springerlinien von Schwarz aus  11

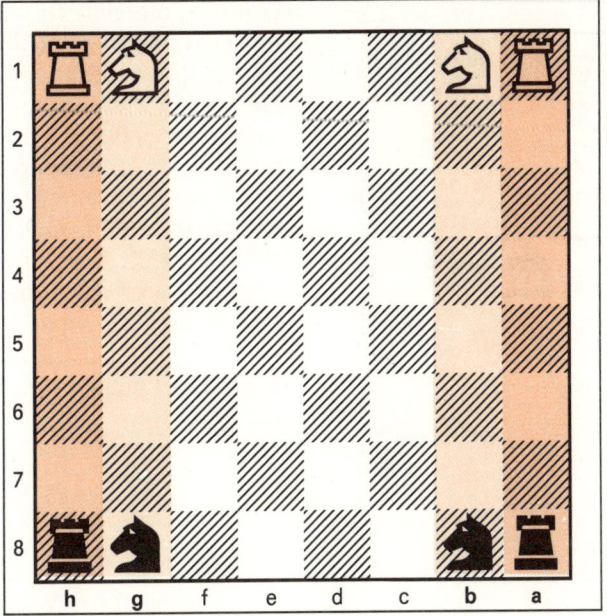

Es wäre sehr umständlich, wolltest du als Schwarzspieler die Felder immer erst aus der Sicht von Weiß bestimmen, um das Ergebnis danach „umzurechnen". Etwa in der Art: Hätte ich Weiß, wäre dies das Feld c3, da ich aber Schwarz habe, handelt es sich um f6. Nein, wir wollen die Felder auch als Nachziehender sofort richtig bezeichnen. Zu diesem Zweck mußt du alles, was du bisher für Weiß gelernt hast, noch einmal für Schwarz wiederholen. Beim zweiten Mal wird dir das alles jedoch sehr viel leichter fallen.

Vor dir liegt jetzt also das leere Brett, wobei dir die 8. Reihe, das heißt die schwarze Grundreihe, zugewandt ist. Wiederum beginnen wir mit den **Turmlinien**. Ihre Namen kennst du ja schon, nur daß diesmal die **h-Linie** links liegt und die **a-Linie** rechts. Auch die **Springerlinien** sind vertauscht: links die **g-Linie**, rechts die **b-Linie**. Präge

dir das bitte gut ein und wiederhole es an mehreren Tagen. Ist das geschehen, können wir abermals zu unseren Übungen übergehen, bei denen du jetzt selbstverständlich Schwarz hast. Wie immer verdeckst du dabei die Buchstaben und Zahlen auf dem Brettrand.

1. Versuche, die folgenden Felder möglichst rasch zu finden: g6, h3, a1, b7, h5, a8, b2, g4, b4, h2, a5, g7, b3, h8, g1 und a6.
2. Schreib die fehlenden Felder der Turm- und Springerlinien heraus und zeige, wo sie liegen.

# Figuren in der Falle

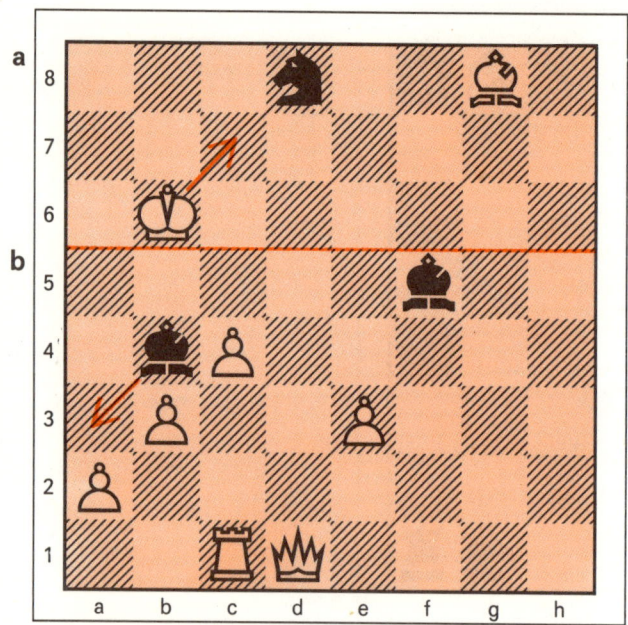

Figuren, die sich zu weit von ihren Mitstreitern entfernt haben oder die in ihrer Bewegungsfreiheit eingeschränkt sind, laufen Gefahr, vom Gegner in die Enge getrieben zu werden.
In Musterstellung a ist der schwarze Springer völlig auf sich allein gestellt. Da er sich zudem noch am Brettrand aufhält, hat Weiß keine Mühe, ihn mit 1.♔c7 zu fangen.
Teildiagramm b zeigt einen Turm, der durch eigene Bauern und die Dame so eingeengt ist, daß er den schwarzen Läufern zur Beute fällt. Nach 1. ... ♗a3 2.♖a1 (oder ♖c3) ♗b2 büßt Weiß die Qualität ein.

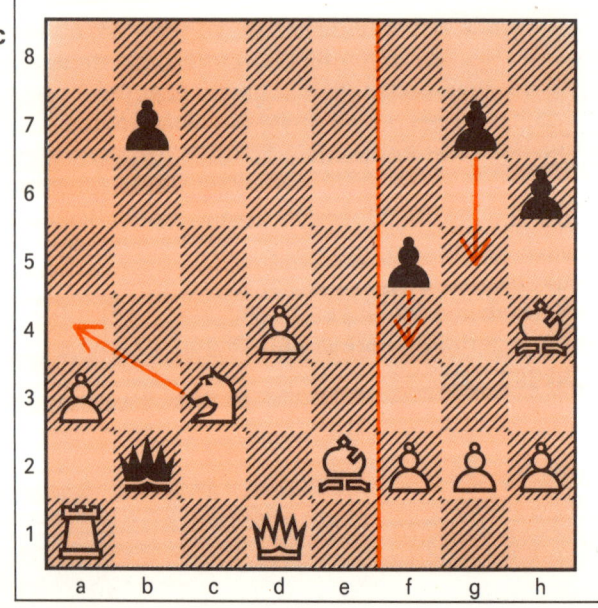

Es ist immer ein gewagtes Unternehmen, mit der Dame ins feindliche Hinterland vorzustoßen. Derartige Ausflüge enden nur allzuoft wie in Stellung c, in der 1.♘a4 die Falle zuschnappen läßt.
Auf engem Raum kann der Läufer schnell in Bedrängnis geraten. Ein Beispiel dafür liefert Muster d, wo Schwarz durch 1. ... g5 2.♗g3 f4 den Läufer erobert.

# Figuren in der Falle

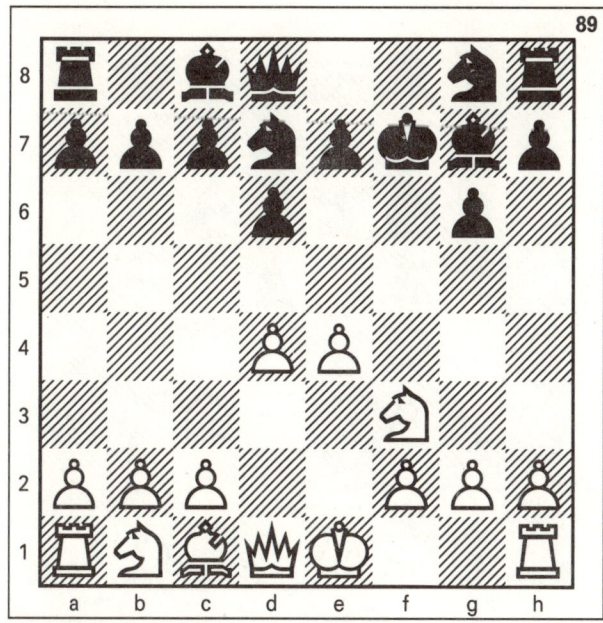

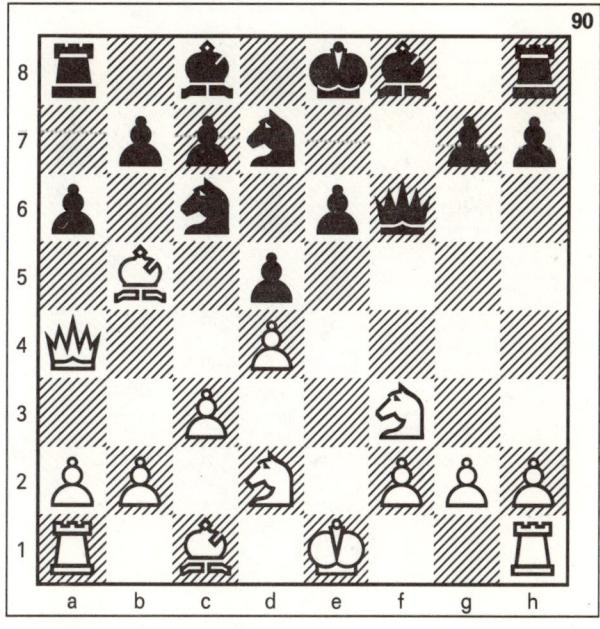

## Weiß am Zuge

Durch ein Läuferopfer wurde der schwarze
König ins Freie gezwungen. Außerdem erweist
sich der Punkt e6 als schwach, zumal der
Springer d7 seinen eigenen Läufer verstellt. Wie
kannst du das mit Weiß ausnutzen und die feindliche Dame fangen?

## Schwarz am Zuge

Bei seinem letzten Zug ♕d1–a4 vertraute der
Anziehende offensichtlich darauf, daß der Bauer
a6 gefesselt ist. Und 1. ... ♘b6 braucht er ja
wegen 2.♗:c6+ nicht zu befürchten. Welche
Fehleinschätzung ist ihm dabei unterlaufen?

# Figuren in der Falle

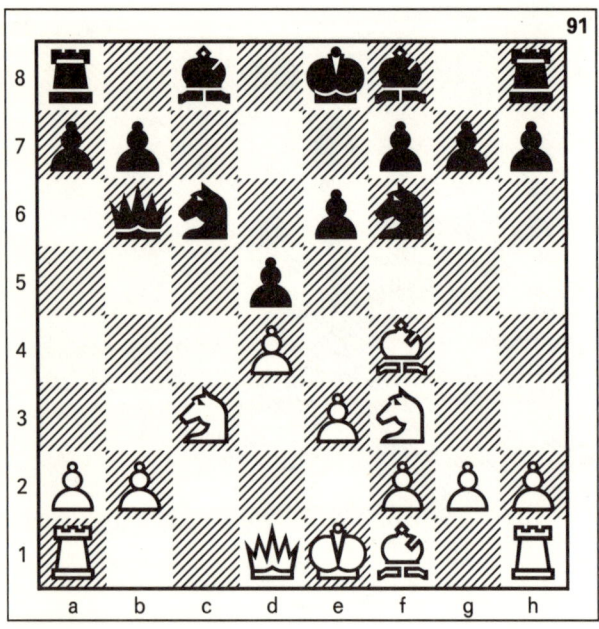

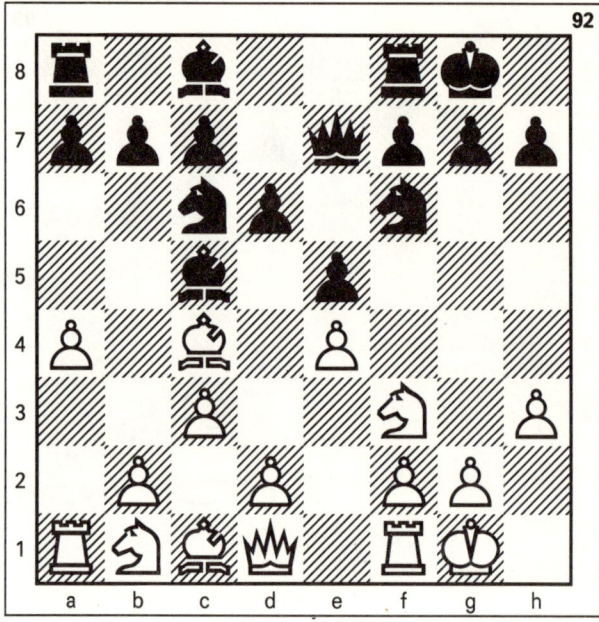

## Weiß am Zuge

In dieser Eröffnungsvariante hat Schwarz soeben mit ♛d8–b6 den Bauern b2 bedroht. Weiß könnte ihn nun mit der Dame oder dem Turm verteidigen. Er kann dem Gegner aber auch mit einer List die Freude am Einschlag auf b2 verleiden. Musterstellung c wird dir helfen, den unscheinbaren Zug zu finden. Schau sie dir noch einmal genau an!

## Weiß am Zuge

Offensichtlich hat der Schwarzspieler mit offenen Augen geschlafen, als er eben ahnungslos rochierte. So muß er nun mit ansehen, wie eine seiner Figuren in tödliche Bedrängnis gerät. Musterstellung d gibt dir einen unmißverständlichen Fingerzeig, was damit gemeint ist.

# Figuren in der Falle

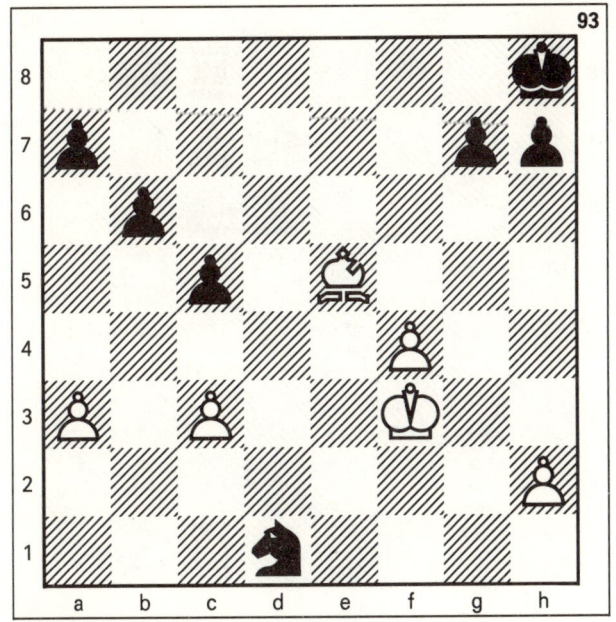

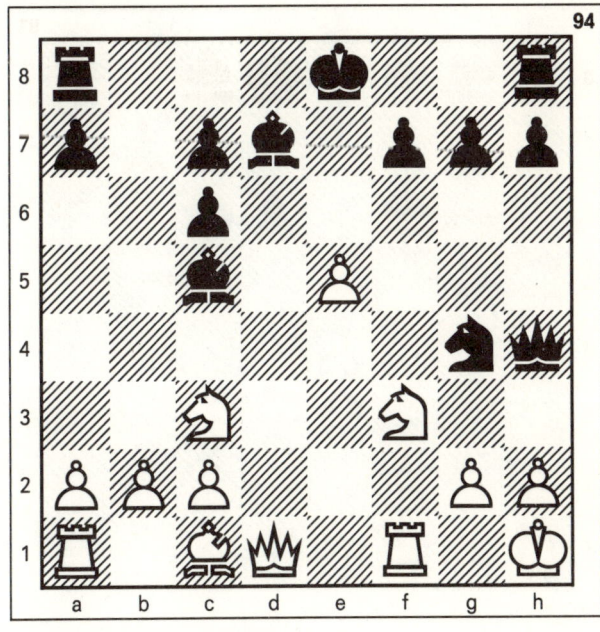

## Weiß am Zuge

Würdest du sofort mit 1.♔e2 dem Springer zu Leibe rücken, könnte sich dieser über b2 in Sicherheit bringen. Aber vielleicht gibt es einen Weg, ihm den Rückzug abzuschneiden? Sicherheitshalber kannst du noch Muster a zu Rate ziehen.

## Schwarz am Zuge

Der Nachziehende glaubte, die Qualität einheimsen zu dürfen. Siehst du, wie er sich das gedacht hat, und siehst du auch, wie Weiß ihm einen Strich durch die Rechnung machte? Welche Figur sitzt da plötzlich in der Falle?

# Figuren in der Falle

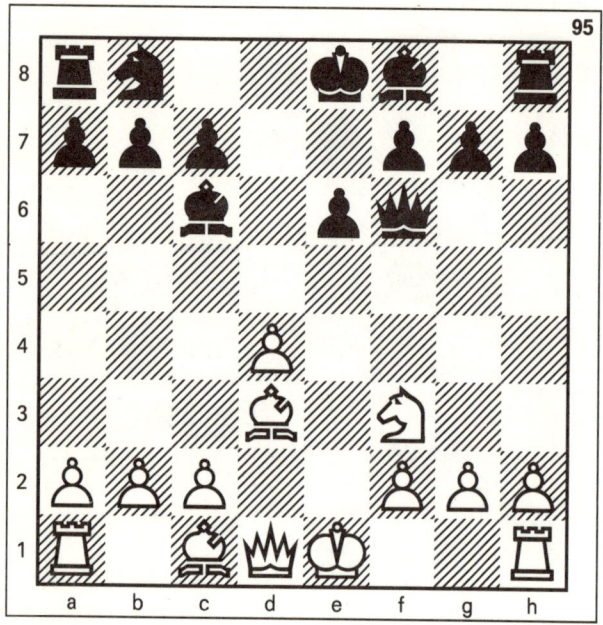

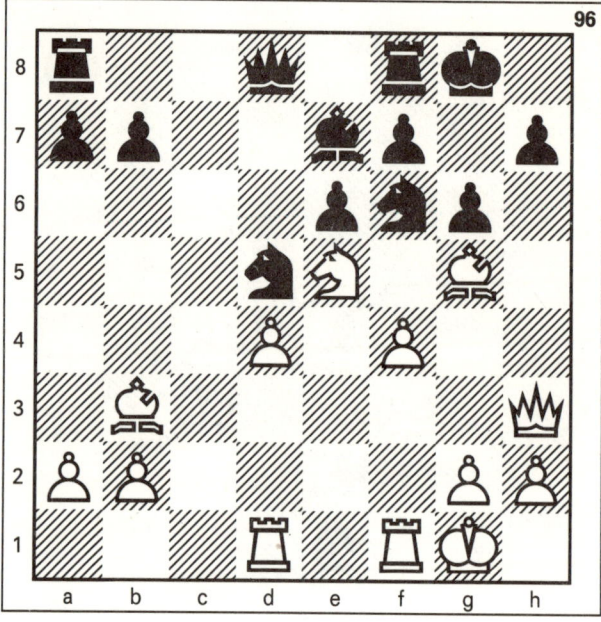

## Weiß am Zuge

Mit einem naheliegenden Angriff kannst du die schwarze Dame belästigen. Aber noch ist der Nachziehende mit seinem Latein nicht am Ende. Ihm steht ein Zwischenzug zu Gebote, den du erst entkräften mußt, bevor die schwarze Dame endgültig in der Klemme sitzt. Die Schlußwendung ruft uns Aufgabe 70 ins Gedächtnis.

## Weiß am Zuge

Um den Vormarsch des feindlichen f-Bauern zu stoppen, hat Schwarz mit g7–g6 seine Rochadestellung geschwächt. Der Anziehende macht sich das zunutze und erobert die Qualität. Die Art und Weise, in der seine Läufer den schwarzen Königsturm in die Zange nehmen, erinnert an Musterstellung b.

# Die Läufer- und Mittellinien von Schwarz aus  **12**

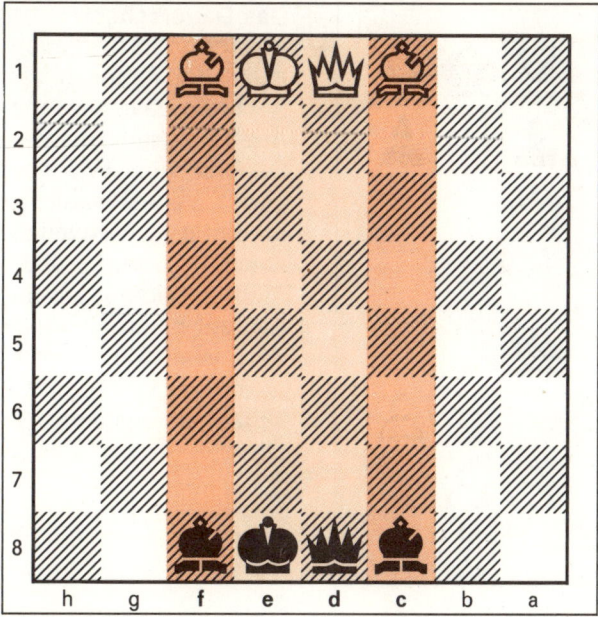

Nun sind die **Läuferlinien** an der Reihe. Aus der Sicht von Schwarz haben sie die Seiten getauscht, so daß die **f-Linie** links und die **c-Linie** rechts liegt. Das gleiche gilt für die **Mittellinien**: Die **e-Linie** findest du links, die **d-Linie** rechts. Schärfe dir das gut ein.
Ist dir übrigens aufgefallen, daß von Schwarz aus gesehen auch die Flügel die Seiten gewechselt haben? Jetzt befindet sich der **Königsflügel** links und der **Damenflügel** rechts.

Zum Abschluß wiederum ein paar Übungen.

1. Bestimme die Felder: e8, d6, f2, c3, d8, e4, c7, f1, d5, c4, f6, e1, d3, e5, f7 und c2.
2. Notiere die in dieser Aufzählung fehlenden Felder der Läufer- und Mittellinien. Mach dir klar, wo sie sich befinden.

3. Wir dehnen die Feldersuche erneut auf das ganze Brett aus. Finde die Felder: b8, f3, h4, d7, a2, e6, c1, g5, e4, a5, d2, g8, c7, h1, b3 und f6.
4. Nimm dir aus früheren Abschnitten Aufgaben vor, die für Weiß bestimmt waren. Löse sie jetzt aus der Sicht des Schwarzspielers.

# Wir geben Dauerschach

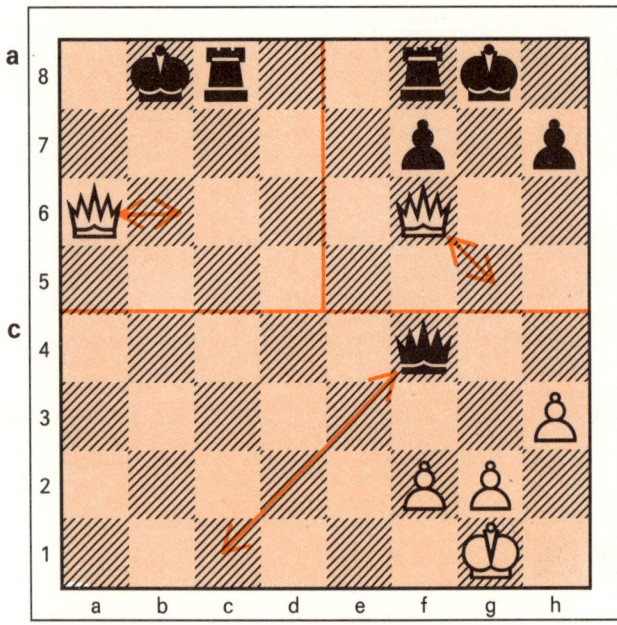

Das **Dauerschach** haben wir schon auf Seite 22 erwähnt und dort auch darauf hingewiesen, daß es oft der Retter in höchster Not ist. Hier folgen noch ein paar typische Fälle.

Am häufigsten gibt die Dame als stärkste Figur Dauerschach. Wie sie dem König keine Rast gönnt, veranschaulichen die Musterstellungen a–c. Verweilen wir noch bei Beispiel c. Nach 1. ... ♛c1+ 2.♔h2 ♛f4+ muß der König nicht unbedingt auf die 1. Reihe zurückkehren (worauf natürlich wieder ♛c1+ geschieht), sondern Weiß kann sich auch für 3.g3 entscheiden. In diesem Fall kommt eine andere **„Remisschaukel"** zustande: 3. ... ♛:f2+ 4.♔h1 ♛f1+ usw.

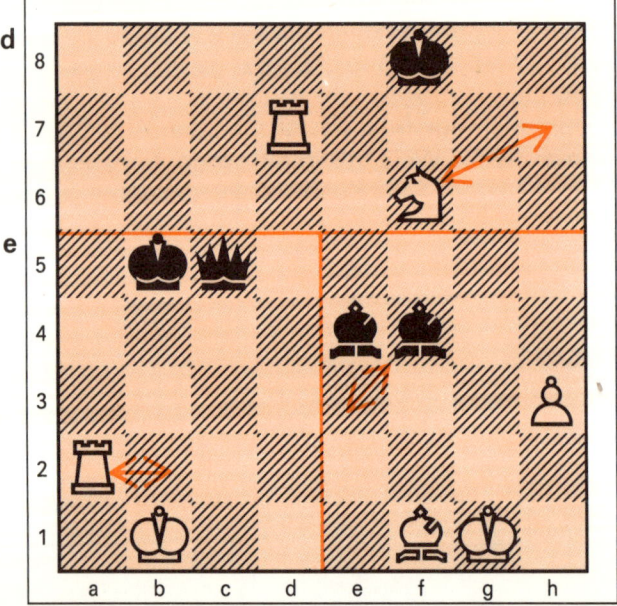

Selbstverständlich können die anderen Figuren den König ebenfalls unablässig verfolgen. Muster d zeigt beispielsweise eine vorbildliche Zusammenarbeit zwischen Springer und Turm. Beachte, daß der König wegen ♖h7 matt nie das Eckfeld betreten darf. In Teildiagramm e geht die Dame verloren, sobald sich der schwarze König auf der c-Linie blicken läßt. Schließlich ziehen in Beispiel f zwei Läufer am selben Strang, um das Remis durch Dauerschach sicherzustellen.

# Wir geben Dauerschach

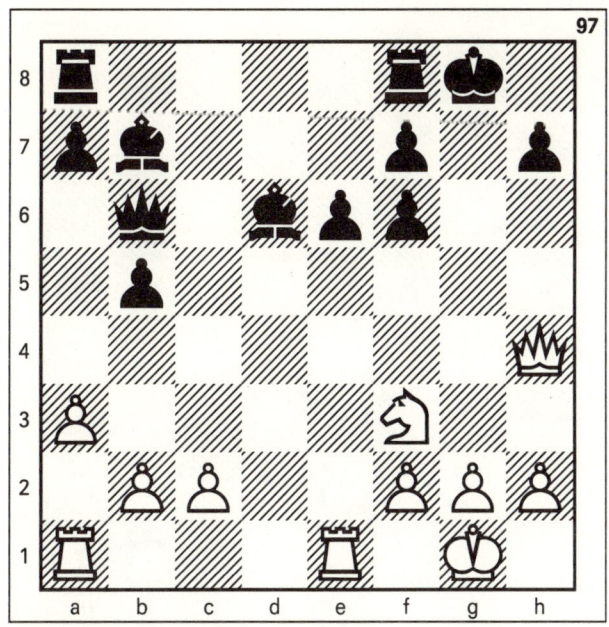

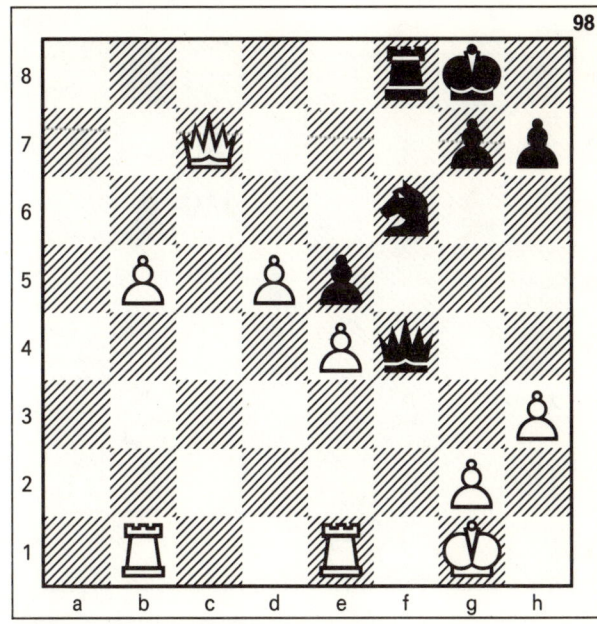

**Weiß am Zuge**

Der Anziehende kann froh sein, daß die feindliche Rochadestellung aufgerissen ist. Ein Überfall – und plötzlich muß Schwarz ins Dauerschach einwilligen, um nicht matt zu werden. Musterstellung b weist dir den Weg.

**Schwarz am Zuge**

Diese so trostlos anmutende Stellung hatte der Nachziehende durch ein Opfer bewußt herbeigeführt. Ihm war nämlich klar, daß der Gegner nicht die Spur einer Chance hat, sein materielles Übergewicht zu verwerten. Der Grundgedanke der Rettungsaktion ist übrigens derselbe wie in der vorigen Aufgabe.

# Wir geben Dauerschach

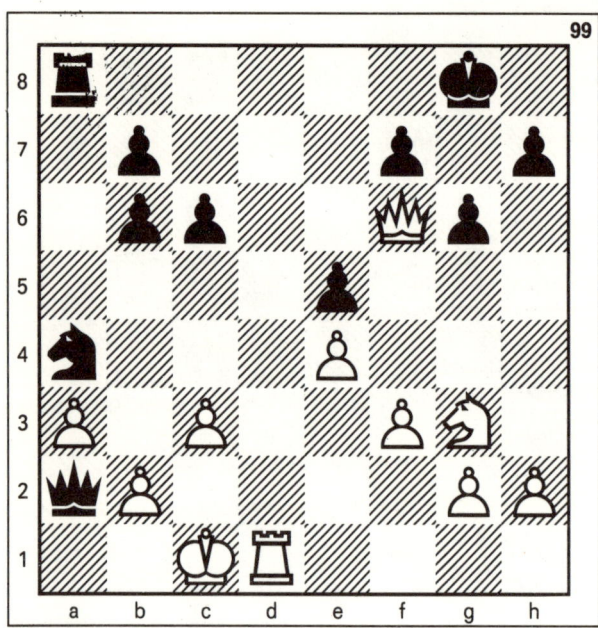

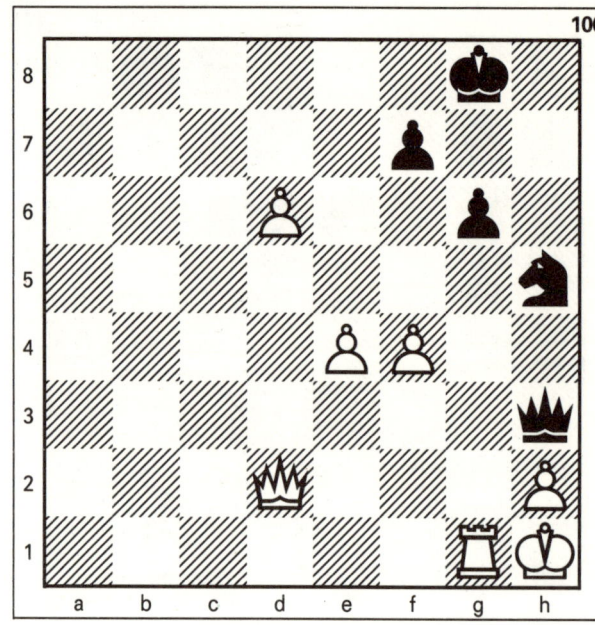

**Weiß am Zuge**

Auf b2 droht Matt. Der Deckungszug 1.⌷d2 vermag wegen 1. ... ♛a1+ 2.♚c2 ♛:b2+ jedoch nicht zu befriedigen. Immerhin haben sich die schwarzen Figuren weit von ihrem König entfernt. Das kannst du ausnutzen, um tief ins feindliche Hinterland vorzustoßen. Schließlich mußt du mit Hilfe eines Figurenopfers das letzte Hindernis beiseite räumen.

**Schwarz am Zuge**

Nach dem beiderseits ersten Zug wird der weiße König dicht von seinen Getreuen umringt. Ein Herankommen scheint es nicht zu geben. Doch ein Ablenkungsopfer sorgt für eine Lücke. Danach findest du für die schwarze Dame immer ein Feld, von dem aus sie Schach bieten kann.

# Wir geben Dauerschach

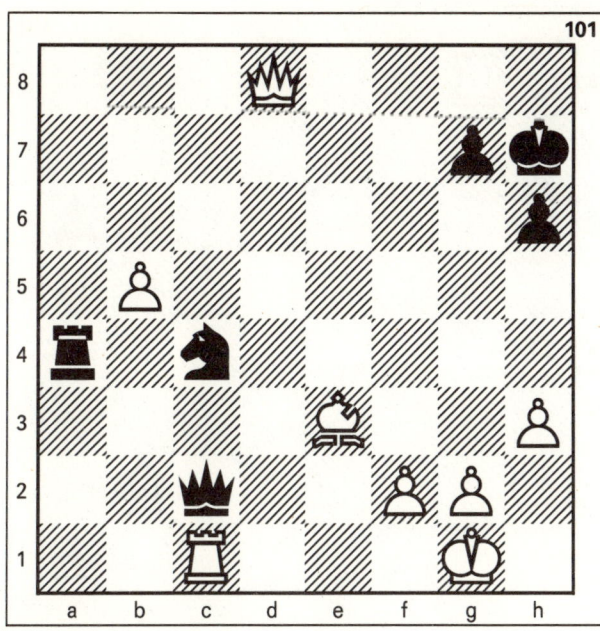

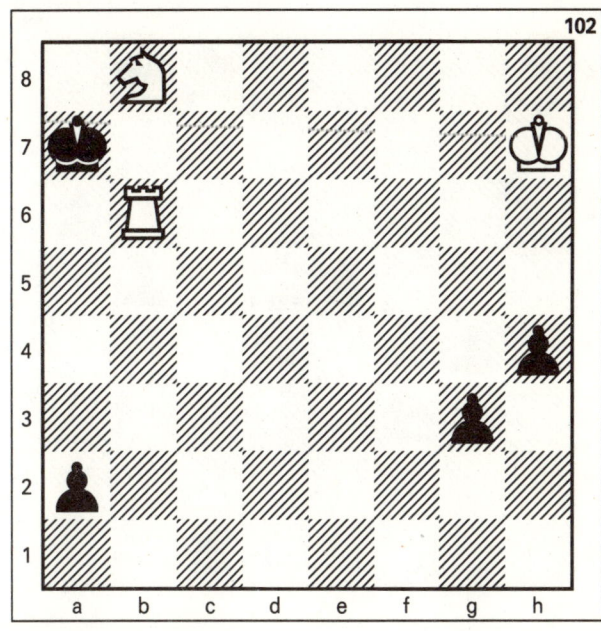

**Schwarz am Zuge**

Normalerweise hätte der Nachziehende, der zwei Bauern weniger besitzt, einen sehr schweren Stand. Günstige Umstände erlauben es ihm aber, mit Turm und Springer einen eigenartigen Remismechanismus auf der 1. Reihe in Gang zu setzen. Zu diesem Zweck darfst du vor einem ganz bestimmten Opfer nicht zurückschrecken.

**Weiß am Zuge**

Auf der Hand liegt 1.♖a6+?, doch verwandelt sich nach 1. ... ♔:b8 2.♖:a2 h3 unweigerlich ein schwarzer Bauer in die Dame. Rettung bringt eine völlig andere Idee. Ein Blick auf Musterstellung d sollte dir genügen, zu erkennen, was hier gespielt wird.

# Wir geben Dauerschach

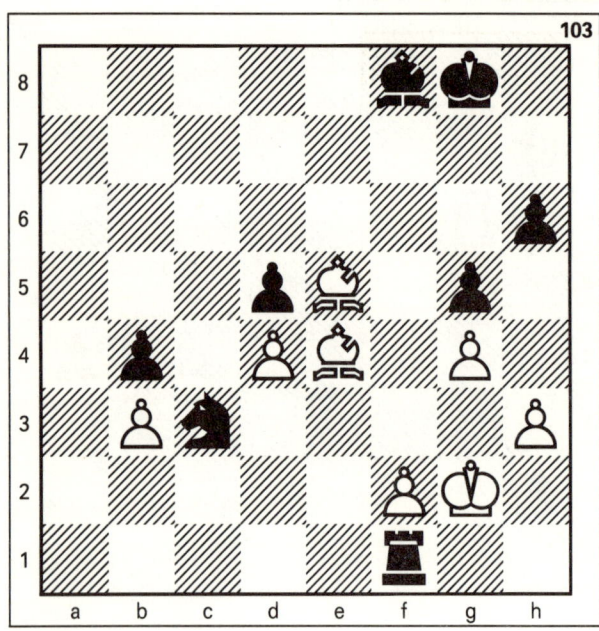

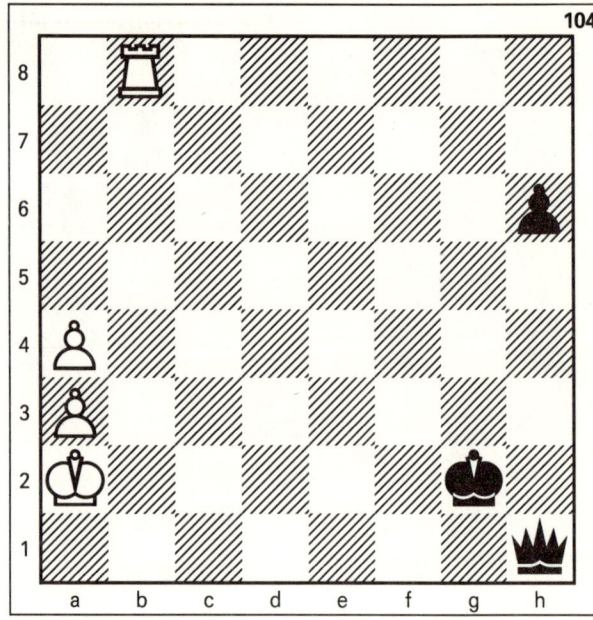

**Weiß am Zuge**

**Weiß am Zuge**

Die Lage des Anziehenden sieht kritisch aus, denn bei 1.♔:f1 ♘:e4 würde er ohne Frage den kürzeren ziehen. Dennoch gibt es einen Ausweg aus der Bedrängnis. Mit einem hübschen Zwischenzug gestattet Weiß seinem Gegner, den Turm in Sicherheit zu bringen. Warum er das macht, möchtest du wissen? Vielleicht schaust du dir Musterstellung f noch einmal an.

Gegen die Dame steht ein Turm gewöhnlich auf verlorenem Posten. Doch hier ist die schwarze Dame durch König und Bauer derart in ihrer Bewegungsfreiheit eingeschränkt, daß der Turm sie auf ein ungünstiges Feld abzudrängen vermag. Das Dauerschach ähnelt dem in Muster e, obgleich es sich über einen größeren Raum erstreckt und auch nicht waagerecht, sondern senkrecht zustande kommt.

Bis jetzt haben wir die Feldernamen vorgelegt, und du solltest die entsprechenden Felder aufsuchen. Nun verfahren wir umgekehrt: Die Felder sind gegeben, du sollst sie benennen. Dabei gehst du am besten so vor: Nimm dir einen Zettel und schreibe die Zahlen 1 bis 16 untereinander. Um der ganzen Sache obendrein einen sportlichen Anstrich zu verleihen, besorge dir eine Uhr. Am angemessensten wäre eine Schachuhr – ein Kurzzeitwecker tut es aber auch. Bei den folgenden Übungen kommt es in erster Linie auf Richtigkeit und in zweiter Linie auf Schnelligkeit an.

1. Aufgabe: Du hast **vier Minuten** Zeit, die 16 Felder aus der Sicht des Weißspielers zu benennen. Notiere die Feldernamen neben den Zahlen. Danach kontrolliere in aller Ruhe, ob du jedes Feld richtig bezeichnet hast.

2. Aufgabe: Nach einer Pause – du hast inzwischen einen neuen Zettel mit den Zahlen 1 bis 16 vorbereitet – probierst du das gleiche Spiel noch einmal. Diesmal hast du aber Schwarz. Die Bedenkzeit ist daher etwas länger, sagen wir **sechs Minuten**.

Diese Übungen können in Abständen mehrmals wiederholt werden. Dabei könntest du die Zahlen zur Abwechslung auch rückwärts von 16 bis 1 oder in einer beliebigen anderen Reihenfolge aufschreiben. Bemühe dich, fehlerfrei zu arbeiten und trotzdem die Lösungszeiten zu verkürzen.

# Bauern verwandeln sich

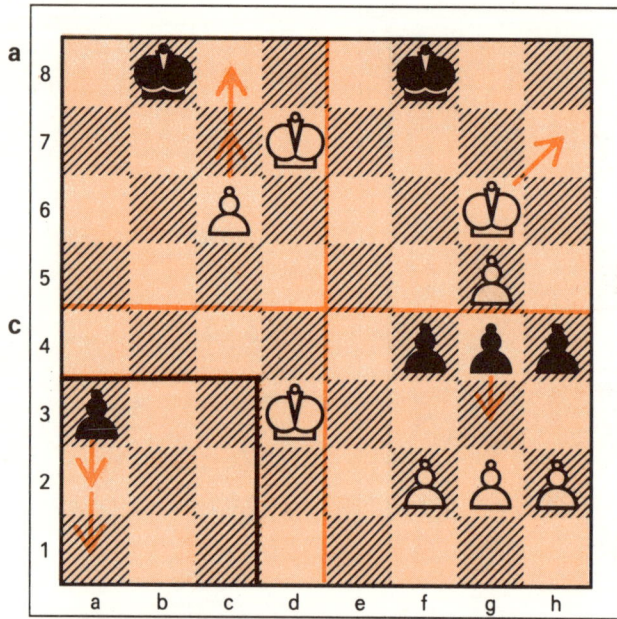

Auf Seite 26 ist schon erklärt worden, wie sich Bauern verwandeln. Hier sollen noch einige schwierigere Fälle vorgelegt werden.

In Teildiagramm c haben wir das **Quadrat des Bauern** eingezeichnet. Steht der Bauer weiter hinten, ist sein Quadrat natürlich größer. Die **Quadratregel**, die vor allem in Bauernendspielen gilt, besagt: Der auf sich allein gestellte Bauer verwandelt sich ungehindert in eine Dame, wenn sich der feindliche König nicht im Quadrat aufhält. Kann der König dagegen das Quadrat betreten, dann holt er den Bauern ein. Probiere das bitte aus!

Einen typischen **Bauerndurchbruch** zeigt Muster d. Schwarz beginnt mit 1. ... g3!, und nach 2.f:g3 h3! 3.g:h3 f3 oder 2.h:g3 f3! 3.g:f3 h3 verwandelt sich einer seiner Bauern.

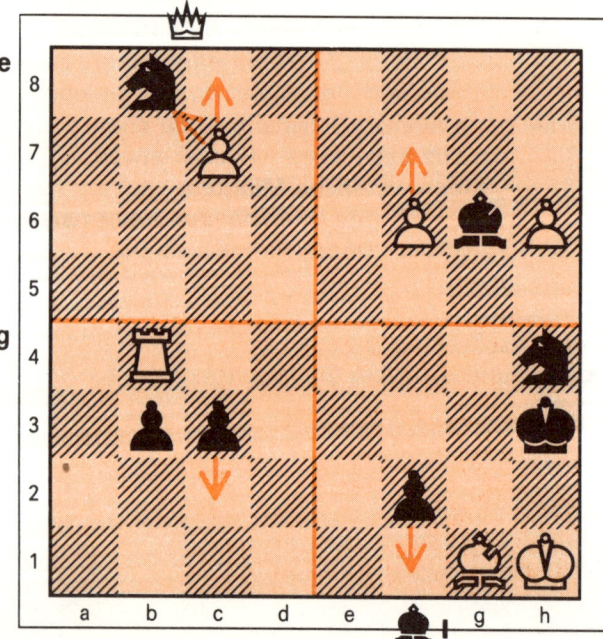

Betritt ein Bauer die vorletzte Reihe und greift er dabei einen Springer an, dann ist das besonders wirkungsvoll. Beispiel e verdeutlicht, warum. Der Bauer droht gleichzeitig, sich auf zwei Feldern umzuwandeln.

Die Teilstellungen f und g beweisen, daß zwei Bauern stärker als eine Figur sein können.

An die **Unterverwandlung** erinnert Fall h. Schwarz gewinnt durch 1. ... f1♘! (1. ... f1♕ oder 1. ... f1♖ führt zum Patt, während 1. ... f1♗ ein normales Remis ergibt) 2.♗ beliebig ♘f3 nebst 3. ... ♘g2 matt.

# Bauern verwandeln sich

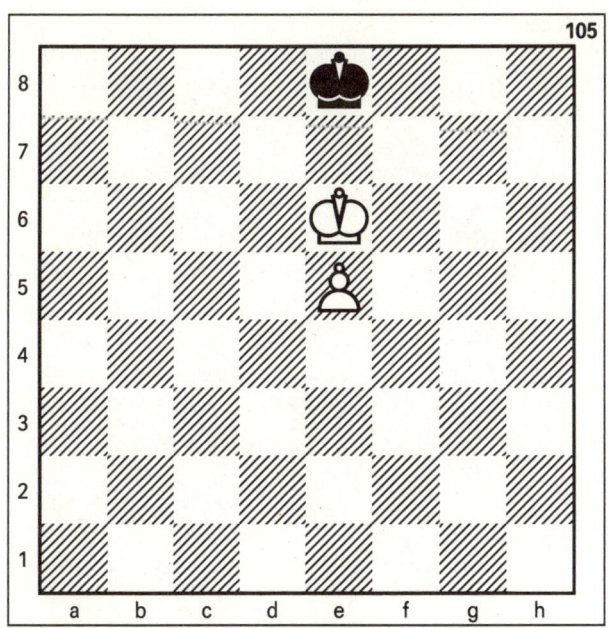

**Schwarz/Weiß am Zuge**

Ist Schwarz am Zug, ist es ganz leicht, den Bauern durchzubringen. Ich glaube, das findest du auch ohne die Musterstellungen b und a. Aber selbst wenn Weiß beginnt, kannst du eigentlich nichts falsch machen. Spätestens im fünften Zug hast du eine neue Dame.

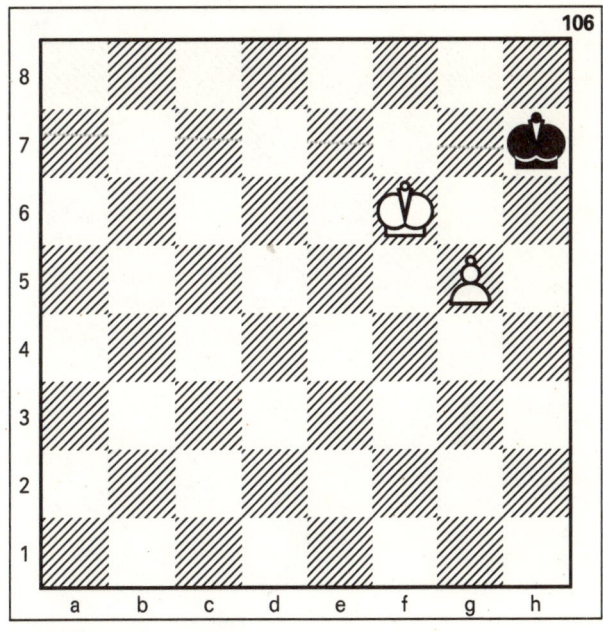

**Weiß am Zuge**

Hier heißt es aufgepaßt! Ein ungenauer Zug – und Schwarz rettet sich ins Patt. Damit du diesen Reinfall vermeidest, sorge zuallererst dafür, daß der weiße König nach h6 gelangt. Erst danach kannst du darangehen, den Gegner mit Unterstützung des Bauern aus der Ecke zu vertreiben.

# Bauern verwandeln sich

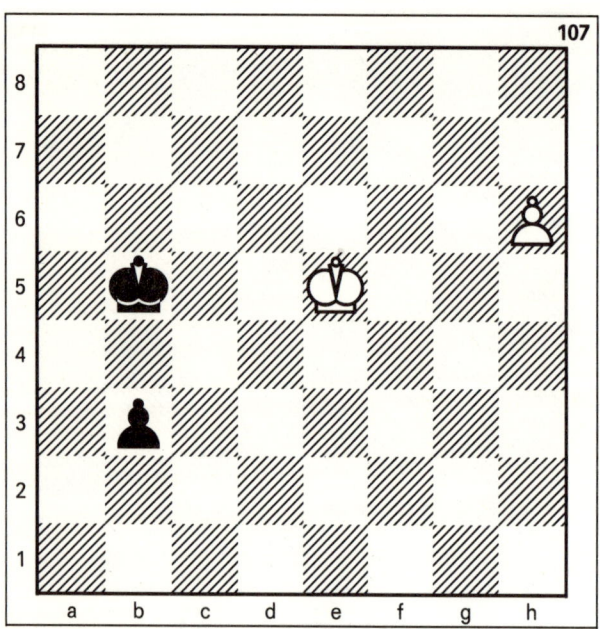

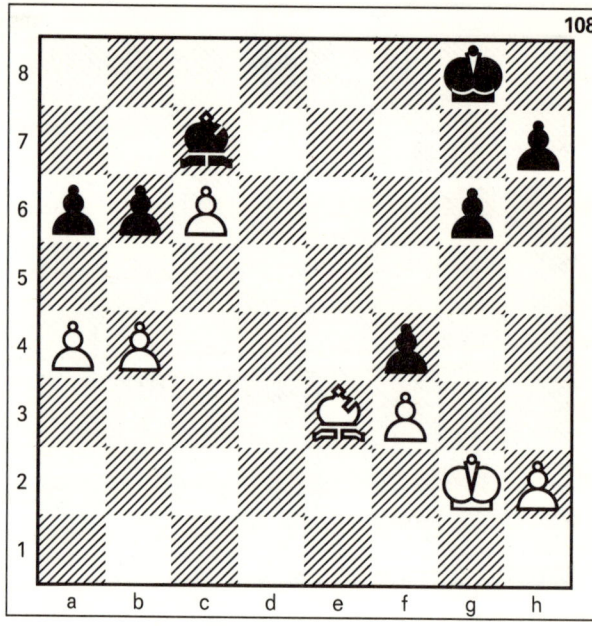

**Weiß/Schwarz am Zuge**

Gleichgültig, wer hier beginnt, beide Spieler erhalten eine Dame. Danach ist es aber ganz und gar nicht gleichgültig, wer am Zuge ist. Wie heißt es doch im Sprichwort? Wer zuerst kommt, mahlt zuerst. Auf unsere Aufgabe übertragen bedeutet das: Wer zuerst zieht, gewinnt. Warum?

**Weiß am Zuge**

Die Stellung macht den Eindruck, als ob die Entscheidung noch in weiter Ferne liegt. In Wirklichkeit spielt sich alles ganz zügig ab. Ein Opfer mit anschließendem Bauerndurchbruch bringt Schwarz in eine Lage, die haargenau der von Muster f gleicht.

# Bauern verwandeln sich

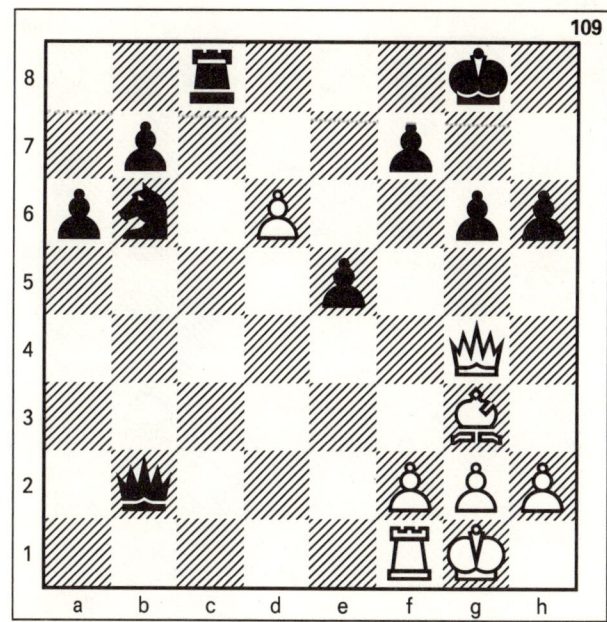

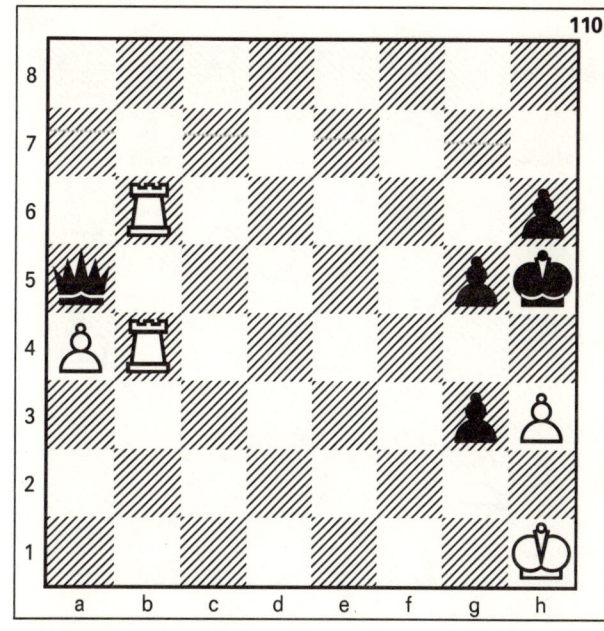

**Weiß am Zuge**

**Weiß am Zuge**

Mit 1.d7 ♖d8 2.♖d1 ist kein Blumentopf zu gewinnen, weil der Bauer fällt: 2. ... ♖:d7! 3.♖:d7 ♘:d7, und 4.♕:d7 scheitert an 4. ... ♕b1+ nebst matt. Wer indessen Musterstellung e im Kopf hat, der erkennt sicher im Nu, worauf es ankommt.

Wenn dir jemand sagte, daß der weiße a-Bauer in wenigen Zügen das Feld b8 erreicht, würdest du vermutlich ungläubig den Kopf schütteln. Und doch ist es so! Ein verblüffendes Opfer, das sich auf ein hübsches Mattbild stützt, läßt das Unwahrscheinliche wahr werden.

# Bauern verwandeln sich

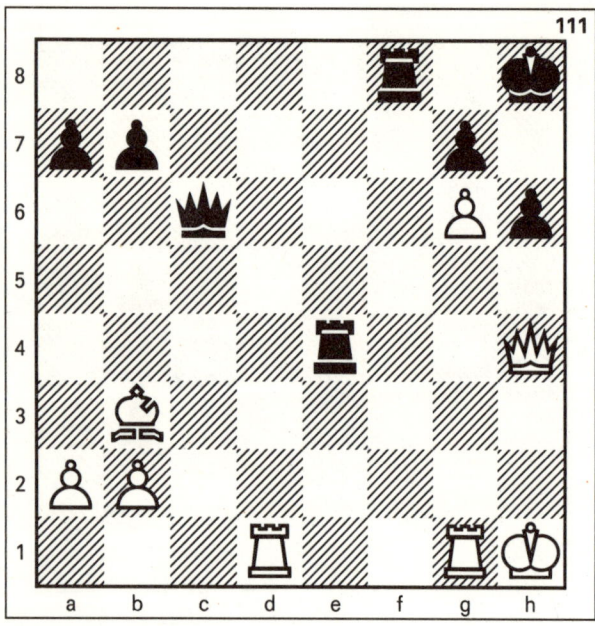

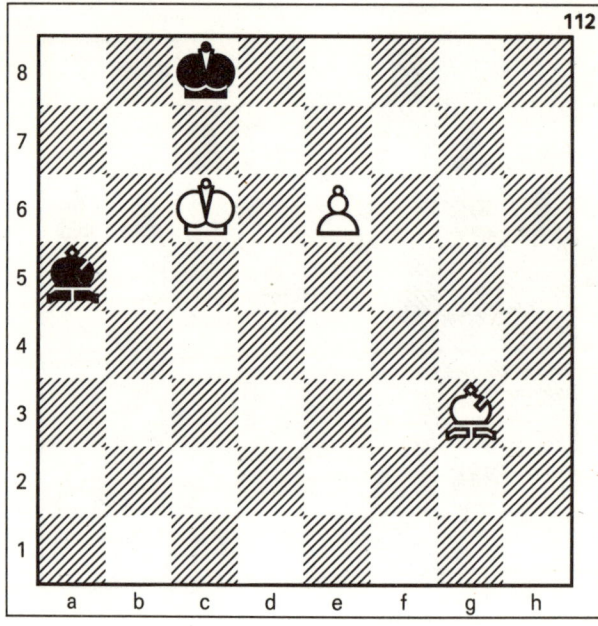

## Weiß am Zuge

Was nutzt schon eine Mehrfigur, wenn der Gegner über verschiedene Abzugschachs und obendrein noch über ein so furchtbares Doppelschach wie ♖:h4 gebietet? Trotzdem wäre es völlig unangebracht, die Flinte ins Korn zu werfen. Rettung bringt das unscheinbare Bäuerlein g6. Du mußt lediglich dafür sorgen, daß es wieder flügge wird. Zur Belohnung darfst du dich an einem vierzügigen Matt erfreuen.

## Weiß am Zuge

„Was soll an dieser Aufgabe schon schwierig sein?" wirst du vielleicht fragen. „Der Bauer geht vor – und damit basta!" Ganz so einfach ist es aber nicht, denn Schwarz verfügt über eine raffinierte Verteidigung. Danach ist es an Weiß, sich etwas einfallen zu lassen. Falls du einen Wink gebrauchen kannst, wie wäre es mit Musterstellung h?

Nachdem du im vorigen Abschnitt Einzelfelder zu bestimmen hattest, wollen wir uns nunmehr zusammenhängenden Felderketten zuwenden. Bevor du beginnst, lege dir bitte zwei Zettel mit den Zahlen 1 bis 24 zurecht. Die Aufgabenstellung kennst du bereits.

1. Du hast Weiß. Ermittle die Namen der numerierten Felder und schreibe sie neben die Zahlen. Sieh zu, daß sich keine Fehler einschleichen. **Fünf Minuten** sollten dir dafür genügen.
2. Diesmal betrachtest du das Brett wiederum mit den Augen des Schwarzspielers. Notiere erneut die Feldernamen. Dafür hast du **sieben Minuten** Zeit. Zum Abschluß überprüfe deine Angaben.

Wenn du bis hierher alle Übungen gewissenhaft erledigt hast, solltest du dich inzwischen auf dem Schachbrett wie zu Hause fühlen. Eventuelle Unsicherheiten schleifen sich im Laufe der Zeit noch ab. Im übrigen: Der beste Lehrmeister ist allemal die Praxis. Viele Turnierpartien spielen und sie sorgfältig aufschreiben – das ist der sicherste Weg zum Erfolg!

# Achtung: Patt!

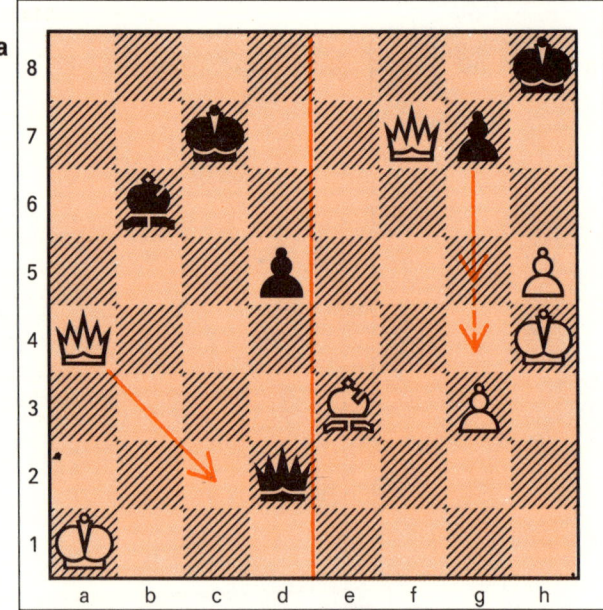

Einige anspruchslose **Pattstellungen** haben wir dir schon auf Seite 23 vorgestellt. Die folgenden Beispiele sind komplizierter.

Einen typischen Vorgang beschreibt Musterstellung a. Darin steht Weiß am Rande der Niederlage. Daher ergreift er die Gelegenheit, sich seiner beweglichen Dame zu entledigen. Er hat nämlich erkannt, daß dabei zugleich der König in eine Pattstellung gerät. Folglich: 1.♕c2+! ♕:c2 patt.

Nichts Böses ahnend, hat der Anziehende in Beispiel b soeben mit ♔g6:f7? die feindliche Dame beseitigt. Die Illusion, daß König und Bauer von Schwarz ja beide noch ziehen können, verfliegt nach 1. ... g5+ indes sehr rasch. Wird nämlich der Bauer genommen, ist es sofort patt; ebenso bei 2.♔g4. Demnach bleibt bloß 2.♔h3, aber nach 2. ... g4+ sind die schwarzen Zugmöglichkeiten endgültig erschöpft.

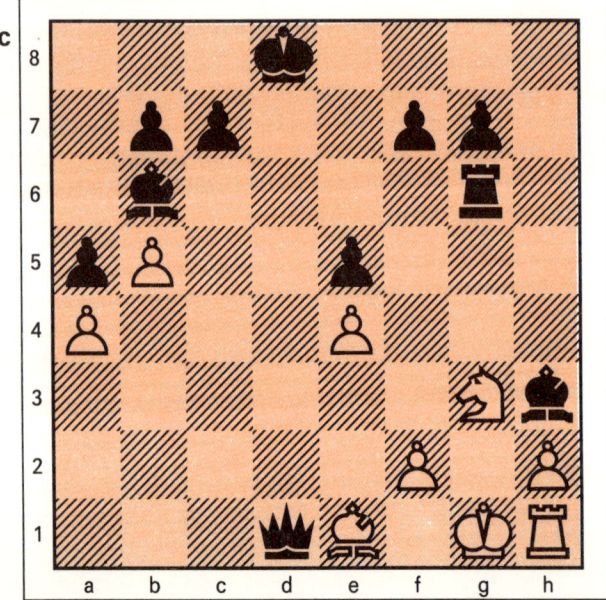

Daß Pattstellungen ausnahmsweise auch im Mittelspiel vorkommen können, beweist Position c. Darin sind Läufer, f-Bauer und Springer von Weiß gefesselt, König und Turm eingesperrt und die restlichen Bauern festgelegt. Wie das zustande gekommen ist, möchtest du wissen? Ganz einfach. Die schwarze Dame stand ursprünglich auf f3 und die weiße auf c2. Der Anziehende erzwang nun das Patt durch das Opfer ♕c2–d1+! Unglaublich, aber wahr!

# Achtung: Patt!

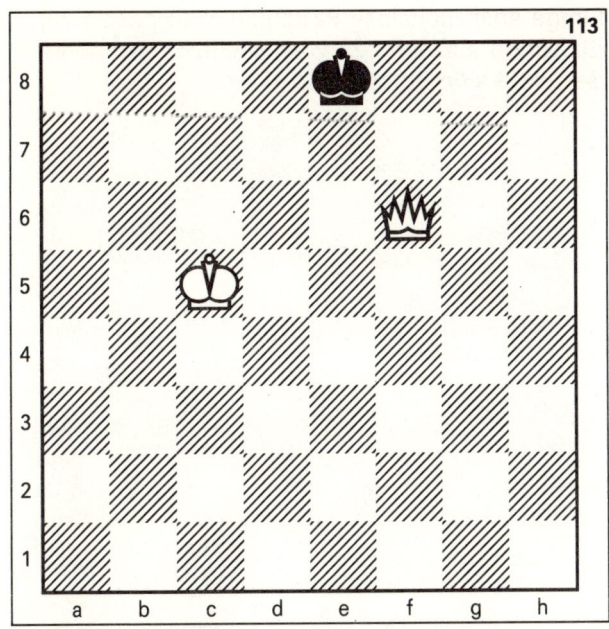

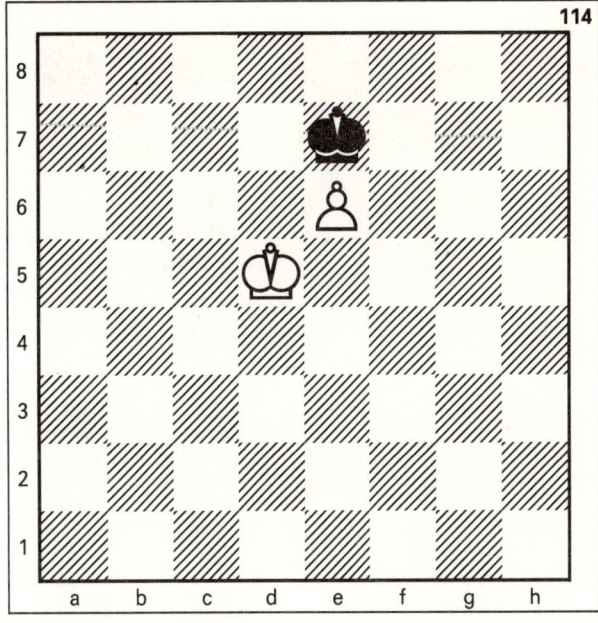

## Weiß am Zuge

Ich hoffe, daß du nicht mehr zu jenen gehörst, die sich hier die furchtbare Eselei zuschulden kommen lassen, die ich schon manchen Anfänger habe begehen sehen. Also, welche Züge mußt du als Weißspieler unbedingt vermeiden? Wie kannst du statt dessen in drei Zügen matt setzen?

## Schwarz am Zuge

Den ersten Schritt mußt du mit Bedacht tun, denn es gibt nur einen, der zum Remis führt. Bei der richtigen Verteidigung spielt auch eine Pattstellung eine Rolle. Welche ist es?

# Achtung: Patt!

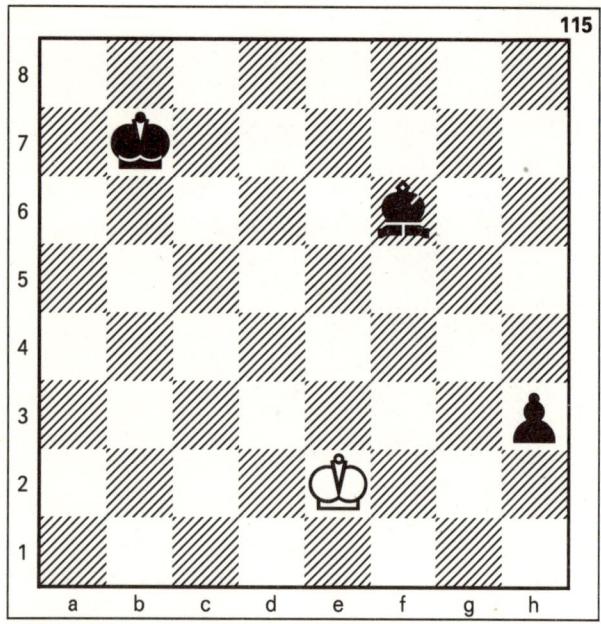

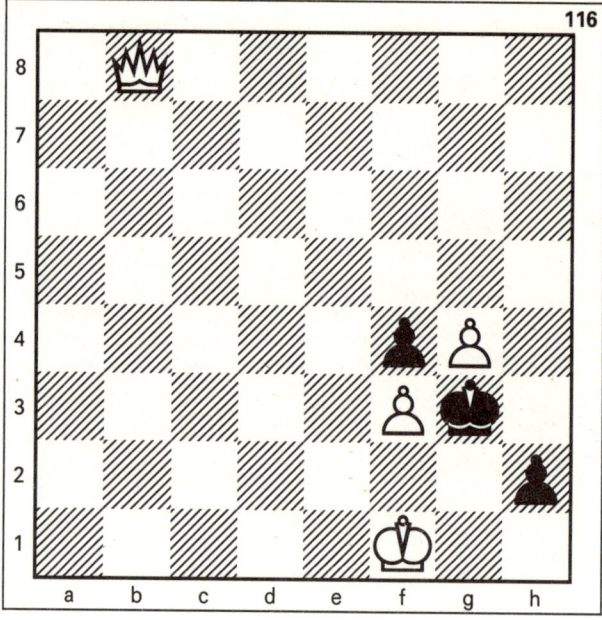

## Weiß am Zuge

Da Weiß den feindlichen Bauern nicht zu erobern vermag, scheint die Lage hoffnungslos zu sein. Überraschenderweise sind Stellungen wie die vorliegende aber remis, wenn es dem allein stehenden König gelingt, das Umwandlungsfeld des Bauern zu erreichen. Allerdings mußt du hier Umsicht walten lassen, um nicht kurz vor dem Ziel noch zu straucheln. Welcher Zug ist einzig und allein richtig?

## Weiß am Zuge

Schwarz ist drauf und dran, sich eine neue Dame zu holen – noch dazu mit Schach. Das muß selbstverständlich verhindert werden. Aber wie? Der naheliegendste Zug ist nicht der beste; er endet in einer Sackgasse. Bei einiger Findigkeit sollte es dir nicht schwerfallen, zu einem leicht gewonnenen Bauernendspiel zu gelangen.

# Achtung: Patt!

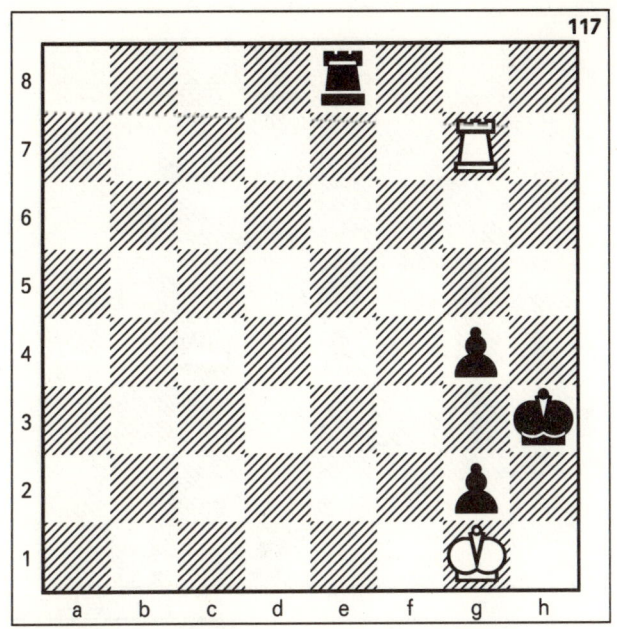

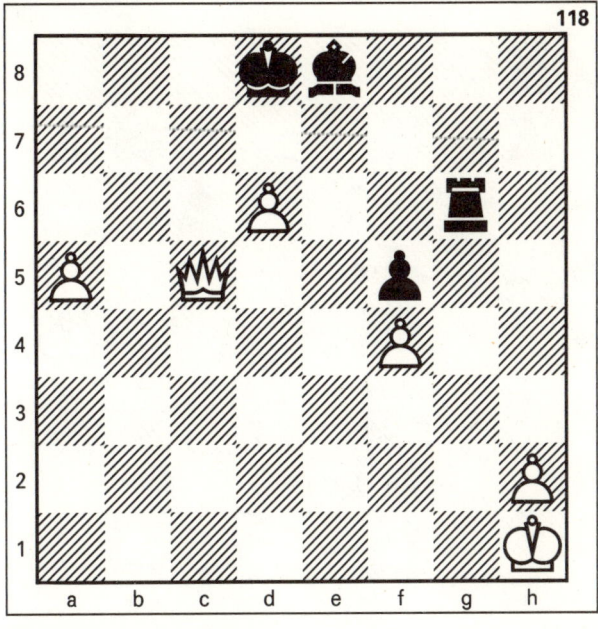

## Weiß am Zuge

Noch steht der weiße König nicht auf Patt. Das ist das erste, wofür der Anziehende zu sorgen hat. Danach muß er zusehen, wie er seinen Turm los wird. Findest du einen Weg, diese beiden Teilaufgaben zu bewältigen?

## Schwarz am Zuge

Eben stand der Anziehende noch klar auf Gewinn. Mit seinem letzten Zug, dem überhasteten Vorstoß d5–d6?, legte er sich jedoch zu unvorsichtig ins Zeug. Wie kann sich Schwarz nun von seiner beweglichen Habe trennen und gleichzeitig die gegnerische Dame so geschickt lenken, daß es patt wird?

# Achtung: Patt!

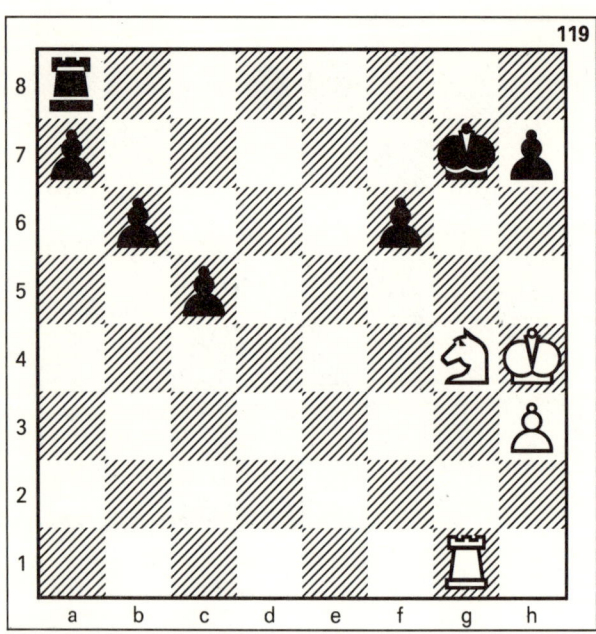

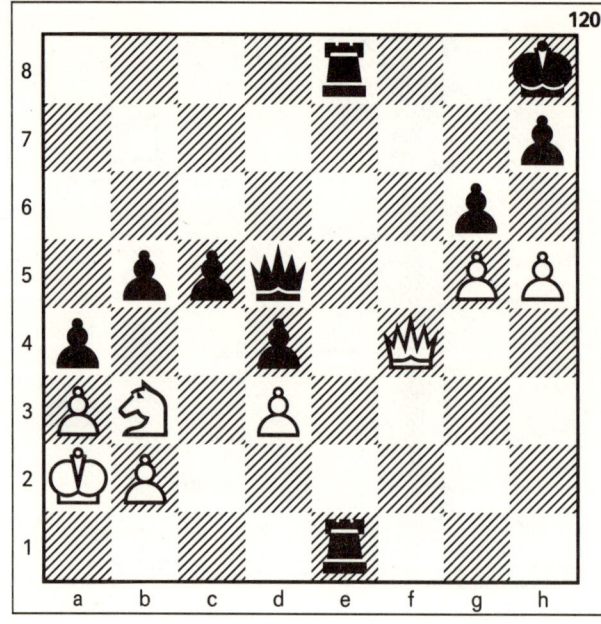

**Weiß am Zuge**

**Weiß am Zuge**

Der Anziehende muß auf Rettung sinnen, denn mit den drei verbundenen Freibauern am Damenflügel kann es der Springer nicht aufnehmen. Einen Hinweis auf das zukünftige Patt kannst du in der Randstellung des weißen Königs erblicken. Zwei findige Lenkungsopfer bringen dich ans Ziel.

Nur noch zwei weiße Steine sind beweglich. Wie befreit man sich am besten von diesem Ballast? Kopfzerbrechen wird dir vor allem der Bauer bereiten, denn die Dame wirst du schnell los. Dem Bauern zuliebe mußt du sie auf einem ganz bestimmten Feld hergeben.

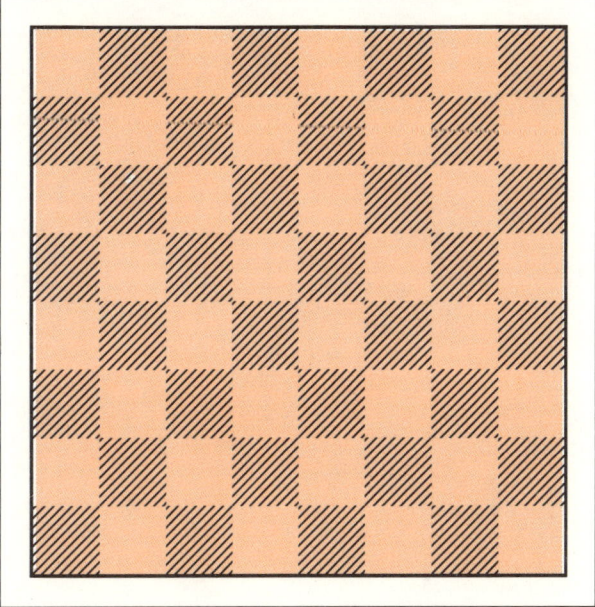

Bestimmt hast du schon davon gehört, daß gute Spieler Partien auch ohne Ansicht von Brett und Figuren austragen können. Sie **spielen blind**, wie es in der Schachsprache heißt. Meister, die sich darauf spezialisiert haben, sind imstande, zwanzig und mehr **Blindpartien** gleichzeitig zu bewältigen. Der Weltrekord liegt sogar bei 52 (!) Partien. Allerdings dürfte dergleichen nicht gerade gesundheitsfördernd sein. Es hat indes noch niemandem geschadet, eine einzelne Blindpartie zu spielen. Im Gegenteil. Ich halte das Blindspielen und Aufgabenlösen ohne Brett sogar für eine nützliche Trainingsmethode, das im Schach so unentbehrliche Vorstellungsvermögen zu schulen.

Daher möchte ich dir einen Vorschlag unterbreiten. Sobald du dieses Buch durchgearbeitet hast, spiele fleißig Turnierpartien. Zum Vergleich: Spitzenkönner der Schüler- und Jugend-klasse kommen auf 70 bis 100 Turnierpartien im Jahr! Darüber vergiß aber nicht, die Nase weiterhin in Schachbücher zu stecken. Nachdem du auf diese Weise zwei, drei Jahre lang Erfahrungen gesammelt hast, greif erneut zu diesem Buch. Laß dir die einzelnen Stellungen diktieren (z. B. Übungsaufgabe 19: **Kc5; Dh1; Ba5. Ka7.** Weiß zieht und setzt in zwei Zügen matt). Daraufhin versuche, die Aufgaben allein mit Hilfe eines leeren Schachbretts zu lösen. Später läßt du auch das noch beiseite. Gelingt dir das, kannst du mit Recht von dir behaupten: Ich kenne das Schachbrett in- und auswendig. Und ein starker Spieler bist du dann obendrein!

# 4

## *Wir schlagen nach*

# Hast du die Aufgaben richtig gelöst?

## 1. Kapitel

### Zur Schachnotation

Bestimmt hast du schnell entdeckt, daß ein auf g5 stehender Springer nicht auf g3, sondern höchstens auf f3 oder h3 schlagen kann. Ebenso vermag ein Läufer von f1 aus nur nach b5 oder a6 zu ziehen, nie jedoch nach b6.

Und was ist an der Schreibweise 28.♕:d8≠?? falsch? Nun, ein Zug, der sofort matt setzt, ist selbstverständlich kein grober Schnitzer.

Schließlich kann bei ♔h8–g7+ das Schachgebot nicht stimmen. Der davor angegebene Zug ♔b7:c6+ ist jedoch möglich. Bau dir beispielsweise folgende Stellung auf:

Weiß: Kb1 und Sc6; Schwarz: Kb7 und Tb8.

Schlägt der schwarze König jetzt den Springer, dann steht Weiß vom Turm aus im Schach. Mit einem König in der Ecke ist ein derartiges Schachgebot dagegen undenkbar. Daher kann allein ♔h8–g7 (ohne +) richtig sein.

## 2. Kapitel

### 1

Weiß beginnt mit **1.♖c8+**, worauf der Gegner **1. ... ♖:c8** erwidern muß. Nun setzt **2.♖:c8** den schwarzen König matt.

Schwarz am Zuge erzwingt mit dem Damenopfer **1. ... ♕d1+** den sofortigen Sieg: **2.♖:d1 ♖:d1 matt**.

### 2

Nur **1.♖c8!** gestattet es, den schwarzen König im zweiten Zug matt zu setzen. Ganz gleich, was der Nachziehende darauf antwortet (nämlich **1. ... ♔a2, 1. ... b6** oder **1. ... b5**), immer folgt **2.♖a8 matt**. Hast du erkannt, woran die anderen Turmzüge scheitern? 1.♖c7 bringt nichts wegen 1. ... ♔a2; 1.♖c5 wird durch 1. ... b6 oder 1. ... b5 entkräftet; 1.♖c4 schlägt wegen 1. ... b5 fehl; 1.♖c3 taugt nichts wegen 1. ... ♔a2; zieht schließlich der vom Bauern

angegriffene Turm seitwärts, zum Beispiel 1.♖d6, so geschieht 1. ... ♔a2 oder 1. ... b6.

### 3

Vielleicht hast du angenommen, die weiße Dame schafft es im Alleingang, und 1.♕g3+ ♔h8? 2.♕g7 matt probiert. Doch das ist falsch, denn gegen 1.♕g3+ verteidigt sich Schwarz erfolgreich mit 1. ... ♕g6. Richtig ist allein das Damenopfer **1.♕:f8+!** mit der erzwungenen Folge **1. ... ♔:f8 2.♖d8 matt**. Schwarz am Zuge würde die Partie mit 1. ... ♕:g2 matt zu seinen Gunsten entscheiden. Doch das ist schon ein kleiner Vorgriff auf den Abschnitt „Die Dame setzt matt".

### 4

Erneut schafft ein Damenopfer Rat. Mit **1. ... ♕:f1+! 2.♔:f1** sorgt Schwarz dafür, daß sein Läufer todbringend eingreifen kann: **2. ... ♗h3+ 3.♔g1 ♖e1 matt**. Erwähnt sei noch, daß der Versucht 1. ... ♗h3 an 2.♘e3 scheitert.

### 5

Nach **1.♕h6** droht 2.♕g7 matt. Die einzig vernünftige Erwiderung ist **1. ... ♖g8**. (Mit 1. ... ♕g3+? oder 1. ... ♕:h3+? ließe sich das Matt zwar etwas hinauszögern, aber wer so sinnlos seine Dame hergibt, der kann auch gleich aufgeben.) Der Turmzug verstellt dem schwarzen König jedoch das Fluchtfeld g8, so daß ein die h-Linie öffnendes Opfer entscheidet: **2.♕:h7+! ♔:h7 3.♖h4 matt**. Präge dir diese Wendung gut ein, denn sie kommt oft vor.

### 6

**1. ... ♘g3+! 2.♖:g3** sorgt dafür, daß der weiße Turm vom Schutz der 1. Reihe abgelenkt wird. (In einem späteren Abschnitt erfährst du mehr darüber, wie und warum Figuren gelenkt werden.) Mit **2. ... ♖:g1+** wird dann dem hinteren schwarzen Turm der Weg geebnet: **3.♔:g1 ♖e1 matt**.

An diesem Beispiel siehst du, daß es durchaus nicht immer Damenopfer sein müssen, die die Entscheidung herbeiführen.

## 7

Mit **1.♘f8!** droht Weiß 2.♘g6 matt. Der Gegner, der folglich keine Zeit zu 1. ... ♖d1 hat, muß auf f8 schlagen und sich damit dieses Feld verbauen: **1. ... ♖:f8.** Nun folgt ein häufiger Schluß: **2.♖h7+ ♔g8 3.♖eg7 matt.**

## 8

Durch **1. ... ♗g1+!** wird entweder der weiße König sogleich zur Ecke abgedrängt: **2.♔h1 ♖:h3 matt** — oder der weiße Turm gezwungen, den Bauern f3 im Stich zu lassen: **2.♖:g1 ♘:f3+ 3.♔h1 ♖:h3 matt.** Der Springer h3 darf den Läufer natürlich nicht schlagen, weil dabei der weiße König einem Schach durch den Turm h4 ausgesetzt würde. Mit anderen Worten — der Springer ist gefesselt.

## 9

Der schwarze König muß nur noch in die Ecke getrieben werden. Beachte, daß der Läufer g5 ihn nicht zur Mitte entweichen läßt. Es geschieht **1.♗g4+ ♔b8 2.♗f4+** (jetzt läßt zur Abwechslung der weißfeldrige Läufer den König nicht entkommen) **2. ... ♔a8 3.♗f3 matt.** Das war leicht, nicht wahr?

## 10

Mittels **1. ... ♕f3+! 2.♗:f3 ♗:f3 matt** kommt Schwarz seinem Gegner zuvor, der — wäre er am Zuge — durch 1.♕:h7 selbst matt setzen würde.

## 11

Ein Doppelschach (näheres dazu im 3. Kapitel) von Springer und Läufer läßt dem weißen König keine Wahl: **1. ... ♘g4+ 2.♔g1.** Und nun vollendet **2. ... ♗h2** das gefällige Mattbild der drei Leichtfiguren.
Beachte, daß das andere Doppelschach, nämlich 1. ... ♘f3+, den Läufer b7 verstellt und daher nichts taugt.

## 12

Weiß macht kurzen Prozeß: **1.♖:e6+! f:e6 2.♗g6 matt.** Dieses Zweiläufermatt merke dir gut! Es kommt häufig vor.

## 13

Nach dem stillen Einleitungszug **1. ... a2!** befindet sich Weiß in einer unangenehmen Zwangslage. Will er die Drohung 2. ... ♖:c2 matt entkräften, muß er mit **2.♗:a2** fortsetzen. Darauf folgt aber ein Abzugsmatt, und zwar **2. ... ♖b3 matt** (oder ein beliebiger anderer Turmzug entlang der b-Linie, selbstverständlich mit Ausnahme von 2. ... ♖b1+?).

## 14

Zunächst hält **1.♗d6!** ♔a1 den schwarzen König in der Ecke fest. Dann nähert sich der Springer dem Kampfplatz: **2.♘e2 ♔a2 3.♘c1+ ♔a1.** Schließlich versetzt der Läufer dem König den tödlichen Streich: **4.♗e5 matt.**

## 15

Mit **1. ... ♕f3!** gibt der Nachziehende unmißverständlich zu erkennen, daß er 2.♕:e5 wegen 2. ... ♕:g2 matt nicht zu befürchten hat. Weiß ist daher zu **2.g:f3** genötigt, doch nun wird ihm die geöffnete g-Linie zum Verhängnis: **2. ... ♖g5+ 3.♔h1 ♗:f3 matt.**

## 16

**1.g8♕+!!** Jawohl, du hast dich nicht verlesen: Weiß trennt sich von seinem letzten Bauern und behält einzig den Läufer übrig. **1. ... ♔:g8** (1. ... ♔f6 2.♕e6 matt ist alltäglich) **2.♔e6!** Das ist des Pudels Kern! Der schwarze König muß in die Ecke: **2. ... ♔h8 3.♔f7** (das ist kein Patt, denn der e-Bauer ist ja wieder beweglich) **3. ... e5** (oder 3. ... e6) **4.♗g7 matt.** Das ist der einprägsame Schluß einer Studie des berühmten sowjetischen Studienkomponisten Troitzki.

## 17

Mit **1.♕c1** wird der schwarze König am Brettrand festgehalten und gleichzeitig seinem weißen Widersacher in die Arme getrieben. Der Rest ist einfach: **1. ... ♔e8 2.♕c8 matt.**

## 18

Diese Schlußwendung ist sehr lehrreich. Mit **1. ... ♕g3!** droht Schwarz, auf h2 matt zu setzen.

Daher muß Weiß den Springer beseitigen, doch öffnet sich dabei die h-Linie: **2.h:g4 ♛h4 matt**. Dieses Rückkehrmotiv der Dame (♛h4–g3–h4) präge dir ein!

## 19

Nur das Bauernopfer **1.a6!** führt zum Ziel. Es droht **2.♛b7 matt**, woran 1. ... ♚b8 nichts ändert. Also versucht Schwarz 1. ... ♚:a6, aber dann ist **2.♛a8 matt**.

## 20

Da die Gegenseite selbst matt zu setzen droht, ist Eile geboten. Schwarz lenkt mit **1. ... ♖:h3+!** den weißen g-Bauern ab, damit seine Dame zum tödlichen Streich ausholen kann: **2.g:h3 ♛h2 matt**.
Weiß am Zuge sorgt durch ein Hinlenkungsopfer (siehe Kapitel 3) dafür, daß sich seine Dame mit Schach einschalten kann: **1.♖a8+! ♚:a8** (bei 1. ... ♚b7 ist es sofort aus: 2.♛a6 matt) **2.♛a6+ ♚b8 3.♛a7+ ♚c8 4.♛:c7 matt**.

## 21

Zuerst wird dem König mit **1.♛a8+ ♚b8** das Fluchtfeld b8 verstellt. Danach wird er durch ein Turmopfer ins Freie gezerrt: **2.♖:c7+! ♚:c7 3.♛c6 matt**. Auch hier ist die Dame (wie schon in Aufgabe 18) wieder auf ihr Ausgangsfeld zurückgekehrt.

## 22

Durch den ersten Zug wird der schwarze König von seinem Turm getrennt: **1.♛g5+ ♚h8**. Dann stellt Weiß mit **2.♛h6!** eine Doppeldrohung auf. Antwortet Schwarz nun **2. ... ♗:d3** oder **2. ... f5**, um den Angriff auf h7 abzuwehren, dann geschieht **3.♛:f8 matt**. Soll dieses Matt ausgeschaltet werden – etwa durch **2. ... ♚g8** oder **2. ... ♛e7** –, so folgt **3.♛:h7 matt**.

## 23

Um es vorwegzunehmen, Schwarz droht zweierlei, nämlich 1. ... ♛:g2 matt sowie 1. ... ♛:h6.
Das muß Weiß im Auge behalten, will er nicht fehlgreifen. Zunächst stellt er – immer mit Schachgebot! – seinen Läufer günstiger: **1.♗:h7+ ♚h8 2.♗g6+!** (beileibe nicht 2.♗e4+?, denn dieses

Abzugschach erobert nicht die feindliche Dame, sondern kostet wegen 2. ... ♛:h6 die eigene) **2. ... ♚g8**. Nach diesen Vorbereitungen fällt dir das Matt sicher nicht mehr schwer: **3.♛h7+ ♚f8 4.♛:f7 matt**.
Dieses lustige Wechselspiel – erst stützt sich der Läufer auf die Dame, dann die Dame auf den Läufer – solltest du dir ebenfalls gut merken.

## 24

„Tempo, Tempo!" heißt hier der Wahlspruch des Anziehenden, denn der Gegner darf keine Gelegenheit erhalten, den bedrohlich postierten Springer abzudrängen. Daher: **1.♖h8+! ♚:h8 2.♖h1+ ♚g8**. Jetzt haben wir wieder die Ausgangsstellung vor uns – allerdings ohne den weißen Turm d1. Und wozu das Ganze? Gleich wirst du es sehen: **3.♖h8+! ♚:h8 4.♛h1+**. Nun zeigt sich, daß die Türme ihrer Dame nur im Wege standen. Der Rest ist klar: **4. ... ♚g8 5.♛h7 matt**.

## 25

Der König muß unbedingt das Feld d8 meiden, denn **1. ... ♚d8?** würde mit **2.♘e6 matt** bestraft werden. Bei allen anderen Königszügen endet das Spiel remis, weil sich das Matt mit nur zwei Springern nicht erzwingen läßt.

## 26

Bestimmt ist dir die Lösung **1.h7+ ♚h8 2.♘g6 matt** dank der Musterstellung leichtgefallen. Die eigentliche Kunst bestand für den Weißspieler auch mehr darin, diese Mattführung schon ein paar Züge früher zu erspähen.

## 27

Durch **1.♛c8+! ♖:c8** wird der schwarze König völlig seiner Bewegungsfreiheit beraubt, so daß ihm ein einziges Springerlein den Garaus machen kann: **2.♘d7 matt**.
Die Schlußstellung wird als „ersticktes Matt" bezeichnet. Der Grund ist einleuchtend: Der zwischen seinen eigenen Figuren eingekeilte König findet sozusagen keine Luft mehr zum Atmen. Übrigens hat ein bekannter Schachmeister einmal behauptet, daß unter

einer Million Spielern nicht einer an das erstickte Matt denken würde, wäre es ihm in ähnlicher Stellung nicht schon einmal gezeigt worden. Ob das nicht doch etwas übertrieben ist?

## 28

Ohne den schwarzen Bauern h7 ginge sofort 1.♘g6 matt. Hat man das erst einmal durchschaut, bietet sich die Lösung von selbst an: **1.♘:h7+** (das Hindernis wird beseitigt) **1. ... ♞:h7 2.♘g6 matt.**

## 29

Mittels **1.♖g8+!** zaubert Weiß eine Art halberstickten Matts auf das Brett: **1. ... ♖:g8 2.♘f7 matt.** Das Turmopfer ist nicht nur geistreich ausgedacht, es stellt zugleich auch den einzigen Gewinnweg dar.

## 30

Wesentlich ist, dem weißen König das Feld h2 zu verwehren, daher **1. ... ♔g1!** Ganz gleich, wie der Anziehende darauf reagiert (beispielsweise mit 2.♘:h5), immer ist **2. ... ♞f2 matt** unabwendbar.

## 31

Nach **1. ... ♔a1** sorgt **2.♘c1** dafür, daß der schwarze Bauer den eigenen König in die Ecke einsperren muß, was sich der Springer im Nu zunutze macht: **2. ... a2 3.♘b3 matt.**
Weiß am Zuge greift denselben Gedanken auf, wenngleich in etwas anderer Ausführung: **1.♘b4+ ♔a1 2.♔c1!** (zwingt den Bauern vorzugehen und schafft Platz für den Springer) **2. ... a2 3.♘c2 matt.** Diese beiden Mattspiele solltest du ebenfalls gut beherrschen.

## 32

Mit dem Springerausfall **1.♘d5!** stellt Weiß den Gegner vor die unerfreuliche Wahl: Matt oder Damenverlust. In der Tat, **1. ... ♛:d2** wird mit **2.♘:e7 matt** bestraft, und **1. ... ♗:d5** oder **1. ... ♞:d5** kostet den Nachziehenden angesichts **2.♛:a5** die Dame. Zu dieser sehr wichtigen Stellung präge dir bitte noch zwei Feinheiten ein:
1. Beachte, daß Weiß seinen König nach der langen Rochade nach b1 gezogen hat. Das ist ausschlag-

gebend, denn stände dieser noch auf c1, würde Schwarz auf 1.♘d5 einfach 1. ... ♛:d2+ (mit Schach!) antworten, und Weiß hätte nach 2.♖:d2 ♗:d5 nichts erreicht.
2. Der schwarze Königsturm gehört nicht nach d8. Hätte ihn der Nachziehende von f8 aus richtig nach c8 oder e8 gestellt, brauchte er jetzt 1.♘d5 überhaupt nicht zu befürchten. In diesem Fall bringt sich die angegriffene Dame nämlich durch 1. ... ♛d8 in Sicherheit, wobei sie zugleich das Mattfeld e7 schützt.

## 33

Mittels **1.♔f6** wird der schwarze König an den Brettrand festgenagelt. Danach braucht lediglich der e-Bauer vorzustoßen: **1. ... b2 2.e6 b1♛ 3.e7 matt.**

## 34

Um matt zu setzen, muß der Nachziehende mit einem kleinen Entfesselungskunststück aufwarten:
**1. ... ♛e8+!** Weiß bleibt keine Wahl, er muß die kecke Dame schlagen: **2.♖:e8**, doch darauf geschieht **2. ... g6 matt.**

## 35

Mit **1.♔d2!** wird das Mattnetz endgültig zugezogen. Der schwarze König kann zappeln, soviel er will, gegen **2.c3 matt** gibt es kein Mittel.

## 36

Diesmal zieht der mattsetzende Bauer nicht vor, sondern er schlägt und wechselt dabei die Linie. Ein Damenopfer bildet den Auftakt dazu: **1.♛f7+! ♗:f7 2.e:f7 matt.**

## 37

Nach dem prächtigen Turmopfer **1.♖a6!** befindet sich Schwarz im Zugzwang. Dieser Schachausdruck besagt, daß Schwarz nur darum in Nachteil gerät, weil er ziehen muß. Brauchte er das nicht, könnte Weiß ihm gar nichts anhaben. Überprüfe das bitte einmal!
Doch zurück zur Stellung nach 1.♖a6! Zieht in ihr der schwarze Läufer, so folgt 2.♖:a7 matt, auf **1. ... b:a6** geschieht dagegen **2.b7 matt.**

Dieses köstliche Problem hat sich der im vorigen Jahrhundert lebende hervorragende amerikanische Meister Morphy ausgedacht.

## 38

Es ist eine einfache Rechnung: Soll hier ein weißer Bauer matt setzen, muß der schwarze König zu ihm hingetrieben werden. Das spielt sich folgendermaßen ab: **1.♕:f8+! ♔:f8 2.♖c8+ ♔e7 3.d6 matt.**

## 39

Zunächst droht Schwarz mit **1. ... ♖b6** ein Turmmatt auf a6. Nach der erzwungenen Antwort **2.♗d3** wird dieser Läufer so gelenkt, daß er den eigenen König behindert: **2. ... ♖a6+! 3.♗:a6 b6 matt.**

## 40

Nach **1.♖f6+!** muß sich der schwarze König wohl oder übel der feindlichen Hauptstreitmacht nähern: **1. ... ♔g5.** Nun stellt **2.g3!** die Drohung **3.h4 matt** auf. Dagegen ist – wovon du dich leicht überzeugen kannst – kein Kraut gewachsen.

Vergegenwärtigen wir uns noch einmal, was sich eben abgespielt hat. Durch ein Opfer wurde der König aus seiner Rochadefestung aufgestöbert. Die Folge davon war, daß ihm plötzlich Bauern gefährlich wurden, die noch auf ihren Ausgangsfeldern standen. Das ist ein Vorgang, der bei solchen Hineinziehungsopfern oft zu beobachten ist.

## 3. Kapitel

## 41

Mit **1.♕e6+** werden gleichzeitig König und Turm von Schwarz bedroht. Die Antwort **1. ... ♕d7** ist daher erzwungen. Doch nun gerät der schwarze König durch Damentausch in den Bereich des Springers: **2.♕:d7+ ♔:d7 3.♘e5+** (die angestrebte Springergabel!) nebst **4.♘:g4,** und Weiß muß dank seinem Materialvorteil gewinnen.

## 42

Hat man sich das Muster c gründlich eingeprägt, dürfte es nicht mehr schwerfallen, den Lösungszug

**1. ... ♕:d4!** zu finden. Die schwarze Dame ist im Augenblick zwar ungeschützt, sie ist durch das Springerschach auf c2 aber indirekt gedeckt: **2.♕:d4 ♘c2+ 3.♔ beliebig ♘:d4.** Schwarz hat die Dame zurückgewonnen und sollte mit der Mehrfigur mühelos siegen.

## 43

War es in der vorigen Aufgabe das Familienschach auf c2, das uns den Weg gewiesen hat, so ist es jetzt das im Grunde genommen gleiche Springerschach auf c7, das uns das Läuferopfer **1.♗b5!** nahelegt. Da sich die Dame wegen des dahinter stehenden Königs nicht in Sicherheit bringen darf, geht sie angesichts **1. ... ♕:b5 2.♘c7+ ♔e7** (oder anders) **3.♘:b5** verloren. Eine wichtige Wendung, die du kennen solltest!

## 44

Nun, hast du das kritische Feld entdeckt? Es handelt sich um e5. Wo soll also der weiße König stehen? Auf f3! Folglich: **1. ... ♕d1+ 2.♔g2** (auf 2.♔f1 geschieht selbstverständlich 2. ... ♕:f3) **2. ... ♕:f3+! 3.♔:f3 ♘e5+** nebst **4. ... ♘:c4.**

## 45

Offensichtlich läßt sich das Damenmatt auf g7 mit normalen Mitteln nicht abwenden. Daher mußt du prüfen, ob irgendwelche Gewaltzüge noch etwas fruchten. Tatsächlich bringt das verblüffende Opfer **1. ... ♕f2+!** Rettung in der Not. „Was soll denn das?" wirst du vielleicht verwundert fragen. Nun, das werden wir gleich sehen: **2.♔:f2 ♘g4+.** Der springende Punkt! Weil 3.♔:g4 den weißen König einem Schach durch den Turm b2 aussetzen würde, ist der Springer unverletzlich. Also: **3.♔ beliebig ♘:h6,** und die gefährliche Dame ist gefallen. Damit bricht die weiße Stellung sofort zusammen.

## 46

Zunächst wird der schwarze König mit **1.♗:f7+! ♔:f7** ins Freie gelockt. Danach holt sich Weiß dank der Springergabel **2.♘e5+** die geopferte Figur zurück, z.B. **2. ... ♔e8 3.♘:g4 ♘:g4 4.♕:g4.** Der Anziehende hat einen Bauern erobert und dem Gegner die Rochade verdorben.

Vielleicht hat der eine oder andere von euch sogar den schönen Einfall gehabt, 1.♘e5 zu ziehen. Das scheint noch kräftiger als das Läuferschach zu sein. In der Tat, die Varianten 1.♘e5 ♗:d1? 2.♗:f7 matt und 1.♘e5 ♗h5? (soll den Punkt f7 decken, aber ...) 2.♕:h5! ♗:h5 3.♗:f7 matt machen einen recht überzeugenden Eindruck. Doch Schwarz kann sich stärker verteidigen. Zwar taugt 1. ... ♗e6 auch nicht allzuviel, da Weiß nach 2.♗:e6 f:e6 angesichts der zerrütteten schwarzen Bauernstellung großen Vorteil besäße. Immerhin wäre schon diese Fortsetzung weniger nachteilig als das durch 1.♗:f7+! eingeleitete Abspiel. Am besten ist es jedoch, 1.♘e5 mit ♕a5+! zu beantworten, z. B. 2.♘d2 ♕:e5+! 3.d:e5 ♗:d1 4.♖:d1 ♘d5. Dank seinem Entwicklungsvorsprung und dem Läuferpaar steht Weiß zwar etwas besser, sein Vorteil ist bei 1.♗:f7+! aber unbestreitbar größer.

## 47

Soll der schwarze König auf die f-Linie gelotst werden, muß er zunächst einmal die h-Linie verlassen, daher **1.♖h1+ ♔g7.** Und jetzt greift der unscheinbare f-Bauer ein: **2.f6+ ♔:f6** (2. ... ♔f8 ändert nichts) **3.♘:d7+** nebst **4.♘:b6.** Mit einer Mehrfigur hat Weiß nun leichtes Spiel.

## 48

Damit der Springer dem Läufer überhaupt etwas anhaben kann, muß dieser mit **1.♔b1!** aus der Ecke verjagt werden. Schwarz hat nur die Wahl zwischen den Feldern c3, d4 sowie f6 und g7. Dabei gerät er aber stets in den Bereich des Springers: **1. ... ♗c3** (oder ♗d4) **2.♘d6+! ♔:c7** (erzwungen, denn sonst folgt 3.c8♕+) **3.♘b5+** beziehungsweise **1. ... ♗f6** (oder ♗g7) **2.♘d6+! ♔:c7 3.♘e8+**, und in beiden Varianten fällt der Läufer. Die Art und Weise, in der hier der kurzschrittige Springer den scheinbar frei beweglichen Läufer beherrscht, ist recht beeindruckend, findest du nicht auch?

## 49

Zuerst werden die schwarzen Figuren durch eine Bauerngabel in den Springerbereich geholt: **1.e5+! ♔:e5.** Danach sorgt die Gabel **2.♘c4+** für Damengewinn: **2. ... ♔d5 3.♘:d6 ♔:d6.** Zu guter Letzt geht der König nach a7 und sichert so den Vormarsch des Bauern: **4.♔a6** usw. Schlägt Schwarz im ersten Zug mit der Dame auf e5, ergibt sich eine ähnliche Abwicklung: **1.e5+! ♕:e5 2.♘g4+** nebst **3.♘:e5** usw.

## 50

Der Abtausch auf f3 beseitigt den weißen Läufer und zwingt den Turm auf die lange Diagonale, auf der sich bereits der weiße Springer aufhält. Das bringt den schwarzen Läufer auf den Plan. Also **1. ... ♗:f3+ 2.♖:f3 ♗d5**, und Weiß verliert den Springer, da **3.♖b3?** ja wegen **3. ... ♗:b3** ausscheidet.

## 51

Sicher pflichtest du mir bei, daß eine Bauerngabel auf e7 nicht zu verachten wäre. Tatsächlich läßt sie sich durch die vorbereitende Gabel **1.f6+!** herbeiführen. Ganz gleich, ob Schwarz nun diesen vorwitzigen Bauern verspeist oder den König beiseite zieht, immer erscheint ein weißer Bauer auf e7, und zwar **1. ... e:f6** (oder 1. ... ♔g8 2.f:e7) **2.e7** mit Turm- und Partiegewinn.

## 52

In jeder Stellung ist es ratsam, zu prüfen, ob Figuren ungedeckt sind. Diese geben nämlich eine lohnende Zielscheibe für Doppelangriffe ab. So auch hier, da Schwarz mit **1. ... ♕h6!** zwei ungeschützte Figuren zugleich bedroht. Da sich der Gegenangriff **2.♖c7?** wegen **2. ... ♖e1+** verbietet, geht der Springer verloren.

## 53

Umgangen wird der schwarze König, und zwar mit **1.♖h8!** Danach droht **2.a8♕**, was sich nur durch **1. ... ♖:a7** verhindern läßt. Jetzt befinden sich aber König und Turm auf einer Reihe, so daß nach **2.♖h7+** der schwarze Turm fällt. Diese eigenartige Form des Doppelangriffs wird manchmal auch als **geometrisches Motiv** bezeichnet.
Eine wesentliche Frage soll hier noch beantwortet werden. Könnte sich Schwarz, wäre er am Zuge, der Umgehung entziehen? Ja, das könnte er, und er würde dadurch sogar Remis erzielen. Allerdings gibt es bloß einen Zug, der das leistet, nämlich **1. ... ♔g7!** (nicht aber 1. ... ♔e7? wegen 2.♖g8 oder ♖h8 und auch nicht 1. ... ♔g6? wegen 2.♖g8+). Der schwarze König hält sich sodann auf den sicheren Feldern g7 und h7 auf, während der schwarze Turm den Bauern von hinten angreift. Auf diese Weise wird erreicht, daß der weiße Turm nicht ziehen kann, ohne daß der

Bauer verlorengeht. Daher kann der Anziehende lediglich versuchen, den Bauern mit dem König zu decken, um so den Turm freizuspielen. Sehen wir uns an, was dabei herauskommt: 1. ... ♔g7! 2.♔b5 ♔h7 (2. ... ♖a2 oder ♖a3 wäre ebenfalls gut) 3.♔b6 (mit der Absicht 4.♖b8) 3. ... ♖b1+! 4.♔a6 ♖a1+ 5.♔b7 ♖b1+ 6.♔c6 ♖a1. Da der König seinen Bauern nicht mehr verteidigt, kehrt der schwarze Turm auf die a-Linie zurück. Weiß kommt nicht weiter, und die Partie endet remis. Dieses äußerst wichtige Turmendspiel mit der Umgehung und den umgehungssicheren Feldern g7 und h7 solltest du dir gut merken.

## 54

Der zweite anfällige Punkt im schwarzen Lager ist h7. Um an ihn heranzukommen, mußt du zunächst den Springer beseitigen: 1.♗:f6! ♗:f6 (1. ... g:f6 ändert nichts), worauf 2.♕e4! geschehen kann. Will Schwarz nicht matt werden, muß er sich vom Turm a8 trennen.

## 55

Der Vorstoß 1. ... e5! gewinnt Zeit, weil der Bauer den Läufer f4 angreift. Nach dem Zwischentausch 2.d:e5 d:e5 kann der bedrohte Läufer mit 3.♗g3 zwar ausweichen, doch nach 3. ... e4 zeigt sich, worauf Schwarz eigentlich aus war. Dank der Bauerngabel erobert er eine Figur.

## 56

Der unwahrscheinlich anmutende Einleitungszug lautet 1.♗d7+!! Du brauchst nicht den Kopf hängen zu lassen, falls du ihn nicht gefunden hast. Bevor du dir den weiteren Lösungsweg anschaust, versuche bitte zu ergründen, welchen Sinn er hat. Klar ist, daß der kecke Läufer geschlagen werden muß, weil er sonst selber auf f5 nehmen könnte. Beginnen wir mit 1. ... ♘:d7. Nun steht der schwarze König derart beengt, daß sich das durch 2.♖g8+ ausnutzen läßt. Nach der erzwungenen Folge 2. ... ♘f8 3.♖:f8+ (vergleiche Musterstellung b) 3. ... ♔d7 4.♖:f5 steht Weiß auf Gewinn. Er muß lediglich seinen König vor die schwarzen Bauern bringen. Das Abspiel 1. ... ♗:d7 verläuft ähnlich: 2.♖g8+ ♗e8 3.♖:e8+ ♔d7 4.♖:e5. Ein phantastischer Einfall!

## 57

Durch das Bauernopfer 1.e8♕+! zwingt Weiß den feindlichen König auf die Diagonale, auf der sich schon der Turm befindet. Nach 1. ... ♔:e8 triumphiert er dank der Fesselung 2.♗a4.

## 58

Da die weiße Dame gefesselt ist, darf Schwarz ungestraft 1. ... ♖d8! ziehen. Wesentlich ist, daß er nach 2.♕:c6 nicht sofort auf c6 wiedernehmen muß (was ja einen Turm kosten würde), sondern über das Zwischenschach 2. ... ♖:d2+ verfügt. Nach 3.♔f3 b:c6 ist der Sieg nur noch eine Frage der Zeit. Eine typische Wendung.

## 59

Die Aufgabe lautet, den Verteidigungszug f6–f5 auszuschalten. Dazu muß die weiße Dame nach h4 überführt werden. Und das geschieht folgendermaßen: 1.♕g4+ ♔h8 2.♕h4! Will Schwarz nicht matt werden, müßte er sich mit 2. ... f5 von seiner Dame trennen. Die Position ist aufgabereif.

## 60

Mit 1. ... ♖g8 wird der fesselnde weiße Turm selber gefesselt. Dennoch läßt sich die Fesselung der schwarzen Dame gewinnbringend nutzen: 2.♕f5+!

## 61

Mit dem schönen Zug 1.♗c6! setzt der Anziehende dem Gegner die Pistole auf die Brust. Natürlich darf sich die gefesselte Dame nicht an dem weißen Turm vergreifen. Ihr bleibt daher nichts anderes übrig, als die Gegenspielerin zu beseitigen, doch das wird matt: 1. ... ♕:a3 2.♖:e8 matt.

## 62

Der überraschende Läuferausfall 1. ... ♗d5! muß wie ein Keulenschlag auf den Weißspieler gewirkt haben. Tatsächlich ist dieser danach völlig wehrlos. Dank der Fesselung des weißen Läufers droht nämlich

2. ... ♛:h3 matt, während 2.♗:d5 ♛:h3 **matt** zu demselben Ergebnis führt.
Beachte die kägliche Ohnmacht der weißen Dame. Von b7 kommend, hatte sie sich soeben beutegierig auf den schwarzen Bauern a7 gestürzt und damit das Schicksal geradezu herausgefordert.

## 63

Zunächst müssen die Weichen so gestellt werden, daß der schwarze Läufer über Kreuz gefesselt werden kann. Das geschieht durch **1.♗g2+ ♗e4**. Nun ist es soweit, das immer wieder schöne Bild der Kreuzfesselung heraufzubeschwören: **2.♛h7!** Schwarz ist verloren, denn nach **2. ... ♚b8 3.♗:e4** hängt seine Dame, und außerdem droht Matt auf b7.

## 64

Wie sich Schwarz hier durch ein außergewöhnliches Entfesselungskunststück im letzten Augenblick noch herauswindet, ist wirklich beeindruckend. Um an den Hauptfeind, den Turm h3, heranzukommen, muß zunächst das Feld f2 frei gemacht werden:
**1. ... ♛e1+!!** **2.♖:e1.** Danach kann der Springer eingreifen: **2. ... ♘f2+ 3.♔g1 ♘:h3+** (alles mit Schach!) **4.g:h3 h:g6**, und Schwarz hat den Angriff abgewehrt. Da er sogar die Qualität erobert hat, steht er auf Gewinn. Diesen Husarenstreich vergißt man nicht so schnell!
Vor einem Fehlversuch möchte ich noch warnen. Womöglich ist jemand unter euch auf den Gedanken verfallen, mit **1. ... ♛g1+?** das erstickte Matt nach **2.♖:g1?** ♘f2 anzustreben. Ihr habt hoffentlich rechtzeitig erkannt, daß diese Erwartung bei **2.♔:g1** wie eine Seifenblase zerplatzt.

## 65

Da der Gegner einen Turm geopfert hat, darf Weiß das gleiche tun. Hauptsache, der gefährliche Bauer wird gestoppt! Also: **1.♖f5!** (unterbindet vorerst die Umwandlung) **1. ... ♔:f5 2.g4+** (damit dieser Bauer mit Schach eingreifen kann, wurde der Turm zurückgegeben) **2. ... ♔:g4** (2. ... ♔f4 3.♔g2 ♔e3 4.♔f1!, und Weiß gewinnt) **3.♔g2.** Nun fällt der Bauer f2, wodurch die Gefahr gebannt ist. Dank seinem Bauernübergewicht behält Weiß die Oberhand.

## 66

Ohne den Springer d4 könnte man mit **1. ... ♖d5+ 2.♔c1 ♖:e1** sofort matt setzen. Das bringt uns auf den Gedanken, ihn einfach zu opfern. In der Tat haben wir damit Erfolg: **1. ... ♘f3+!** **2.g:f3** (2.♔d3 ♖d5 matt oder 2.♔d1 ♖:e1 matt) **2. ... ♖d5+ 3.♔c1 ♖:e1 matt.** Hier kam es darauf an, das richtige Opferfeld zu ermitteln. Unzureichend ist nämlich **1. ... ♘b3+?**, weil der weiße König nach **2.c:b3** das Fluchtfeld c2 erhält.

## 67

Die angegebenen Überlegungen gipfeln zwangsläufig in der Einsicht, die große Diagonale für den Läufer b2 zu räumen. Wohin also mit dem weißen Damenspringer? Natürlich nach d5, weil er von dort aus die schwarze Dame bedroht, so daß dem Gegner keine Atempause gegönnt wird. Daher geschah **1.♘:d5!** ♗:d5 **2.♗:f6** mit Matt oder Damengewinn.

## 68

Wie schon angedeutet, handelt es sich darum, die f-Linie zu räumen. Für diesen Zweck drängt sich **1. ... ♘g4+!** geradezu auf. Nach **2.h:g4 ♖f1** muß Weiß hilflos mit ansehen, wie sein König zu Tode gehetzt wird, z. B. **3.g3 ♖h1+ 4.♔g2 ♛f1 matt.**

## 69

Wäre der Turm f3 nicht vorhanden, könnte Schwarz mit **1. ... ♘f3+ 2.♔h1 ♖:g1 matt** fortsetzen. Aus diesem Grund räumen wir das Feld f3 durch **1. ... ♖f2+ 2.♔h1** (2.♔g2 ♖:g2+ 3.♔h1 ♖f1 matt) **2. ... ♖h2+!** (holt den weißen König zurück) **3.♔:h2**, und weiter, wie oben angegeben.

## 70

Mitunter werden Bauern als Köder benutzt, um den Gegner in einen Hinterhalt zu locken. Von solchen Bauern heißt es, sie seien vergiftet. Das trifft auch voll und ganz auf den Bauern d4 zu, wie die Abwicklung **1. ... ♘:d4? 2.♘:d4 ♛:d4? 3.♗b5+** lehrt, die Schwarz Kopf und Kragen – soll heißen: die Dame – kosten würde. Richtig ist daher **1. ... ♗d7!**, wodurch das Läuferschach auf b5 ausgeschaltet wird. Nach etwa **2.0–0** dürfte Schwarz den Bauern dann ungestraft nehmen.

Ein Wort noch zu Bezeichnungsfragen. Der Läuferzug von d3 nach b5 räumt die Wirkungslinie der weißen Dame nach d4. Diesen Vorgang könnte man auch als **Abzugsangriff** (der Läufer zieht ab, die Dame greift an) beschreiben. Genaueres über Abzüge erfährst du in dem entsprechenden Abschnitt.

# 71

Der Springer g7 ließe sich durch das Damenopfer auf e8 ablenken. Daraus folgt, daß die e-Linie geräumt werden muß. Also: **1.♗c4+! ♛:c4 2.♛e8+! ♘:e8 3.♖f8 matt**. Mit dieser Aufgabe haben wir zugleich ein Beispiel für die noch zu besprechende Figurenlenkung kennengelernt.

# 72

Um zu siegen, muß der Anziehende frei über das Feld h8 verfügen können. Diese Erkenntnis führt uns zu dem paradox anmutendem Auftakt **1.♖g7+! ♔:h8 2.♖h7+ ♔g8**. Nachdem so auf nicht alltägliche Art das Feld h8 geräumt wurde, bringt der Vormarsch des Bauern die Entscheidung: **3.g7! ♖e8** (3. ... ♔:h7 4.g:f8♛) **4.♖h8+**, und Weiß erobert den feindlichen Turm. Andere Gewinnversuche scheitern übrigens, z.B. 1.♗f6 f:g6 2.♖g7+ ♔h8 oder 1.♖h3 f:g6+, da die Stellung trotz der Mehrfigur remis ist.

# 73

Schwarz glaubte, daß sein Gegner nichts Besseres habe als 1.♖d1, worauf er mit 1. ... ♛:d4+ die Damen tauschen und das Turmendspiel gewinnen wollte. Ein Lenkungszug riß ihn jedoch aus allen Illusionen: **1.♖f8+! ♔:f8 2.♗g7+** (diesem Schach zuliebe hat Weiß den Turm geopfert) **2. ... ♔:g7 3.♛:d5** mit leichtem Gewinn.

# 74

Mit **1.♖g3+ ♔b2** wird der schwarze König auf die 2. Reihe abgedrängt, auf der sich schon sein Turm aufhält. Diese Figurenansammlung gestattet das Ablenkungsopfer **2.♖:g2!** Da der schwarze Turm gefesselt ist, darf er sich nicht an dem Bauern c7 vergreifen. Nach der erzwungenen Antwort **2. ... ♖:g2** hat der Anziehende sein Ziel erreicht: **3.c8♛**. Das Endspiel ist für die Damenseite gewonnen.

# 75

Ein Qualitätsopfer beseitigt die wichtigste Schutzfigur des Verteidigers. Anschließend wird der schwarze König an den Rand gelenkt. Das spielt sich folgendermaßen ab: **1.♖:g7+! ♔:g7** (1. ... ♔h8 2.♛:h7 matt) **2.♗h6+! ♔:h6** (2. ... ♔g8 3.♛:f8 matt) **3.♛g5 matt**.

# 76

Der Schwenkung ♖d7–d3–h3 zuliebe lohnt es sich, ein Figurenopfer zu bringen: **1.♗f8+!** Da 1. ... ♔h5 sofort durch 2.♖:h7 matt geahndet wird, muß sich Schwarz den zudringlichen Läufer mit **1. ... ♖:f8** vom Halse schaffen. Doch nun kann Weiß seine ursprüngliche Idee verwirklichen: **2.♖d3**, und gegen **3.♖h3 matt** ist kein Kraut gewachsen.

# 77

Dame und Turm des Nachziehenden durchkreuzen vorläufig die weißen Pläne. Beide bekommt man vom Feld e8 aus zu fassen, daher: **1.♖e8!** (unter anderem mit der Drohung 2.♛g7 matt, da der Turm g8 ja gefesselt ist) **1. ... ♛:e8** (1. ... ♖:e8 2.♛g7 matt) **2.♛f6+ ♖g7 3.♛:g7 matt**. Eine öfter vorkommende Kombination.

# 78

Die reizvolle Verflechtung der beiden Lenkungsarten wird durch **1. ... ♖h1+!** bewirkt. Nun lenkt **2.♘:h1** den Springer ab, was **2. ... ♛:g2 matt** ermöglicht. Bei **2.♔:h1** hingegen wird der König in die Ecke gelenkt, wodurch der Bauer g2 in eine Fesselung gerät. Dieser Umstand gestattet es der schwarzen Dame, sich zu nähern: **2. ... ♛h3+ 3.♔g1 ♛:g2 matt**.

# 79

Als ich die Gewinnidee dieser Aufgabe zum allerersten Mal zu Gesicht bekam, traute ich meinen Augen kaum. Es dauerte eine Weile, ehe ich begriff, daß alles mit rechten Dingen zuging. Und wie wirkt der unverhoffte Überfall **1.♛f8+!!** auf dich? Dabei ist hinterher alles ganz einfach. Entweder wird der König von der h-Linie weggelenkt: **1. ... ♔:f8 2.♖h8 matt**, oder der Turm muß den Punkt e7 preisgeben und obendrein das Feld f8 verstellen: **1. ... ♖:f8 2.♘e7 matt**. Ein grandioser Einfall!

## 80

Der Lösungszug schlägt wie eine Bombe ein:
**1. ... ♖:a3!!** Hat man aber den Mut gefaßt, ihn zu erwägen, lassen sich die Varianten fast mühelos berechnen. Sehen wir sie uns der Reihe nach an:
**2.♕:a3** (Ablenkung der Dame) **2. ... ♕e1+ 3.♖:e1 ♖:e1 matt**; **2.♖:a3** (Ablenkung des Turmes) **2. ... ♕e1+** und matt im nächsten Zug; **2.b:a3** (Ablenkung des gefesselten Bauern) **2. ... ♕:a1+3. ♖b1** (oder 3.♕b1 ♖e1+ nebst matt) **3. ... ♖e1+4. ♕f1 ♖:f1+ 5.♖:f1 ♕:f1 matt** und schließlich **2.♕f1** (oder ♕b1) **♖:a1 3.♕:a1 ♕e1+** nebst matt. Andere Fortsetzungen kommen nicht in Betracht, weil der Einleitungszug ein Doppelangriff auf Dame und Turm ist.

## 81

Gleich zu Beginn wirft Weiß seine Netze aus, um den gegnerischen Turm durch Abzugschach zu fangen:
**1.♖c8! ♖:a7** (es drohte ja 2.a8♕) **2.♔b6+ ♔ beliebig 3.♔:a7**.

## 82

Bestimmt vermagst du dir vorzustellen, wie der Weißspieler nach **1. ... ♗b4 matt** aus allen Wolken fiel. Doppelschach und Matt! Mehr kann man von einem Zug nun wirklich nicht verlangen!

## 83

Hat man erkannt, daß die weiße Dame ungedeckt ist, dann drängt sich die Gewinnführung beinahe von selbst auf: **1. ... ♖:f1+! 2.♔:f1 ♗:g2+ 3.♔:g2 ♕:b6**. Übrigens handelt es sich bei 2. ... ♗:g2+ nicht etwa um ein Abzugschach, sondern vielmehr um einen **Abzugsangriff mit Schach**, bei dem die 6. Reihe geräumt wird. Daß die Begriffe Räumung, Abzugsangriff und Abzugschach eng miteinander verwandt sind, ist schon bei der Lösung von Aufgabe 70 zur Sprache gekommen.

## 84

Die Lage ist zugespitzt wie selten, hängen bei Schwarz doch Dame und Turm, der schwarze König ist ebenfalls gefährdet. Aber da sind ja noch die Abzugschachs des anderen Turmes. Tatsächlich läßt sich das Blatt mit **1. ... ♖g3+!** noch wenden: **2.♖:f3** (2.♔h2 ♕g2 matt) **2. ... ♖:h7+** mit Matt im nächsten Zug.

## 85

Um überhaupt ein Doppelschach anbringen zu können, muß Schwarz den gegnerischen König auf die e-Linie zwingen: **1. ... ♕e1+! 2.♔:e1**. Der Rest läuft wie am Schnürchen: **2. ... ♗b4+ 3.♔d1** (oder ♔f1) **♖e1 matt**.

Im Schachtraining habe ich Kindern schon oft ähnliche Aufgaben wie in diesem Buch gestellt. Dabei wurde ich hin und wieder auch gefragt, wie es kommt, daß manchen Spielern so hübsche Matts einfallen. Darauf möchte ich jetzt ausführlich antworten. Die eben besprochene Kombination ergab sich in einer meiner eigenen Turnierpartien. Deshalb bin ich in der Lage, genau zu beschreiben, wie die Schlußwendung zustande kam. Als ich die Diagrammstellung mit Hilfe eines Qualitätsopfers anstrebte, war ich mir durchaus bewußt, damit einem berühmten Vorbild nachzueifern. Mir schwebte in diesem Moment deutlich eine im Jahre 1910 zwischen Réti und Tartakower gespielte Kurzpartie vor. Möchtest du sie kennenlernen? Hier ist sie: **1.e4 c6 2.d4 d5 3.♘c3 d:e4 4.♘:e4 ♘f6 5.♕d3 e5 6.d:e5 ♕a5+ 7.♗d2 ♕:e5 8.0–0–0! ♘:e4?**

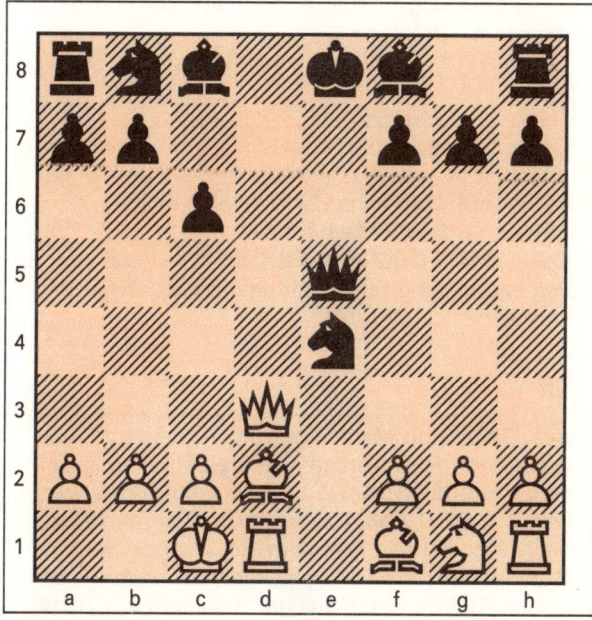

**Weiß am Zuge**

In dieser Stellung folgte die überraschende Kombination, die dir inzwischen schon bekannt ist: **9.♕d8+! ♔:d8 10.♗g5+ ♔e8 11.♖d8 matt** oder noch schöner **10. ... ♔c7 11.♗d8 matt.**

Alles was ich getan habe, bestand eigentlich darin, mich im richtigen Augenblick dieses prächtigen Schlußspiels zu entsinnen. Und damit komme ich zum Kern der Sache. Die in diesem Buch zusammengetragenen Mattaufgaben und Kombinationen sollen dir genauso helfen, wie mir die Partie Réti—Tartakower seinerzeit geholfen hat. Deshalb möchte ich auch, daß du dir die Aufgaben nicht nur einmal vornimmst, sondern daß du sie mehrmals wiederholst. Der Grund dafür ist wohl einleuchtend: Je besser du die vorgeführten Wendungen beherrschst, desto wahrscheinlicher ist es, daß du sie in deinen eigenen Partien in ähnlicher Lage wiedererkennst und benutzt.

## 86

Mit Hilfe der Kreuzfesselung **1.♕g5!** trachtet der Anziehende danach, den Punkt f6 aus den Angeln zu heben. Da 1. ... ♗:d4 2.♕e7 völlig hoffnungslos wäre, muß Schwarz **1. ... d5** antworten, um seinen Läufer zu schützen. Doch nun besiegelt der Überfall **2.♕g7+!** das Schicksal des Nachziehenden: **2. ... ♗:g7 3.♗:g7+ ♔g8 4.♗f6 matt.** Ein **Abzugsmatt**, wie es im Buche steht.

## 87

Um den Gegner in die Zwickmühle zu nehmen, darf man schon mal die Dame hergeben: **1.♖c7!! ♕:h5 2.♖e7+ ♔f8.** Nun kann die Mühle zu mahlen beginnen. **3.♖:b7+ ♔e8 4.♖e7+ ♔f8 5.♖:a7+ ♔e8 6.♖e7+ ♔f8 7.♖:h7+ ♔e8 8.♖:h5.** Weiß hat sich die Dame zurückgeholt und steht angesichts seiner drei Mehrbauern auf Gewinn.

## 88

Durch Opfer zum Materialgewinn – so könnte man den weiteren Partieverlauf beschreiben. Also, frisch gewagt: **1.♕:f8! ♖:f8** (1. ... ♕e1+ taugt nichts wegen 2.♕f1) **2.♖:g7+ ♔h8.** Damit ist alles klar zum Abzugsschach. Wir müssen allerdings das richtige wählen. **3.♖:g6+!** (auf 3.♖e7+? zieht Schwarz mit 3. ... ♕f6! 4.♗:f6+ ♖:f6 den Kopf aus der Schlinge) **3. ... ♖f6** (erzwungen) **4.♖:f6!**

Bei 4.♗:f6+? ♔h7 5.♖g7+ ♔h8 müßte sich Weiß nach 6.♖g6+ mit Remis durch Dauerschach begnügen, denn 6.♖e7+? scheitert an 6. ... ♕:f6. Doch kehren wir zur Stellung nach **4.♖:f6!** zurück. Die angegriffene Dame ist frei beweglich, trotzdem vermag sie sich nicht dem Zugriff des Turmes zu entziehen. Einige Belegvarianten mögen das veranschaulichen: **4. ... ♕e1+ 5.♖f1+** (Gegenschach!); **4. ... ♕e4** (oder ♕g4) **5.♖f4+; 4. ... ♕c8 5.♖f8+** usw. Ein beeindruckendes Bild von der Kraft des Abzugschachs.

## 89

Die Stellung ergab sich nach den Einleitungszügen **1.e4 d6 2.d4 ♘d7 3.♗c4 g6 4.♘f3 ♗g7 5.♗:f7+! ♔:f7.** Warum Weiß den Läufer geopfert hat, wird klar, sobald du dich fragst, wohin der König nach **6.♘g5+** eigentlich ausweichen soll. Auf 6. ... ♔f8 folgt nämlich 7.♘e6+ mit Damengewinn; auch bei 6. ... ♔e8 7.♘e6 büßt Schwarz die Dame ein; schließlich würde 6. ... ♔f6 sogar 7.♕f3 matt gestatten.

## 90

Weiß hat völlig übersehen, daß der Gegner die Fesselung nicht zu beachten braucht. Mit **1. ... a:b5!** kann dieser nämlich die weiße Dame in einen Hinterhalt locken, aus dem es nach **2.♕:a8 ♘b6** kein Entrinnen mehr gibt.

## 91

Der Anziehende kann seinen gefährdeten Bauern mit **1.a3!** indirekt decken. Danach verbietet sich **1. ... ♕:b2?** wegen **2.♘a4.** Um seine Dame nicht einzubüßen, müßte Schwarz mit 2. ... ♗b4+ eine Figur hergeben, was auf die Dauer ebenfalls aussichtslos wäre. Ist dir eigentlich aufgefallen, warum ausgerechnet der Bauernzug nach a3 den Einschlag auf b2 verhindert? Einfach deshalb, weil er der Dame die Fluchtfelder a3 und b4 unzugänglich macht.

## 92

Der Läufer c5 hat nicht genügend Spielraum, so daß Weiß durch **1.b4 ♗b6 2.a5** eine Figur gewinnt. Selbstredend durfte der Nachziehende im letzten Zug nicht rochieren. Statt dessen hätte er mit a7–a6 dem bedrohten Läufer einen Schlupfwinkel auf a7 einrichten müssen.

## 93

Bevor sich der König dem Springer nähert, muß Weiß erst dafür sorgen, daß er das Feld b2 kontrolliert. Das geschieht durch **1.c4!**, wonach gegen **2.♔e2** mit Springerfang nichts mehr zu erfinden ist.

## 94

Die Aufstellung Läufer c5/Springer g4 erschien dem Nachziehenden zu verlockend. So wagte er mit **1. ... ♘f2+?** (richtig war 1. ... ♕h5) den Sprung ins Ungewisse. Nach der erzwungenen Folge **2.♖:f2 ♕:f2** nahm das Unheil seinen Lauf: **3.♘e4!**, und wieder einmal war eine Dame ins Garn gegangen.

## 95

Der Angriffszug **1.♘g5** drängt sich geradezu auf. Wie soll es aber nach **1. ... ♗:f3** weitergehen? Immerhin ist jetzt auch die weiße Dame bedroht, und der Läufer g5 hat seine Deckung eingebüßt. Die Lösung des Problems ist ebenso überzeugend wie logisch. Weiß deckt einfach mit **2.♕d2!** den gefährdeten Läufer und sichert zugleich die eigene Dame. Nach **2. ... ♕:d4 3.♗b5+** usw. muß Schwarz die Segel streichen. Wir wollen indessen nicht verschweigen, daß er mit 2. ... ♗:g2! 3.♗:f6 ♗:h1 zähen Widerstand leisten kann. Allerdings ist nach 4.♗e5 am eindeutigen weißen Vorteil nicht zu rütteln.

## 96

Der Aufzug g7–g6 lädt natürlich zu **1.♗h6** ein. Du mußt aber noch erkennen, daß der Turm nach **1. ... ♖e8 2.♗a4!** keine Fluchtmöglichkeit mehr besitzt. Weiß erobert folglich die Qualität – bis zum Partiegewinn ist es indessen noch weit. Nicht jeder Materialgewinn ist eben gleichbedeutend mit einem leichten Sieg.

## 97

Mit **1.♘g5!** setzt Weiß dem Gegner die Pistole auf die Brust – Matt oder Dauerschach. Selbstverständlich wählt Schwarz das kleinere Übel: **1. ... f:g5** (1. ... h6 2.♕:h6 f:g5 3.♕:g5+ führt zu einem ewigen Schach auf den Feldern g5 und h5) **2.♕:g5+ ♔h8 3.♕f6+** usw. Erwähnt sei noch, daß der Versuch, dem schwarzen König beispielsweise durch 1. ... ♖fd8?

die Flucht zu ermöglichen, an 2.♕:h7+ und 3.♕:f7 matt scheitert.

## 98

Der Einleitungszug ist vielseitiger, als man es auf den ersten Blick vermutet. Das Opfer **1. ... ♗g4!** räumt nicht nur die f-Linie, es lenkt darüber hinaus – dank der Mattdrohung auf h2 – den weißen Randbauern von der h-Linie weg. Nach **2.h:g4 ♕f2+ 3.♔h2** (oder **♔h1) ♕h4+** ist das Remis offensichtlich.

## 99

Nach der naheliegenden Einleitung **1.♖d8+ ♖:d8 2.♕:d8+ ♔g7** muß der schwarze König seines Bauernschutzes beraubt werden: **3.♘f5+! g:f5 4.♕g5+**, und das Dauerschach auf g5 und d8 ist perfekt.

## 100

Bei **1. ... ♕f3+ 2.♕g2** (2.♖g2 ♕f1+ 3.♖g1 ♕f3+ 4.♕g2 ergibt die gleiche Stellung) ist zunächst nicht zu sehen, wie man dem schwarzen König etwas am Zeuge flicken kann. Doch **2. ... ♘g3+!** schlägt eine Bresche in den Verteidigungswall: **3.h:g3 ♕h5+ 4.♕h2 ♕f3+ 5.♖g2 ♕d1+** usw. Nebenbei bemerkt, die Schlußstellung wäre auch remis, wenn du den Turm durch eine zweite weiße Dame ersetztest. Bitte ausprobieren!

## 101

Durch das Damenopfer **1. ... ♘:e3!** wird Weiß gezwungen, die Grundreihe zu entblößen. Nach **2.♖:c2 ♖a1+ 3.♔h2** holt der einsatzfreudige Springer mit **3. ... ♘f1+** den König wieder auf die 1. Reihe zurück: **4.♔g1** (oder **♔h1) ♘d2+** (beziehungsweise ♘e3+ oder ♘g3+) **5.♔h2 ♘f1+** usw.

## 102

Willst du die erwähnte Remisschaukel mit Turm und Springer aufbauen, mußt du den Turm unbedingt auf das richtige Feld ziehen. Im vorliegenden Fall gehört er nach b4. Und wirklich, nach **1.♖b4! a1♕ 2.♘c6+ ♔a6** (2. ... ♔a8? 2.♖b8 matt) **3.♖b8+ ♔a5 4.♘c6+** findet der schwarze König nirgends eine Lücke, um zu entschlüpfen.

## 103

Hat man das hier mögliche Dauerschach klar vor Augen, dann wirkt **1.♗f5!** nicht mehr gar so ausgefallen. Da 1. ... ♖:f2+ 2.♔:f2 wegen des Läuferpaares allein Weiß begünstigt, tut Schwarz gut daran, den Widersacher zum Remis zu zwingen. Also etwa **1. ... ♖e1 2.♗e6+ ♔h7 3.♗f5+** usw.

## 104

Bevor der Turm den schwarzen König zu verfolgen beginnt, muß die Dame von der 1. Reihe vertrieben werden. Daher **1.♖b1! ♕h5** (bloß nicht 1. ... ♕:b1+? 2.♔:b1 h5 wegen 3.a5, und Weiß gewinnt, wovon du dich leicht überzeugen kannst). Erst jetzt sind die Weichen auf Dauerschach gestellt: **2.♖b2+ ♔f3 3.♖b3+ ♔e4 4.♖b4+ ♔d3** (der König darf angesichts ♖b5+ und ♖:h5 die fünfte Reihe nicht überschreiten) **5.♖b3+ ♔c4 6.♖b4+** mit Remis.

## 105

Schwarz am Zuge muß dem feindlichen König Platz machen: **1. ... ♔d8 2.♔f7**, und der Bauer geht durch. Zu demselben Resultat führt 1. ... ♔f8 2.♔d7.
Fängt dagegen Weiß an, tritt er mit dem König beiseite, und anschließend marschiert der Bauer vor. **1.♔d6 ♔d8 2.e6 ♔e8 3.e7 ♔f7 4.♔d7** und **5.e8♕**. Genausogut ist natürlich 1.♔f6 ♔f8 2.e6 ♔e8 3.e7 usw. Eine einfache, doch sehr wichtige Stellung, die du gut kennen solltest.

## 106

Dieses Bauernendspiel ist schon kniffliger als das vorige. Das bekommst du sofort zu spüren, wenn du dich auf den naheliegenden Vorstoß 1.g6+? verläßt. Nach der wohlüberlegten Antwort 1. ... ♔h8! wäre der Sieg nämlich schon verschenkt, weil 2.♔f7 zum Patt führt. Mit anderen Zügen läßt sich indes auch nichts mehr ausrichten, z. B. 2.g7+ ♔g8 3.♔g6 patt oder 2.♔f5 ♔g7, und wir haben eine Remisstellung vor uns, die bei Aufgabe 114 ausführlich besprochen wird.
Der Gewinn läßt sich allein auf folgende Weise erzielen: **1.♔f7! ♔h8 2.♔g6** (2.g6? patt) **♔g8 2.♔h6 ♔h8** (falls 3. ... ♔f7 oder ♔f8, so 4.♔h7) **4.g6** (erst jetzt darf der Bauer vorrücken) **4. ... ♔g8 5.g7 ♔f7 6.♔h7**.

## 107

Lassen wir zuerst Weiß anfangen: **1.h7 b2 2.h8♕ b1♕ 3.♕b8+** und **4.♕:b1**. Versucht der Gegner, dieser unerfreulichen Wendung der Dinge beispielsweise mit 2. ... ♔c4 auszuweichen, dann kann 3.♕h7 geschehen. Die Dame besetzt sodann das Umwandlungsfeld des Bauern und erobert ihn mit Hilfe des Königs.
Ist Schwarz am Zuge, erlebt der Weißspieler eine ähnliche Enttäuschung: **1. ... b2 2.h7 b1♕ 3.h8♕ ♕b2+** und **4. ... ♕:h8**. Hast du diese beiden Varianten gefunden? Wenn ja, dann hast du die Aufgabe richtig gelöst.
An dieser Stelle möchte ich gern von unserem Thema „Wir lernen kombinieren" ein wenig abschweifen. Veranlassung dazu gibt mir das Endspiel, das sich nach 1. ... b2 2.♔f6! b1♕ 3.♔g7 ergeben kann. Käme Weiß jetzt nämlich noch zu h6–h7 (z. B. nach 3. ... ♔c6?), wäre die Stellung plötzlich remis. Überzeuge dich bitte davon! Schwarz vermag aber trotzdem zu gewinnen, wenn er seine Dame nach g5 überführt, ohne h6–h7 zu gestatten. Das Spiel könnte nach 3.♔g7 wie folgt verlaufen: 3. ... ♕g1+ 4.♔f7 (auf 4.♔h8 verhindert 4. ... ♔c5 – gut wäre auch 4. ... ♕f2 – den Vorstoß des Bauern wegen 5.h7? ♕f8 matt. Weiß müßte also mit dem König ziehen, worauf die schwarze Dame ihr Ziel, das Feld g5, sofort erreicht, z. B. 5.♔g7 ♕g5+) 4. ... ♕f2+ (das gleiche leistet 4. ... ♕h2) 5.♔g7 ♕g3+ 6.♔f7 ♕f4+ 7.♔g7 (falls 7.♔g6, so 8.♕f8) 7. ... ♕g5+ 8.♔h7. Würde man nun alle Steine um eine Reihe nach oben verschieben (Kh8; Bh7. Kb6; Dg6), stände der weiße König auf Patt. Schwarz könnte daher seine Stellung nicht weiter verstärken. Das ist der Grund, weshalb du den Bauern nicht nach h7 lassen durftest. Nach 8.♔h7 hingegen darf der Nachziehende mit seinem König herankommen: 8. ... ♔c6 9.♔h8 ♕:h6+ mit Gewinn.
Dieser Ausflug in die Endspieltheorie war für dich bestimmt ziemlich anstrengend. Dennoch, der Kampf Dame gegen Bauer ist nur ein kleines Teilgebiet, über das ein guter Spieler Bescheid wissen muß.

## 108

Durch typische Opferwendungen verschafft sich Weiß zwei Freibauern, die dem Läufer das Nachsehen geben. **1.♗b6! ♗:b6 2.a5 ♗c7** (bei 2. ... ♗:a5 3.b:a5 ♔f8 4.c7 käme der schwarze König zu spät) **3.b5!**

♗:a5 (beziehungsweise 3. ... a:b5 4.a6 ♗b6 und weiter wie im Text) **4.b:a6 ♗b6 5.a7 ♗:a7 6.c7** oder umgekehrt **5.c7 ♗:c7 6.a7.** Ein Bauer verwandelt sich immer, womit das Schicksal der Partie besiegelt ist.

## 109

Soll der Bauer die 7. Reihe betreten und zugleich den Springer angreifen, muß dieser erst auf die 8. Reihe gelenkt werden. Folglich: **1.♕:c8+! ♘:c8 2.d7.** Nun sieht sich Schwarz außerstande, die Felder c8 und d8 gleichzeitig zu überwachen. Die Bauernumwandlung ist demnach verbürgt. Weiß verdient bei dem ganzen Unternehmen letztlich einen Turm.

## 110

Um die schwarze Dame überhaupt gefährden zu können, muß Weiß die 5. Reihe freilegen. Das gelingt durch den Überfall **1.♖h4+!!** Nun verbietet sich 1. ... ♔:h4 wegen 2.♖:h6 matt. Dem Nachziehenden bleibt demzufolge keine andere Wahl als **1. ... g:h4,** worauf **2.♖b5+ ♕:b5 3.a:b5** den weißen Bauern flottmacht.

## 111

Dem Nachziehenden darf keine Gelegenheit eingeräumt werden, den bedrohlichen Abzugsmechanismus in Gang zu setzen. Daraus leitet sich ab, daß Weiß ständig Schach bieten muß. Dieser Forderung wirst du allein mit **1.♕h6+!** gerecht. Außerdem ist nach der erzwungenen Antwort **1. ... g:h6** der g-Bauer einsatzbereit: **2.g7+ ♔h7 3.g:f8♘+!** (die hübsche Pointe!) **3. ... ♔h8 4.♖g8 matt.**
Effektvollen **Umwandlungskombinationen** wie der eben vorgestellten begegnet man gar nicht so selten. Es lohnt sich immer, danach zu fahnden, sobald ein Bauer weit vorgeprescht ist.

## 112

Nach **1.e7** nimmt Schwarz unerwartet Zuflucht zum Patt: **1. ... ♗d8!** Nun darf sich Weiß weder Dame noch Turm holen. Glücklicherweise genügt ein zweiter Läufer, um rasch matt zu setzen. **2.e8♗! ♗e7** (beziehungsweise ♗f6 oder ♗g5) **3.♗c7 und 4.♗d7 matt** oder 2. ... ♗a5 (auf 2. ... ♗c7 – hofft auf 3.♗:c7

patt – setzt Weiß erst mit 3.♗d7+ fort, bevor er auf c7 schlägt) **3.♗d7+ ♔d8 4.♗h4 matt.**

## 113

Selbstverständlich darfst du dem schwarzen König nicht das letzte Fluchtfeld unzugänglich machen und mit 1.♔c6?? oder 1.♔d6?? beginnen. Am stärksten ist **1.♕g7,** was den schwarzen König am Rand festhält, ihm jedoch eine Zugmöglichkeit offenläßt. Der Rest ist kinderleicht: **1. ... ♔d8 2.♔d6 ♔e8** (oder 2. ... ♔c8 3.♕c7 matt) **3.♕e7 matt** oder **3.♕g8 matt.**
Das Patt, das in dieser Stellung durch grobe Unachtsamkeit zustande kommt, ist für den auf Verlust stehenden Spieler wie ein Geschenk des Himmels. Er wird damit völlig ohne sein Dazutun beglückt. Diese Pattart schlägt aller Logik ins Gesicht. Darüber darf man aber keineswegs vergessen, daß Pattstellungen durchaus logischer Bestandteil des Spielverlaufs sein können. Viele Endspiele sind ohne das Patt gar nicht zu verstehen. Die nächsten beiden Aufgaben werden dir zeigen, wie das gemeint ist.

## 114

Offensichtlich taugt 1. ... ♔f6? nichts wegen 2.♔d6, aber auch 1. ... ♔d8? (oder 1. ... ♔f8?) 2.♔d6 ♔e8 ist angesichts 3.e7 ♔f7 4.♔d7 unzureichend.
Richtig ist allein **1. ... ♔e8!** Dieser Rückzug gestattet es Schwarz, sich dem gegnerischen König bei **2.♔d6** mit **2. ... ♔d8** entgegenzustemmen. Diese Gegenüberstellung der beiden Könige bezeichnet man als **Opposition.** Schwarz hat die Opposition eingenommen, um den weißen König nicht weiter vordringen zu lassen. Nach **3.e7+ ♔e8** hat der Anziehende nur die Wahl zwischen zwei Übeln: Entweder er läßt seinen Bauern im Stich, oder er setzt durch **4.♔e6 patt.** Bei 3.♔d5 ♔e7 4.♔e5 ♔e8! 5.♔f6 dagegen rettet sich Schwarz mit 5. ... ♔f8 erneut in die Opposition. Weiß ist also nicht imstande zu gewinnen.
Jetzt wirst du besser begreifen, warum der Anziehende in Aufgabe 106 nach 1.g6+? ♔h8! 2.♔f5 ♔g7 mit 3.♔g5 nicht weiterkommt. Schwarz strebt nämlich mit 3. ... ♔g8! 4.♔h6 ♔h8 oder 4.♔f6 ♔f8 einfach die Opposition an. Präge dir diese Verteidigungsmethode bitte gut ein!

## 115

Verfehlt wäre sowohl 1.♔f3? (wegen 1. ... ♝h4) als auch 1.♔f1? (wegen 1. ... ♝d4). In beiden Fällen wäre der weiße König genötigt, den Bauern unbehelligt vorrücken zu lassen. Um nicht in letzter Sekunde Schiffbruch zu erleiden, darfst du das Quadrat des Bauern (vergleiche Musterstellung c auf Seite 118) nur mit 1.♔f2! betreten. Nach etwa 1. ... ♝e5 (1. ... ♝d4+ kostet wegen 2.♔g3 den Bauern) 2.♔g1 haben wir eine theoretische Remisstellung vor uns. Der Anziehende braucht weiter nichts zu tun, als mit seinem König in unmittelbarer Nähe des Eckfeldes zu bleiben. Selbst wenn der schwarze König eingreift – mehr als ein Patt bringt auch er nicht zuwege. Überprüfe das bitte!

Diese erstaunliche Ausnahmestellung, in der eine Seite trotz des Mehrbesitzes von Figur und Bauer nicht zu gewinnen vermag, solltest du dir unbedingt merken. In der Theorie ist sie unter der Bezeichnung „Remisstellung mit Randbauer und falschem Läufer" bekannt. Der Läufer heißt „falsch", weil er außerstande ist, das Umwandlungsfeld des Bauern zu kontrollieren. Mit einem weißfeldrigen Läufer (dem „richtigen" Läufer) würde Schwarz in Stellung 115 mühelos die Oberhand behalten.

## 116

Wer hier mit 1.♕h8? beginnt – im Vertrauen auf 1. ... ♔:f3? 2.♕:h2 –, ist schon hereingefallen. Daraufhin kann sich der Nachziehende nämlich mit 1. ... h1♕+! 2.♕:h1 patt überraschend herauswinden. Richtig ist vielmehr das Ablenkungsopfer 1.♕:f4+!, denn nach 1. ... ♔:f4 2.♔g2 fällt der schwarze Freibauer. Falls jetzt 2. ... h1♕+, so 3.♔:h1, und Schwarz darf sich nicht an dem hinteren weißen Bauern vergreifen, weil er dabei das Quadrat des weiter vorgerückten Freibauern verließe. Nur noch rasch zur Wiederholung: Das linke Quadrat des Bauern g4 wird von den Feldern g4, c4, c8 und g8 begrenzt; das rechte ist wegen des Brettrandes zum Rechteck g4, h4, h8, g8 zusammengeschmolzen.

## 117

Der erste Teil der Aufgabe ist schnell erledigt: 1.♖h7+ ♔g3. Damit ist der weiße König patt gesetzt. Doch Vorsicht, er steht zugleich auch auf Matt! Des-

halb mußt du im zweiten Teil der Lösung den weißen Turm so opfern, daß Schwarz die Mattdrohung nicht verwirklichen kann. Folglich: 2.♖e7! (2.♖h8?? ♖e1 matt) 2. ... ♖:e7 patt. Weigert sich der Nachziehende indessen, den Turm zu schlagen, dann setzt eine ewige Verfolgung ein, z.B. 2. ... ♖a8 3.♖a7 ♖f8 4.♖f7 usw.

## 118

Der Bauernvorstoß nach d6 hat die Diagonale zum weißen König hin geöffnet. Das läßt sich für eine unvermutete Rettungsaktion ausnutzen: 1. ... ♝c6+! 2.♕:c6 ♖g1+! 3.♔:g1 patt. Ein unverhoffter Szenenwechsel!

Übrigens handelt es sich hier weder um ein geschenktes Patt (wie in Aufgabe 113) noch um ein gesetzmäßiges Patt (wie etwa in Aufgabe 115). Im vorliegenden Fall bedurfte es vielmehr eines besonderen Einfalls des gefährdet stehenden Spielers. Solche **Pattkombinationen** bestechen stets von neuem durch ihr Überraschungsmoment.

## 119

Die Stellung ist ein gutes Beispiel dafür, wieviel Einfallsreichtum Pattwendungen mitunter verlangen. Man muß die Schlußstellung mit dem schwarzen Turm auf g8 schon klar vor Augen haben, ehe man sich zu 1.♝h6+! ♔:h6 (1. ... ♔h8? 2.♝f7 matt oder 1. ... ♔f8? 2.♖g8+ nebst 3.♖:a8) 2.♖g8! entschließt. Da der schwarze Turm nicht ausweichen kann, ist 2. ... ♖:g8 mit Patt erzwungen.

## 120

Ärger ist ein schlechter Ratgeber. Der Nachziehende verübelte es seinem Gegner, daß dieser den scheinbar sinnlosen Widerstand endlos hinschleppte. Darum hatte er in seinem letzten Zug mit a5–a4? einen Schlußstrich unter die leidige Angelegenheit ziehen wollen. Seine Ungeduld kostete ihn jedoch den Sieg. Es geschah nämlich 1.♕f6+ ♔g8 2.♕g7+! ♔:g7 3.h6+ ♔ beliebig, und Weiß ist patt!

# Kleines Schach ABC

In diesem Verzeichnis findest du viele von den Wörtern erklärt, die unter Anhängern des →königlichen Spiels und in Partieanmerkungen gang und gäbe sind. Solltest du also in diesem Buch oder anderswo auf dir unverständliche Schachausdrücke stoßen, so kannst du hier nachschlagen. Allerdings werden Wörter, die schon an anderer Stelle ausführlich erläutert wurden (z. B. Ablenkung, Dauerschach, Patt usw.), in der Regel nicht noch einmal aufgeführt.

Das Zeichen → sagt dir, daß der dahinterstehende Begriff ebenfalls besprochen wird. Bei einigen Fremdwörtern ist in leicht verständlicher Form die Aussprache angegeben.

## A

### Abtausch
Schlägst du einen feindlichen Stein und gibst du dabei einen gleichwertigen eigenen hin, dann hast du abgetauscht. Man unterscheidet Damentausch, Turmtausch usw. Der Abtausch von Läufer gegen Springer kommt ebenfalls häufig vor.

### Analyse, analysieren
Bemühst du dich nach einer gespielten Partie, die darin begangenen Fehler aufzudecken (eventuell gemeinsam mit deinem Gegner oder Übungsleiter), dann tust du nichts anderes, als die Partie zu analysieren. Eine solche Untersuchung ist natürlich nur sinnvoll, wenn man bestrebt ist, für beide Seiten die besten Züge zu finden. Die Analyse ist ein unentbehrliches Hilfsmittel bei der schachlichen Vervollkommnung.

### Anziehender; Anzug, Anzugsvorteil
Mit dem Anziehenden ist Weiß oder der Weißspieler gemeint. Die Tatsache, daß Weiß in jeder Partie den ersten Zug ausführt, drückt man durch die Worte „Weiß hat den Anzug" aus. Der daraus entspringende leichte Vorteil wird als Anzugsvorteil bezeichnet. Gegensatz →Nachziehender, Nachzug.

### Ausgleich
Dank dem →Anzugsvorteil bestimmt Weiß zu Beginn der Partie den Spielverlauf. Ist es Schwarz durch umsichtige Verteidigung oder durch eine Ungenauigkeit des Gegners jedoch gelungen, gleiche Chancen zu erhalten, dann sagt man auch, er habe den Ausgleich erzielt.

## B

### Bauernendspiel
Befinden sich gegen Ende des Spiels lediglich noch die beiden Könige und einige Bauern (eventuell auch nur ein Bauer) auf dem Brett, dann ist die Partie ins Bauernendspiel übergegangen.

### Bauernformation
Anordnung oder Verteilung der Bauern in einer gegebenen Stellung. Man spricht in diesem Zusammenhang gelegentlich auch vom Bauerngerippe oder Bauernskelett, von der Bauernstellung und der Bauernstruktur.

### Berührt – geführt!
Die Grundregel fairen Spiels. Hast du eine Figur (vielleicht nur unabsichtlich) berührt, dann mußt du sie unter allen Umständen auch ziehen – selbst wenn du inzwischen erkannt hast, daß dies fehlerhaft ist. Ein nicht ganz ernst gemeinter Ratschlag empfiehlt deshalb, daß der Spieler auf seinen Händen sitzen sollte, damit sie seinem Gedankengang nicht vorgreifen können.

### Blindpartie, -spiel
Spiel ohne Ansicht von Brett und Figuren. Näheres dazu erfährst du im Abschnitt „Wir kennen das Schachbrett in- und auswendig" auf Seite 129.

### Blitzpartien
Blitzpartien werden heute in der Regel mit →Schachuhr ausgetragen. Meist erhält jeder Spieler nur fünf Minuten Bedenkzeit für die ganze Partie. Ist diese Zeit bei einem von ihnen aufgebraucht und das Blättchen an der Uhr gefallen, gilt die Partie als verloren.

## C

### Caissa (sprich: ka-ißa)
Name der Schachgöttin. Ein bekannter Schachschriftsteller hat die Buchstabenfolge einfach umgekehrt und sich Assiac genannt.

## D

### Damenendspiel
Stellungen mit Damen, Königen und Bauern (die Bauern dürfen auch fehlen) heißen Damenendspiele. Ebenso sind die Begriffe Läufer-, Springer- und Turmendspiel zu verstehen.

### Damenläufer, -springer, -turm
Der Damenläufer steht in der Ausgangsstellung neben der Dame. Damenspringer und Damenturm sind in ihr auf dem Damenflügel (siehe Seite 67) postiert. Gegensatz →Königsläufer usw.

### decken
Ist eine deiner Figuren ungeschützt und verteidigst du sie, dann hast du sie gedeckt. Decken heißt also verteidigen.

### Doppelbauern

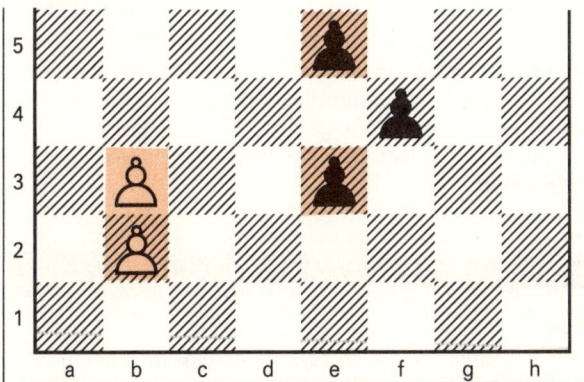

Zwei hintereinander stehende Bauern, z. B. zwei weiße Bauern auf b2 und b3 oder zwei schwarze Bauern auf e3 und e5. Da Doppelbauern sich nicht gegenseitig →decken können, müssen oft Figuren ihren Schutz übernehmen.

### Doppelschritt
Hat ein Bauer noch nicht gezogen, dann darf er bekanntlich ein oder zwei Felder weit vorgehen. Vom Doppelschritt spricht man daher, wenn Bauern – wie etwa zu Beginn der Partie mit 1.e2–e4 e7–e5 – in einem Zug zwei Felder vorrücken.

### Drohung
Ein für den Gegner unangenehmer Zug, den du machen würdest, wenn du dran wärst – du bist es aber nicht. Greifst du beispielsweise die feindliche Dame mit einem Springer an, dann drohst du, sie im nächsten Zug zu schlagen. Willst du Nachteile vermeiden, mußt du gegnerische Drohungen nach Möglichkeit entkräften.

## E

### einstehen
Von einer angegriffenen, aber ungeschützten Figur sagt man, sie steht ein. Einstehende Figuren oder Bauern darf der Gegner ohne weiteres schlagen.

### einstellen
Bringst du eine angegriffene Figur nicht in Sicherheit oder ziehst du mit einer Figur so unglücklich, daß der Gegner sie dir einfach wegnehmen kann, dann hast du sie eingestellt. „Etwas einstellen" heißt folglich einen Fehler begehen, der mit →Materialverlust bestraft wird.

### Endspiel
Das Endspiel ist der dritte und letzte Teil der Schachpartie. Ihm gehen →Eröffnung und →Mittelspiel voran.
Im Endspiel sind die meisten Figuren bereits abgetauscht, wodurch sich der Wert der Bauern erhöht. Die Hauptaufgabe lautet deshalb, →Freibauern zu bilden und sie in eine Dame zu verwandeln. Weitere Besonderheiten des Endspiels sind das aktive Eingreifen der Könige, das Patt und der →Zugzwang.

### Epaulettenmatt (sprich: Epohlettenmatt)

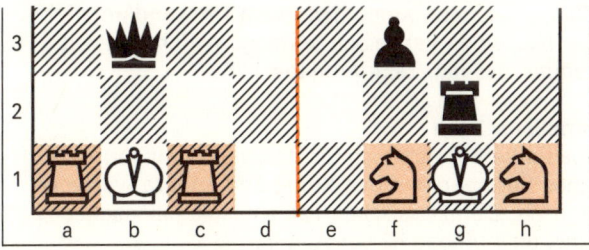

Epauletten sind die Schulterstücke auf Uniformen. Darum bezeichnet man Mattstellungen wie in den obenstehenden Teildiagrammen, in denen die Könige durch ihre „Schulterstücke" behindert werden, scherzhaft als Epaulettenmatts.

## Eröffnung

Die Einleitungsphase der Partie, in der die Figuren entwickelt und die Könige durch die Rochade in Sicherheit gebracht werden. Große Bedeutung kommt in diesem Partieabschnitt dem Kampf um das Zentrum zu. In der Regel ist die Eröffnung um den 12. bis 15. Zug herum abgeschlossen.

## ersticktes Matt

Vom ersticktes Matt spricht man immer dann, wenn ein Springer den völlig von seinen eigenen Steinen umstellten König matt setzt. Vergleiche Aufgabe 27.

## F

### Falle

Legst du deinem Gegner einen Zug nahe, der auf den ersten Blick günstig aussieht, in Wirklichkeit aber unvorteilhaft für ihn wäre, so stellst du damit eine Falle. Allerdings solltest du nur dann zu einer solchen List greifen, wenn du nicht selber in Nachteil gerätst, falls der Gegner deine Absicht durchschaut. Ein Beispiel für eine Eröffnungsfalle liefert die Zugfolge **1.d4 d5 2.c4 e6 3.♘c3 ♘f6 4.♗g5 ♘bd7**. Angesichts des gefesselten Springers f6 kann Weiß jetzt mit **5.c:d5 e:d5 6.♘:d5?** scheinbar einen Bauern erobern. Indes ist die Falle nach **6. ... ♘:d5!** bereits zugeschnappt. Letztlich behält Schwarz nämlich eine Figur mehr: **7.♗:d8 ♗b4+ 8.♕d2 ♗:d2+ 9.♔:d2 ♔:d8**.

### falscher Läufer

In dem →Endspiel König + Läufer + Randbauer gegen König heißt der Läufer „falsch", wenn er den allein stehenden König nicht vom Umwandlungsfeld des Bauern zu vertreiben vermag. Welche Auswirkungen das hat, zeigt Aufgabe 115.

### Familienschach

Spaßhafte Bezeichnung für den gleichzeitigen Angriff eines Springers auf den König und andere wertvolle Figuren. Den klassischen Fall eines Familienschachs führt dir Aufgabe 42 vor Augen.

### Fernschach

Wohnen Spieler weit voneinander entfernt, können sie Fernschach spielen. Dabei werden die Züge auf eigens für diesen Zweck vorgedruckten Postkarten übermittelt.

### Fianchetto (sprich: Fianketto), fianchettieren

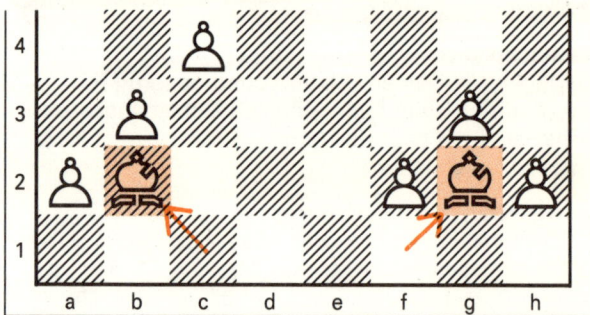

Von einem Fianchetto spricht man, sobald ein Läufer zur Flanke hin entwickelt wird. Weiß kann seine Läufer durch ♗c1–b2 und ♗f1–g2 fianchettieren, Schwarz durch ♗c8–b7 und ♗f8–g7. Die so ins Spiel gebrachten Läufer nennt man Fianchettoläufer.

### Freibauer

Ein Bauer, der auf seinem Wege zur Dame von keinem feindlichen Bauern mehr aufgehalten werden kann. Da sein Vormarsch nur von Figuren gestoppt werden kann, ist er sehr gefährlich – vor allem im →Endspiel, weil dort bloß noch wenige Figuren vorhanden sind.

## G

### Gabel

Greift ein Bauer zugleich zwei oder ein Springer wenigstens zwei feindliche Steine an, spricht man von einer Gabel. Solche Springer- oder Bauerngabeln können sehr wirkungsvoll sein, wovon du dich zu Beginn des 3. Kapitels überzeugen kannst. →Familienschach.

### Gambit

→Opfert ein Spieler in der →Eröffnung einen oder zwei Bauern (ausnahmsweise vielleicht sogar eine Figur), um sich möglichst rasch zu entwickeln und das Zentrum in die Hand zu bekommen, dann sagt man dazu, er spiele ein Gambit. Übrigens geht das Wort Gambit auf eine italienische Redewendung zurück, die soviel wie „ein Bein stellen" bedeutet.

## Grundreihe, Grundreihenmatt

Als Grundreihen bezeichnet man die 1. und 8. Reihe. Dringt ein Turm oder die Dame dort mit Matt ein, dann liegt ein Grundreihenmatt vor. Siehe beispielsweise Aufgabe 1.

## Handikapspiel (sprich: Händikäpspiel)

Manchmal tritt ein Meister in Uhrenpartien (also mit Zeitbeschränkung) gleichzeitig gegen mehrere Gegner an. Ein solcher Vergleich wird als Handikapspiel oder Handikapvorstellung bezeichnet. →Simultanspiel.

## hängen

1. Angegriffene Figuren, die nicht verteidigt sind, hängen. „Hängen" kann demnach dasselbe bedeuten wie →einstehen, →ungedeckt sein.
2. Was würdest du wohl denken, wenn dir ein Schachfreund auf die Frage „Wie hast du gespielt?" die Antwort gibt: „Ich hänge"? Hoffentlich nichts Schlimmes, denn er will damit nur ausdrücken, daß er eine →Hängepartie hat.

## Hängepartie

Bei internationalen →Turnieren wird der Kampf nach der ersten Zeitkontrolle (meist nach fünfstündigem Spiel) unterbrochen und zu einem späteren Zeitpunkt (oft am darauffolgenden Tag) fortgesetzt. Diese abgebrochene (man sagt auch: vertagte) Partie nennt man Hängepartie. Die Abbruchstellung darf →analysiert werden.

## Ich rücke zurecht!

Möchte ein am Zuge befindlicher Spieler einen verrutschten Stein nur zurechtrücken, muß er das durch die obigen Worte ankündigen. Unterläßt er dies, muß er den angefaßten Stein ziehen. →Berührt – geführt!

## indirekt decken

Angenommen, der Gegner greift deine Dame an und du schützt sie überhaupt nicht, sondern bedrohst dafür seine. Schlägt er nun deine Dame, dann kannst du die feindliche beseitigen, so daß dir kein Nachteil

erwächst. Du hast deine Dame indirekt gedeckt. Allgemein sagt man, eine Figur sei indirekt gedeckt, wenn man sich – sollte der Gegner sie wegnehmen – anderswo schadlos halten kannst.

## Initiative

Wer den Spielverlauf bestimmt, wer Herr der Lage ist, die Fäden in der Hand hält, dem Gegner seinen Willen aufzwingt – wer in dieser glücklichen Lage ist, der hat die Initiative. Von ihr bis zum Gewinn ist es allerdings noch ein weiter Weg.

## Innenbauer

Jeder Bauer, der im Innern des Schachbretts steht (also irgendwo von der b- bis zur g-Linie). Gegensatz →Randbauer.

## isolierter Bauer

Isolani oder vereinzelter Bauer: ein Bauer, der keine Nachbarn mehr besitzt. Er kann nur von Figuren geschützt werden und ist darum oft anfällig.

## Kiebitz

Eigentlich ein Sumpfvogel; im Schach ein lästiger Zuschauer, der ständig in die Partie hineinredet. Mach es dir zur eisernen Regel, deine Meinung nur zu äußern, wenn beide Spieler dich danach fragen. Vor allem vermeide es, dich in noch laufende →Turnierpartien einzumischen.

## Kombination, kombinieren

Unter einer Kombination stellst du dir am besten eine zwangsläufige Zugfolge vor, die meist von überraschenden →Opfern begleitet wird. Je nach ihrem Zweck unterscheidet man Mattkombinationen; Kombinationen, um →Material zu gewinnen; Remiskombinationen und andere. Kombinationen sind wohl das Reizvollste am Schach überhaupt. Da du in diesem Buch viele Vorbilder kennengelernt hast, hoffen wir sehr, daß du inzwischen schon selber ein wenig kombinieren kannst.

## Kombinationsspiel

Eine Partieanlage, die darauf abzielt, Stellungen herbeizuführen, in denen →Kombinationen möglich sind. Das Kombinationsspiel beruht in erster Linie auf der

Beweglichkeit der Figuren. Es verlangt besonderen Einfallsreichtum und Unternehmungsgeist. → Positionsspiel.

### königliches Spiel
Ein dichterischer Ausdruck für das Schachspiel. Er erinnert daran, daß es in früheren Jahrhunderten fast ausschließlich von den gehobenen Schichten, insbesondere vom Adel, gepflegt wurde.

### Königsläufer, -springer, -turm
So werden die in der Ausgangsstellung am Königsflügel (siehe Seite 67) versammelten Figuren gekennzeichnet. Gegensatz → Damenläufer usw.

### künstliche Rochade
Bei der künstlichen Rochade nehmen König und Turm dieselbe (oder zumindest eine ähnliche) Stellung ein wie nach der richtigen Rochade. Beide benötigen dazu aber nicht bloß einen gemeinsamen Zug, sondern wenigstens drei Einzelzüge. Ein einfaches Beispiel: **1.e4 e5 2.♘f3 ♞c6 3.♘c3 ♞f6 4.♗c4 ♝e7 5.0–0 ♗:e4 6.♗:f7+? ♚:f7 7.♘:e4 d5 8.♘g3 ♜f8 9.d3 ♚g8**, und Schwarz hat mit Erfolg künstlich rochiert.

### Kurzpartie
Es hat sich als zweckmäßig erwiesen, als Kurzpartien alle Partien einzustufen, die höchstens 20 Züge dauern. Natürlich kann man so schnell nur gewinnen, wenn der Gegner schwach gespielt hat. Trotzdem stößt man selbst in solchen „Partiechen" auf viele beeindruckende → Kombinationen.

# L

### Läuferpaar
Beide Läufer einer Farbe. Da sich die langschrittigen Läufer auf den weißen und schwarzen Feldern vorbildlich ergänzen, ist das Läuferpaar oft etwas stärker als Läufer plus Springer oder zwei Springer.

### Leichtfiguren
Sammelbezeichnung für Läufer und Springer. Gegensatz → Schwerfiguren.

### Leistungsklasse
Um alle Schachfreunde nach ihrer Spielstärke einordnen zu können, hat man Leistungsklassen geschaffen. Kinder bis zum Alter von 14 Jahren können folgende Klassen erwerben: Jungen die Leistungsklasse 8 bis 3 und Mädchen die Leistungsklasse 6 bis 1. Wer seine Spielklasse verbessern möchte (etwa von 6 auf 5), muß in Einzelturnieren oder Mannschaftskämpfen bestimmte Normen erfüllen.

### Loch

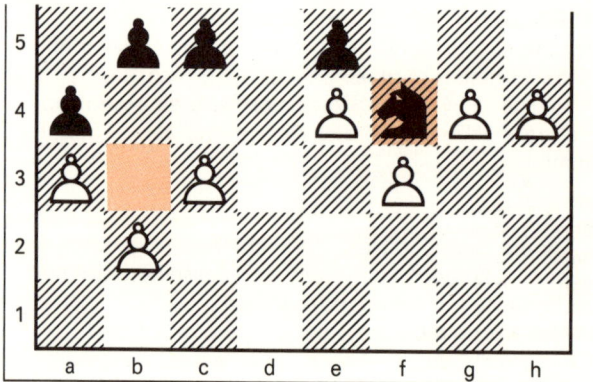

Ein Feld vor einem Bauern, das von keinem benachbarten Bauern dieser Farbe mehr kontrolliert werden kann, weil diese entweder vorgezogen haben oder abgetauscht wurden. Derartige Löcher (obenstehend die Felder b3 und f4 im weißen Lager) eignen sich vortrefflich als Standort für gegnerische Figuren, wie die Idealstellung des Springers auf f4 verdeutlicht.

### Luftloch

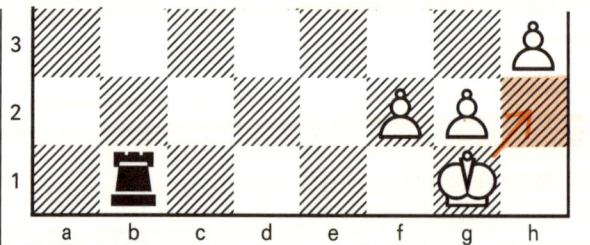

Um den König vor dem → Grundreihenmatt zu bewahren, ist es oft ratsam, einen der Rochadebauern vorzuziehen. Das Fluchtfeld, das ihm auf diese Weise zugänglich wird, nennt man scherzhaft Luftloch. Im beistehenden Diagramm hat sich Weiß mit h2–h3 rechtzeitig ein Luftloch geschaffen, so daß sein König jetzt nach h2 auszuweichen vermag.

## M

### Material
Gemeinsame Bezeichnung für Figuren und Bauern. Die Redewendung „mit Materialvorteil (oder: Materialgewinn) für Weiß" bedeutet demnach nichts anderes, als daß Weiß beispielsweise einen Bauern, die →Qualität oder eine Figur gewonnen hat.

### Mattbild
Beispiele für Mattbilder findest du in den Musterstellungen des Kapitels „Wir setzen matt" in Hülle und Fülle. Du solltest dir diese Schlußstellungen gut einprägen, denn sie helfen dir, dem feindlichen König den Garaus zu machen.

### Mattnetz
Wenn sich der König dem Matt nicht mehr zu entziehen vermag, sagt man mitunter auch: Er zappelt im Mattnetz.

### Meister, Meisteranwärter
Für besondere schachliche Leistungen werden die Titel Meisteranwärter und Meister verliehen. Warum solltest nicht auch du einmal zu ihnen zählen? Ein wenig Fleiß und Ausdauer gehören allerdings dazu.

### Mittelbauern
Der d- und e-Bauer; rücken sie zur Brettmitte vor, werden sie zu Zentrumsbauern.

### Mittelspiel
Die mittlere Phase der Partie, die der →Eröffnung folgt und dem →Endspiel vorangeht.
Im Mittelspiel tobt die Hauptschlacht, an der auf beiden Seiten meist die gesamte Streitmacht beteiligt ist. Aus diesem Grund müssen die Parteien bemüht sein, den eigenen König zuverlässig abzuschirmen. Bietet sich indes eine Handhabe, der feindlichen Rochadestellung beizukommen, wird sie unverzüglich ergriffen. Das Ergebnis können prachtvolle Angriffspartien sein. Da andererseits tiefgründige Manöver ebenfalls zu ihrem Recht kommen, ist das Mittelspiel der ideale Tummelplatz für die Phantasie.

## N

### Nachziehender, Nachzug
Als Nachziehenden bezeichnet man den Schwarzspieler. Da er zu Beginn der Partie erst nach Weiß am

Zuge ist, sagt man hin und wieder: Schwarz hat den Nachzug. Gegensatz →Anziehender, Anzug.

### Nebenvariante
→Variante.

## O

### Opfer
Freiwillige und absichtliche Hergabe von Bauern und Figuren mit dem Ziel, dafür irgendwelche andere Vorteile einzuhandeln. Opfer sind die Würze des Schachkampfes. Sie kommen in beinahe jeder →Kombination vor, und die →Gambits sind ohne sie gleichfalls undenkbar.

### Opposition
Gegenüberstellung der Könige (in erster Linie im →Bauernendspiel). Genaueres über die Opposition erfährst du in der Lösungsbesprechung zur Aufgabe 114.

## P

### Patzer
Besonders schwacher Spieler. Von einem solchen Unglücksraben behauptete ein etwas erfolgreicherer Widersacher einmal: „Er spielt so schlecht, daß er keinen Fehler ausläßt." Der Ausspruch „Wo ein Patzer ein Schach sieht, da gibt er's" ist nicht ganz so kraß, zielt aber in die gleiche Richtung.

### Pointe (sprich: poängte)
Im Schach: ein witziger Zug, der Höhepunkt einer →Kombination.

### Position
Anordnung der Figuren und Bauern auf dem Brett — also ein anderes Wort für Stellung.

### Positionsspiel
Spielanlage auf weite Sicht, wobei es vorrangig darum geht, im gegnerischen Lager →Schwächen zu schaffen und diese dann auszunutzen. Ausgangspunkt für das Positionsspiel ist die Bauerstellung, die über einen längeren Zeitraum hinweg verhältnismäßig unverändert bleibt. Obwohl sich das ruhige Positionsspiel vom weitaus lebhafteren →Kombinationsspiel

deutlich abhebt, ergänzen sich beide Spielarten; die eine ist von der anderen nicht zu trennen.

### Problem
Ausgedachte Schachaufgabe mit der Forderung Matt in zwei, drei oder mehr Zügen. Damit ist gemeint, daß Weiß am Zuge das Matt gegen jede erdenkliche Gegenwehr in spätestens zwei, drei usw. Zügen erzwingt. Man unterscheidet zwischen Zwei-, Drei- und Mehrzügern. Bei diesen Aufgaben steht der Gewinn angesichts großen →Materialvorteils meist außer Frage. Darin weicht das Problemschach erheblich vom Partieschach ab. →Studien.

### Punkt
1. Ein anderes Wort für Feld. Man kann darum z. B. von der →Schwäche eines bestimmten Punktes sprechen.
2. Jeder Partiegewinn bringt einen Punkt ein, der als 1 in die →Turniertabelle eingetragen wird.

## Q

### Quadrat des Bauern
Gedachtes Hilfsmittel, das dir im →Bauernendspiel sofort zu erkennen gibt, ob ein Bauer vom gegnerischen König noch aufgehalten werden kann. Vergleiche dazu Musterstellung c auf Seite 118 und vor allem auch die Lösung der Aufgabe 116.

### Qualität, Qualitätsopfer
Der Wertunterschied zwischen Turm und Läufer oder Turm und Springer heißt Qualität; er beläuft sich umgerechnet auf zwei Bauern, wie du der Übersicht auf Seite 33 entnehmen kannst. Gibst du absichtlich einen Turm für eine →Leichtfigur her, dann hast du die Qualität geopfert. Solche Qualitätsopfer können sehr überraschend und wirkungsvoll sein.

## R

### Randbauer
Oder Turmbauer: der a- oder h-Bauer. Gegensatz →Innenbauer.

### Remis(en)könig
Spaßhafte Bezeichnung für den Spieler, der in einem →Turnier am häufigsten remis gespielt hat. Dieser

„Titel" ist indessen nicht gerade erstrebenswert, findest du nicht auch?

### Remisschaukel (sprich: Remieschaukel)
Wenn jemand in mißlicher Lage gerade noch ein Dauerschach zu geben vermag, sagt man dafür gelegentlich: Er rettet sich in die Remisschaukel.

### rückständiger Bauer

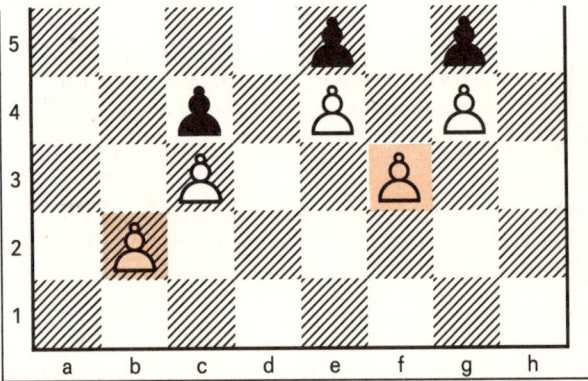

Ein Bauer, der hinter seinen Nachbarn zurückgeblieben ist und nicht zu ihnen aufschließen kann. Im aufgeführten Diagramm sind die Bauern b2 und f3 rückständig.

## S

### Schachblindheit
Schachblind ist, wer grobe Fehler begeht, die eigentlich weit unter seiner Spielstärke liegen. Ein besonders krasser Fall von Schachblindheit ereignete sich einmal in einem Meisterturnier. Der Weißspieler ließ ein einzügiges Matt zu, aber sein Gegner nutzte das nicht aus, und die Partie endete später remis!

### Schachuhr
Doppeluhr mit zwei Zifferblättern. Hat der Spieler seinen Zug ausgeführt, drückt er auf einen Knopf, der seine Uhr anhält und gleichzeitig die des Gegners in Gang setzt. Auf diese Weise läßt sich genau ermitteln, wieviel Zeit jeder für die geschehenen Züge verbraucht hat. Eine Zeitbegrenzung sorgt nun dafür, daß man nicht endlos überlegen darf. Beispielsweise

haben die Rivalen bei Weltmeisterschaftskämpfen und internationalen →Turnieren 2½ Stunden Bedenkzeit für 40 Züge. Bei Wettkämpfen von Kindern wird natürlich viel weniger Zeit zugemessen.

Wer die geforderte Zügezahl in der vorgegebenen Frist nicht schafft, hat die Partie verloren. Um das zweifelsfrei feststellen zu können, befindet sich an jedem Zifferblatt ein Blättchen, das vom großen Zeiger angehoben wird und genau zur vollen Stunde herunterfällt. Die mit dem Partieverlust gleichbedeutende Zeitüberschreitung wird durch den Fall des Blättchens besiegelt. Siehe dir dazu die Illustration auf Seite 21 an.

## Scheinopfer
So bezeichnet man →Opfer, die in Wirklichkeit gar keine sind, weil sie mit →Materialgewinn oder Matt abschließen. Ein Beispiel. Angenommen, du opferst deine Dame gegen einen Läufer, gewinnst aber anschließend die feindliche Dame kostenlos. Du hast dann eine ganze Figur erobert; das Damen„opfer" war also nur ein Scheinopfer.

## Schönheitspreis
Bei manchen Schachveranstaltungen wird ein Preis für die schönste Partie ausgeschrieben, eben der Schönheitspreis.

## Schwächen
Anfällige Bauern (→Doppelbauern, →isolierter Bauer, →rückständiger Bauer), unsicher postierte Figuren sowie Felder, die sich völlig in der Hand des Gegners befinden und daher unangefochten von dessen Figuren besetzt werden können (→Loch), nennt man Schwächen. Natürlich sind die Schwächen der einen Seite immer die Stärken der Gegenseite. Sie spielen darum in den Plänen beider Widersacher eine beträchtliche Rolle.

## Schwerfiguren
Gemeinsame Benennung von Turm und Dame. Gegensatz →Leichtfiguren.

## Simultanspiel
Bei Simultanvorstellungen mißt ein starker Spieler seine Kräfte mit mehreren (manchmal 20 oder 30) Gegnern zugleich. Dabei darf immer erst dann gezogen werden, wenn der Simultanspieler ans Brett getreten ist. Er macht daraufhin seinen Antwortzug

und geht zum nächsten Brett weiter. Im Gegensatz zum →Handikapspiel wird ohne Uhren gekämpft.

## stiller Zug
Ein Zug ohne Schachgebot und ohne sofort erkennbare →Drohung, der aber trotzdem sehr gefährlich ist.

## Strategie
Die Begriffe Strategie und Taktik gehören im Schach ebenso eng wie in anderen Fachgebieten zusammen und lassen sich nicht voneinander trennen.

Strategie hat etwas mit Langzeitplanung zu tun. Sie gründet sich auf eine allseitige Beurteilung der Stellung und weist dem Kampf die allgemeine Richtung. Dagegen handelt es sich bei der Taktik darum, den strategischen Plan mittels wohlberechneter Züge in die Tat umzusetzen. Die Taktik ist also die Dienerin der Strategie, aber man darf keine Sekunde vergessen, daß sie jede noch so gut durchdachte Strategie mittels überraschender Einfälle auf den Kopf zu stellen vermag. Exweltmeister Euwe hat den Unterschied zwischen beiden anschaulich so formuliert: „Strategie ist eine Sache des Denkens, Taktik eine des Sehens." Um dein taktisches Sehvermögen zu schärfen, wurde dieses Buch geschrieben.

## Studie
Von einem Studienkomponisten verfaßte Aufgabe mit der Forderung „Weiß zieht und gewinnt" oder „Weiß zieht und hält remis". Bereits diese partiegerechten Forderungen lassen erkennen, daß Studien dem praktischen Spiel bedeutend näherstehen als →Probleme. Da ihre Lösungen viele lehrreiche Kniffe aufweisen, sind sie eine Fundgrube für jeden strebsamen Schachfreund. An leichten Studien könntest auch du dich schon versuchen.

## T

## Taktik
→Strategie.

## Technik
Die Kunst, eine gewonnene Stellung auch wirklich zu gewinnen (K. Richter). Gemeint ist damit die Fertigkeit, einen einmal errungenen Vorteil möglichst rasch und sicher zu verwerten. Die Technik (vor allem die des →Endspiels) läßt sich größtenteils erlernen.

## Tempo

Schachliche Zeit, Schachzug. Man verliert ein Tempo, wenn man z. B. mit einer Figur in zwei Zügen auf ein Feld gelangt, das in einem Zug zu erreichen war. Als Tempoverlust ist auch jeder völlig nutzlose Zug anzusehen. Zwingt man den Gegner zu einem Tempoverlust, dann hat man selber ein Tempo (also Zeit) gewonnen.

## Theorie

In der Schachtheorie werden die in der Meisterpraxis gesammelten Erfahrungen übersichtlich zusammengefaßt und durch zusätzliche →Analysen bereichert. Besonders umfangreich ist die Eröffnungstheorie (die Lehre von den Spielanfängen), die durch neue Ideen ständig weiterentwickelt wird. Viele Teile der Endspieltheorie liegen dagegen schon als geschlossenes Ganzes vor. Am wenigsten erforscht sind bisher die Gesetzmäßigkeiten des →Mittelspiels.

## Turnier

Wettbewerb, bei dem Schachspieler ihre Kräfte miteinander messen. Im **Rundenturnier** spielt jeder gegen jeden, so daß du bei beispielsweise 10 Teilnehmern 9 Partien auszutragen hättest. Ist die Spielerzahl für ein Rundenturnier indessen zu groß, bedient man sich des sogenannten **Schweizer Systems**. Bei diesem werden nach jeder Runde diejenigen gegeneinander ausgelost, die die gleiche oder fast die gleiche Punktzahl besitzen. Haben nach 3 Runden zum Beispiel fünf Spieler 3 Punkte erreicht, dann spielen vier von ihnen untereinander, während der fünfte auf einen Gegner mit 2½ Punkten trifft. Dabei wird stets darauf geachtet, daß dieselben Gegner nicht zweimal aufeinanderstoßen. An einem Schweizer Turnier können sich mehr als hundert Spieler beteiligen.

## Turniertabelle

Tabelle, in die die Partieergebnisse eingetragen werden. Für einen Gewinn erhältst du einen Punkt, ein Remis bringt dir einen halben Punkt ein, während du für eine Niederlage nur eine Null bekommst. Am Ende des Turniers werden die Punkte zusammengezählt. Wer die meisten hat, ist Turniersieger.

# U

## überlastete Figur

Eine Figur, die zwei oder mehr Aufgaben gleichzeitig zu erfüllen hat und damit in der Regel überfordert ist.

## ungedeckte Figur

Eine ungeschützte, nicht verteidigte Figur.

## ungleichfarbige Läufer

Besitzt jede Seite nur noch einen Läufer, von denen der eine weißfeldrig und der andere schwarzfeldrig postiert ist, so spricht man von ungleichfarbigen oder kurz ungleichen Läufern. Oft sind sie dafür verantwortlich, daß im →Endspiel zwei oder sogar drei Mehrbauern nicht zum Sieg genügen. Vergleiche die obenstehende Stellung, die remis ist, weil auf c4–c3 stets ♗:c3! geschieht. Im →Mittelspiel dagegen begünstigen die „Ungleichen" den Angreifer, da der Verteidiger nur selten in der Lage sein wird, sich durch ihren Abtausch zu entlasten.

## Unterverwandlung

Normalerweise wirst du einen Bauern, der die Umwandlungsreihe erreicht hat, in eine Dame verwandeln. Mitunter ist es jedoch angezeigt – beispielsweise um Patt zu vermeiden oder einer Springergabel zuliebe – sich mit einem Turm, Läufer oder Springer zu begnügen. In diesen Fällen spricht man von Unterverwandlung.

# V

## Variante

1. Eine Reihe von Zügen, die logisch miteinander verbunden sind. Sobald eine Seite von dieser Zugreihe abweichen kann, verzweigt sie sich, und es entstehen Nebenvarianten.
Etwa dasselbe wie Variante bedeuten die Wörter Abspiel, Zugfolge, Abwicklung und Wendung.

2. In der →Eröffnung versteht man unter Variante gelegentlich ein ganzes Eröffnungssystem, z. B. die Abtauschvariante der Slawischen Verteidigung (1.d4 d5 2.c4 c6 3.c:d5 c:d5).

## verbundene Türme

Hat ein Spieler seine →Leichtfiguren und die Dame entwickelt und außerdem noch rochiert, dann sind die Felder zwischen den beiden Türmen frei. Man sagt dazu, die Türme seien verbunden. Das ist oft ein Zeichen dafür, daß die →Eröffnung abgeschlossen ist und das →Mittelspiel beginnt.

## vereinfachen

Abtauschen. Man vereinfacht aus zwei Gründen: um einen →Materialvorteil leichter verwerten zu können oder um dem gegnerischen Angriff (etwa durch Damentausch) die Wucht zu nehmen.

## vereinzelter Bauer

→isolierter Bauer.

## vergifteter Bauer

Ein Bauer, der als Köder ausgelegt wird, so daß seine Wegnahme ins Verderben führt. Ein Beispiel für eine solche Lockspeise ist der Bauer d4 in Aufgabe 70.

# Z

## Zeitnot

In Turnierpartien müssen die Widersacher bekanntlich in einer bestimmten Zeit eine vorgeschriebene Anzahl von Zügen erledigen, z. B. 40 Züge in 2 Stunden. Überlegt nun jemand zu Beginn des Spiels sehr lange, dann wird seine Bedenkzeit knapp, und er gerät in Zeitnot. Es gibt „Spezialisten", die bringen sich derart in Zeitnot, daß sie für die letzten 20 Züge nur noch 2 oder 3 Minuten übrigbehalten. Daß unter

diesen Umständen Fehler – auch grobe – nicht ausbleiben, versteht sich von selbst. Darum versuche immer, deine Bedenkzeit klug einzuteilen und weder zu schnell noch zu langsam zu spielen.

## Zeitüberschreitung

→Schachuhr.

## Zugumstellung

Kann man eine bestimmte Stellung auf verschiedene Weise erreichen, weil es auf die Reihenfolge der Züge nicht so genau ankommt, dann hat man es mit Zugumstellungen zu tun. Meistens ist die Zugfolge jedoch sehr wesentlich.

## Zugzwang

Eine Lage, in der jeder Zug die eigene Stellung verschlechtert. Dergleichen kommt vor allem im →Endspiel vor. In nebenstehender Stellung haben wir es sogar mit einem Fall beiderseitigen Zugzwangs zu tun. Wer hier am Zuge ist, verliert, weil sein König den eigenen Bauern im Stich lassen muß.

## Zwischenzug

Nehmen wir einmal an, du schlägst bei einem vom Gegner eingeleiteten Springertausch nicht sofort zurück, sondern bedrohst zunächst die feindliche Dame. Erst nachdem diese sich in Sicherheit gebracht hat, nimmst du den Springer wieder. Dieser eingeschobene Angriff auf die Dame ist ein Zwischenzug. Zwischenzüge – vor allem in Form von Zwischenschachs – können alle Berechnungen über den Haufen werfen und den Spielverlauf in sein Gegenteil umschlagen lassen.

# Namen der Spieler und Aufgabenverfasser

An einem Buch wie dem vorliegenden haben viele mitgewirkt: Spieler und Aufgabenverfasser aus den beiden letzten Jahrhunderten. Sollte dir die eine oder andere Aufgabe besonders gut gefallen haben, dann kannst du hier erfahren, wem wir sie verdanken. Bei Gewinnpartien ist in der Regel nur der Sieger erwähnt, weil es ja sein Einfall war, der uns mitteilenswert erschien. Aus dem gleichen Grund wurde auch bei Remispartien mitunter nur der Spieler genannt, der das Unentschieden ganz bewußt und auf beeindruckende Weise herbeigeführt hat.

Das Zeichen ≈ besagt, daß die Stellung nicht steingetreu übernommen wurde. In vielen Fällen haben wir sie vereinfacht, um das Wesentliche herauszuschälen.

| | | | | | |
|---|---|---|---|---|---|
| 1 | Lehrbeispiel | 19 | Landgraf | 37 | Morphy |
| 2 | Shinkman | 20 | Lehrbeispiel | 38 | ≈ Moore |
| 3 | ≈ Löwenfisch – Rjumin (Variante) | 21 | Löbbecke | 39 | ≈ Moldojarow |
| 4 | ≈ Timman | 22 | ≈ Hort | 40 | ≈ Prins |
| 5 | Lehrbeispiel | 23 | Lehrbeispiel | 41 | ≈ Trültsch |
| 6 | ≈ Dadiani | 24 | ≈ Mannheim – Regensburg | 42 | Lehrbeispiel |
| 7 | ≈ Morphy | 25 | Lehrbeispiel | 43 | Eröffnungsvariante der Wiener Partie |
| 8 | ≈ Hort | 26 | ≈ Hort | 44 | ≈ Euwe |
| 9 | Lehrbeispiel | 27 | ≈ Tarrasch | 45 | ≈ Leslie |
| 10 | Pillsbury | 28 | ≈ Bjerkness | 46 | Eröffnungsvariante der Caro-Kann-Verteidigung |
| 11 | Lehrbeispiel | 29 | Zukertort | 47 | ≈ Ebralidse |
| 12 | Lehrbeispiel | 30 | ≈ Nedelković | 48 | Rinck |
| 13 | ≈ Starck | 31 | Dehler | 49 | Lehrbeispiel |
| 14 | Lehrbeispiel | 32 | Eröffnungsvariante der Sizilianischen Verteidigung | 50 | Réti – Aljechin |
| 15 | ≈ Nimzowitsch | 33 | Lehrbeispiel | 51 | Lehrbeispiel |
| 16 | Troitzki | 34 | ≈ Stahlberg | 52 | ≈ Botwinnik |
| 17 | Lehrbeispiel | 35 | Kasparjan | 53 | Lehrbeispiel |
| 18 | Lehrbeispiel | 36 | Lehrbeispiel | | |

# Bücher und Autoren,
# auf die wir uns gestützt haben

Am meisten zu Dank verpflichtet sind wir
den Autoren der nachstehend aufgezählten Werke
für die Ideen und Stellungen, die wir
darin vorgefunden haben.

W. Chenkin:
Das letzte Schach (in russisch), Moskau 1979

H. Müller:
Lerne kombinieren, Hamburg 1969

F. Reinfeld:
Wie man das Matt erzwingt (in englisch), New York

K. Richter:
Mein erstes Schachbuch, Berlin 1946;
Hohe Schule der Schach-Taktik, Berlin 1952

N. Shurawlew:
Schritt für Schritt (in russisch), Moskau 1986

R. G. Wade; R. Bott; S. Morrison:
Schachtaktik — Rätsel für Anfänger (in englisch),
London 1970

A. Woltschok:
Schachtaktische Lektionen (in russisch), Kiew 1977

Außerdem haben wir uns noch auf Bücher
beziehungsweise Broschüren folgender Autoren ge-
stützt:
Artschakow/Gik, Awerbach, Bachmann, Bondarewski,
Botwinnik, Golz, Koblenz, Kotow, Mutschnik,
Neistadt, Sak/Dlugolenski,
Snosko-Borowski, Sosin, Umnow,
Wainstein, Woronkow/Persiz.